中国赛事产业链
与城市发展研究

郑志强 ◎ 著

Research on the Chain of Sports Events and
Urban Development in China

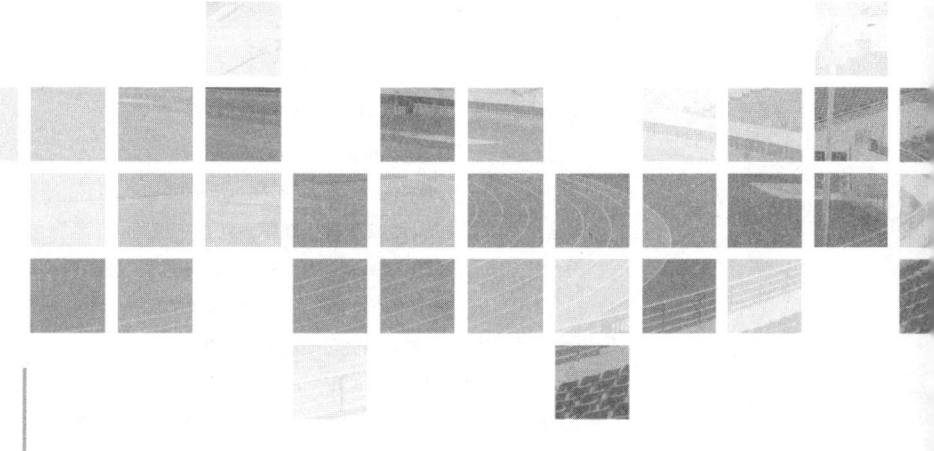

中国财经出版传媒集团
中国财政经济出版社

图书在版编目（CIP）数据

中国赛事产业链与城市发展研究 / 郑志强著. —北京：中国财政经济出版社，2019.9
 ISBN 978 – 7 – 5095 – 9151 – 2

Ⅰ.①中… Ⅱ.①郑… Ⅲ.①运动竞赛 – 体育产业 – 产业链 – 关系 – 城市发展战略 – 研究 – 中国　Ⅳ.①G812 ②F299.2

中国版本图书馆 CIP 数据核字（2019）第 174762 号

责任编辑：潘　飞　　　　　　　责任印制：张　健
封面设计：秦聪聪　　　　　　　责任校对：徐艳丽

中国财政经济出版社 出版

URL：http://www.cfeph.cn
E – mail：cfeph@cfemg.cn
（版权所有　翻印必究）

社址：北京市海淀区阜成路甲 28 号　邮政编码：100142
营销中心电话：010 – 88191537
北京中兴印刷有限公司印刷　各地新华书店经销
710 × 1000 毫米　16 开　16.25 印张　238 000 字
2019 年 12 月第 1 版　2019 年 12 月北京第 1 次印刷
定价：62.00 元
ISBN 978 – 7 – 5095 – 9151 – 2
（图书出现印装问题，本社负责调换）
本社质量投诉电话：010 – 88190744
打击盗版举报热线：010 – 88191661　QQ：2242791300

序　言

　　国运兴，则体育兴。改革开放40多年来，中国经济社会发生了翻天覆地的变化，在经济社会发展的带动下体育产业也日益壮大。2017年，全国体育产业总规模（总产出）为2.2万亿元，增加值为7811亿元，占GDP的比重接近1%，体育产业增加值名义增长速度达到了20.6%。预计到2020年，我国体育产业总规模将超过3万亿元，从业人数超过600万。体育产业的蓬勃发展离不开政府的产业支持和市场关注。2014年，国务院印发《关于加快发展体育产业促进体育消费的若干意见》，将全民健身上升为国家战略，此后，一系列从中央到地方的各项支持文件相继出台。2019年9月17日，国务院办公厅印发《关于促进全民健身和体育消费推动体育产业高质量发展的意见》，明确指出，体育产业在满足人民日益增长的美好生活需要方面发挥着不可替代的作用，要推动体育产业逐步成为国民经济支柱性产业，要以习近平新时代中国特色社会主义思想为指导，强化体育产业要素保障，激发市场活力和消费热情，推动体育产业成为国民经济支柱性产业，让经常参加体育锻炼成为一种生活方式。

　　体育赛事是体育产业最为活跃的领域之一，高水平赛事在我国各个城市遍地开花，如2018年仅正式的马拉松赛事就超过1500场，平均每天将近3场。2022年北京冬奥会和杭州亚运会在即，未来也会有更多高水平的赛事在国内举办。无疑，各级政府从上到下的期盼、市场的需求、各类投资者对体育市场的关注，共同催生了现阶段我国体育市场的繁荣场景，新的历史时期，我们有理由相信，体育产业对中国经济和社会发展产生的推动作用将日益持续而巨大。在中国体育产业发展兴盛的同时，我们也应该清醒地认识体育产业结构不佳等现实问题，以体育用品为代表的有形产品比重过大，我国体育用品占据全部体育产业产值的80%左右，而以赛事服务为代表的服务类产品过少。当前，国内体育赛事发展速度快、数量增长大，但赛事同质化、品质低端化、办赛成本过高、城市发展不均衡等问题也逐渐显现。城市如何借助赛事实现其预期的经济和社会目标是值得我们思考的一大长期课题。

我欣喜地看到，体育产业的这些问题吸引了国内一批中青年学者的长期关注，郑志强教授是其中的佼佼者之一。郑志强教授受过良好的经济学学术训练，基于对体育的热爱，从十多年前博士毕业后开始长期从事体育产业的研究。本书是其获批立项的国家自然基金课题"中国赛事产业链与城市发展研究"（项目批准号：71163015）的主要研究成果。阅读之后，认为本书对当前体育产业亟待回答的三大问题进行了探究。

首先，探索研究了城市与赛事互动耦合的问题。长期以来，城市与赛事的关系，似乎存在着"鸡"和"蛋"的先后问题，或主次的问题。一方面，各个城市都认识到需要赛事来带动城市社会经济的发展，但赛事规模的扩大、办赛成本的日益高昂又使城市政府越来越伤脑筋。与此同时，赛事本身就是城市化的产物，其健康发展同样离不开城市各项资源的有力支撑，各项赛事同样为找到一个好的落脚点而"寻寻觅觅"。郑志强教授巧妙地借助物理学的耦合理论，研究了体育赛事与城市发展系统协调发展的关系，建立了耦合度及耦合协调度模型及其评价标准，定量分析了体育赛事与城市发展的耦合关系。郑志强教授认为，体育赛事和城市发展是一个耦合系统运行的过程，通过构建体育赛事——城市发展耦合的评价指标体系，可以定量地分析体育赛事与城市发展相互耦合的主要因素及耦合关联程度。该模型和指标体系通过中国网球公开赛和北京的城市发展得到了较好的验证。我认为，这使本著作对赛事与城市发展关系的研究的深度和广度都得到有效提升。

其次，探索研究了赛事对城市经济影响的问题。赛事能为城市带来经济效益，但效益究竟有多大？与现有的办赛成本相比是否匹配？这些问题也是困扰城市办赛的一大难题。郑志强教授以近年国内城市中常见的马拉松赛事为例，对赛事与城市的经济影响进行了量化研究。通过构造双向固定效应计量模型，有效检验了举办马拉松赛事对城市地区经济增长的净效应。郑志强教授认为，马拉松赛事的举办能够推动举办城市经济发展，马拉松赛事对举办城市经济的推动作用随着城市自然禀赋和综合经济实力的上升而增强。但对于欠发达城市，马拉松赛对城市的直接经济推动作用似乎并不太明显。其原因在于一般城市并没有足够实力举办层次高、质量好的马拉松赛事，这使其对特别是外地的"高端"跑者的吸引力不足，造成赛事对当地的经济影响有限。这些结论也可以与现有马拉松赛事进行相互印证。

最后，探索研究了场馆与城市发展协同的问题。随着我国体育事业的迅猛发展，体育场馆作为赛事发展的硬件基础，其数量和建设规模也日益增加。本书运用增长极理论，选定了大型体育场馆建设极化效应和扩散效应的评价指标，并构建了大型体育场馆建设极化效应和扩散效应的评价模型，还以南昌市（我国第七届城市运动会举办地）大型体育场馆为实际案例进行实际验证，得出了一些虽然可能并不乐观，但同样很有启发意义的结论，值得城市管理者和赛事举办者深思。

通观全书，郑志强教授既为现阶段我国体育产业的迅猛发展欢欣鼓舞，也对现有城市各项赛事举办的具体情况有清醒的认识。在掌握客观翔实数据的基础上，沿着赛事产业链特征——赛事产业关联度分析——赛事产业链与城市发展耦合模型和综合指标体系——（马拉松）赛事对城市影响研究的路径——城市体育场馆建设对区域经济影响逐一展开。在研究过程中，充分运用现有的主流经济学方法对赛事与城市的耦合关系、赛事产业链的相互影响、赛事对举办地区的经济影响、大型场馆对城市的影响等赛事经济中较为重大的问题进行了系统研究，得出的主要论点既能在现实中得到验证，也具有较强的理论和实践指导意义。在体育产业领域，特别是城市赛事经济领域，本书不失为近年出现的一本优秀著作，对体育产业业内学者和实务部门从业人员有重要的参考借鉴价值。中国体育产业的发展与研究方兴未艾，我们也非常期待有更多的学者展开对我国城市赛事经济的研究。

是为序！

张瑞林
2019年9月23日

前　言

近年来，我国体育产业持续快速增长，国家发展改革委的相关数据显示，2018年，体育产业增加值占据全国GDP的比重超过1%，体育消费近1万亿元人民币，体育产业机构数量同比增长超过20%，吸纳就业人数超过440万。体育产业由点到线、由线集面，聚集发展的趋势日益突显。预计到2020年，我国体育产业总规模将超过3万亿元，从业人数超过600万。促使我国体育产业快速发展的原因众多，但笔者认为主要包括以下三点。首先，广大人民群众的体育需求日益增长。党的十九大报告提出，我国社会主要矛盾已经转化为人民日益增长的美好生活需要和不平衡不充分的发展之间的矛盾。体育正日益成为美好生活的重要组成部分，广大人民群众对以体育为代表的积极健康生活方式的不懈追求，是近年我国体育产业蓬勃发展的动力和源泉。其次，不断增长的体育需求也催生了体育供给侧的改革。社会资本正以前所未有的速度涌入体育市场，如2015年腾讯以5年15亿美元买下NBA在中国的独家网络转播权；随后，体奥动力更是以80亿元人民币夺得5年中超版权；乐视体育以4亿美元独包英超3年版权并揽下120多项赛事版权；苏宁以7.21亿美元拿下2019—2022赛季英超在中国大陆及澳门地区全媒体版权；阿里巴巴2015年与国际足联达成为期8年的世界杯冠名合作协议；2016年，蒙牛与NBA在之前长达10年的合作基础上再次携手；2017年上半年，华为签约5届金球奖得主梅西担任华为品牌大使。随后，智能手机品牌努比亚宣布签下足坛巨星C.罗纳尔多担任其品牌代言人；2018年，中国马拉松年度总消费额达178亿元，全年赛事带动总消费额达288亿元……最后，在需求和供给的共同作用下，从中央到各级地方政府也不断地以提高人民健康水平和幸福指数为己任，出台了各种扶持政策。其中，2014年《国务院关于加快发展体育产业促进体育消费的若干意见》（以下简称46号文）的发布可谓是中国体育产业加速的一个重要的里程碑，46号文把全民健身上升为国家战略，把增强人民体质、提高人民健康水平作为根本目标，把体育产业作为绿色产业、朝阳产业进行扶持，强调向改革要动力，向市场要活力，提出到2025年，体育产业总规模超过5万亿元，成为推动经济社会持续发展的重要力量。此后几年，我国体育产业一系列有影响力的高端政策陆续出台，如《中国足球中长期发展规划（2016—2050年）》（2016年发布）提出到2020年，全国特色足球学校达到2万所，中小学生经常参加足球运动人数超过3000万人。《体育发展"十三五"规划》（2016年发布）提出，到2020年全国体育产业总规模超过3万亿元、经常参加锻炼人数达到4.35亿、人均体育场地面积达到1.8平方米。《全民健身计划（2016—2020年）》（2016年发布）提出，到2020年每周参加一次及以上的体育锻炼人数达到7亿、经常参加体育锻炼的人数达到4.35亿、体育消费总规模达到1.5万亿元。《"健康中国2030"规划纲要》（2016年发布）指出，到2030年健康服务业总规模将达16万亿元、到2030年经常参加体育锻炼人数达到5.3亿。《关于加快发展体育竞赛表演产业的指导意见》（2018年发布）提出到2025年我国体育竞赛表演产业总规模达到2万亿元的目标，从而促进体育产业优化结构、提质升级。2019年，我国又陆续出台《健康中国行动（2019—2030年）》《关于实施健康中国行动的意见》等相关文件，实施十年全民疾病预防和健康促进行动。在中央一系列高层文件的带领下，各地区的配套政策也纷纷出台……这些高质量的扶持和配套政策对我国体育产业的规范有序发展发挥了重要的引领推动作用。

已有的资料表明，就国内目前体育产业的发展现状看，以赛事为龙头的城市体育赛事对于体育产业的开展发挥着龙头和带动作用，体育赛事在提升城市的社会影响力、美化城市形象、促进城市转型升级、打造旅游目的地、增加就业、吸引人才和资金、提升居民生活品质和凝聚力等方面的重要作用正不断被认可。这也从另一方面验证了各地方政府为什么热衷于出台配套政策、开展各项赛事活动。46号文颁布以后，田径协会取消了马拉松等跑步赛事的"审批制"，改为"注册制"。这一举措，不仅简化了办赛流程，也降低了举办跑步赛事的门槛，是刺激近年包括马拉松赛事等城市体育兴起的一大政策推手。据中国田协官方统计，目前我国马拉松比赛以每年170%的速度在增长。2018年，全国举办800人以上参加的马拉松及相关赛事共1581场，全国累计参赛583万人次，年度产业总产出达746亿元，比2017年同期增长7%。在诸多城市兴起的马拉松赛事充分说明，赛事与城市的联系正日益密切。但城市各种赛事增多的同时，也出现了新的问题，如许多赛事惨淡经营甚至负债累累，场馆运营困难重重。以马拉松赛为例，在表面欣欣向荣开展的背后，已经出现的主要问题包括：组织者亏损严重，参与者忠诚度不高，运动员参赛体验不佳，赞助商回报不足，赛事"千篇一律"所带来的审美疲劳，运动员运动伤病不断，开始出现赛事扰民的指责……所有这些困难甚至导致一些城市因举办赛事而背上沉重的财政负担，特别是为举办赛事而兴建的许多大型场馆也多因未能充分发挥预期的社会和经济效益而受到舆论的关注和批评。凡此种种，均说明举办赛事与城市关系的复杂性。两者如何有序良性互动是值得我们认真研究和思考的大课题。

时至今日，我们认为，以体育赛事为核心的体育产业已成为一个覆盖范围广、涉及行业多的产业链。通过对赛事产业链和城市发展关系的系统研究，本书将重点揭示两者耦合发展的机理，相信将有助于丰富赛事产业链促进城市发展的理论，对赛事促进城市协调发展和优化城市产业结构，也具有重要的理论和现实意义。

本书使用模型预测法、文献资料法、专家咨询法和比较分析法等，沿着赛事产业链特征分析—赛事产业关联度分析—构建赛事产业链与城市发展耦合模型和综合指标体系—城市体育场馆建设对区域经济影响—（马拉松）赛事对城市影响研究的路径而展开。首先，分析了赛事产业链基本特征。其次，依据产业链内外两个路径，对内研究赛事链主体及其关系，对外研究赛事产业链的产业关联度。再次，构建赛事链和城市发展的动态耦合模型和综合评价指标，再通过北京、上海等地知名赛事案例的实证研究加以验证。最后，研究了大型场馆与城市发展的关系以及赛事与城市的互动关系。本书的基本结论包括：（1）赛事产业链具有地域性、（下游产业）价值高、创新性和拓展延伸性等特点。（2）赛事产业链的综合效应包括经济增长效应、社会效应及关联效应。经济增长效应包括赛事的直接经济效应、吸引投资、增加就业、促进技术进步；社会效应表现为塑造城市形象、促进文化产业发展和带动城市转型；赛事产业链关联度较高的产业包括旅游业和餐饮住宿。（3）借鉴物理学的耦合理论，研究了体育赛事与城市发展系统协调发展的关系，建立了耦合度及耦合协调度模型及其评价标准，定量分析了体育赛事与城市发展的耦合关系。（4）大型体育场馆对举办城市的影响体现在极化效应和扩散效应上，二者受工业投资和房地产开发投资的影响较大。（5）举办赛事在一般意义上确实能够推动城市经济发展；但举办马拉松赛事推动城市经济发展的作用并不一致，随着城市自然禀赋和综合实力的上升，举办城市从赛事得到的推动作用更大；赛事对城市经济发展的影响具有一定的滞后性。

本书是笔者有幸获批的国家自然基金项目——"中国赛事产业链与城市发展研究"（项目批准号71163015）的主要结题成果之一，徐盛华、祝芳、卞久辉、顿晓明等我曾经指导的研究生均作为主要成员参与了课题的研究，他们的积极探索和不懈努力使本项研究顺利完成，在此对他们的付出深表感谢。

随着我国城市赛事经济的迅猛发展，城市和赛事的关系也日益复杂，并随着城市社会经济和赛事的供求变化而处于不断的演变过程中。特别是近几年，我国的体育产业的发展变化可能超出了过去数十年的总和，因此笔者深切地认识到，现有对于城市与赛事关系的研究其实可能都非常肤浅，远未达到预期的探寻其内在规律的目标。但作为一个阶段性的研究，总要有一个小结，也就只能不揣冒昧，将阶段性的成果尽量完善，讨教于方家，希望至少能起到抛砖引玉的作用，也相信本书多少有助于我国体育改革的大业。

目　录

第1章　导论 ··· 1

　1.1　研究背景和选题依据 ·· 1
　1.2　研究意义 ··· 5
　1.3　研究状况 ··· 7
　1.4　研究思路和方法 ·· 23
　1.5　主要观点 ·· 26
　1.6　创新与不足 ·· 28

第2章　中国赛事产业及产业链 ······································ 30

　2.1　蓬勃发展的中国城市体育赛事 ······································ 30
　2.2　产业链、赛事产业链及其特征 ······································ 39

第3章　中国赛事产业链与城市发展相关理论分析 ···················· 45

　3.1　赛事产业链理论 ·· 45
　3.2　耦合理论：赛事与城市的协调发展 ·································· 47
　3.3　公共财税理论：大型赛事场馆建设与城市发展 ······················ 49
　3.4　赛事与城市发展的增长极理论 ······································ 52

第4章　赛事产业链综合效应：理论和实证分析 ······················ 54

　4.1　赛事产业链的经济增长效应 ·· 54
　4.2　赛事产业链的社会效应 ·· 58

4.3 赛事产业链的关联效应 …………………………………… 61

4.4 赛事产业链关联效应的实证分析

——以 F1 与中超联赛为例 ………………………………… 68

4.5 中超北京国安主场赛事的实证分析 ……………………… 77

4.6 实证结果对比分析 ………………………………………… 83

4.7 结论与建议 ………………………………………………… 85

第 5 章 赛事产业链与城市发展的耦合机制 ……………………… 90

5.1 体育赛事与城市发展耦合的相关理论 …………………… 90

5.2 体育赛事对城市发展影响评估的方法 …………………… 92

5.3 体育赛事与城市发展耦合协调发展作用机理 …………… 95

5.4 中国网球公开赛与北京城市发展耦合实证分析 ………… 112

第 6 章 赛事对城市经济的影响

——以马拉松赛事为例 ………………………………………… 127

6.1 研究背景及意义 …………………………………………… 127

6.2 马拉松赛事概述 …………………………………………… 129

6.3 我国马拉松赛事的发展历史与现状 ……………………… 131

6.4 马拉松与城市经济发展影响机制分析 …………………… 140

6.5 马拉松影响举办城市经济的实证分析 …………………… 149

6.6 结论与建议 ………………………………………………… 163

第 7 章 赛事场馆与城市发展 ……………………………………… 166

7.1 场馆建设与城市发展综述 ………………………………… 166

7.2 大型体育场馆建设与城市发展的增长极理论分析 ……… 172

7.3 大型体育场馆建设"极化-扩散"效应的评价指标体系 … 179

7.4 大型体育场馆"极化-扩散"效应实证分析

——以南昌七城会场馆为例 ………………………………… 185

7.5 南昌市大型体育场馆建设极化效应和扩散效应的

系统分析 …………………………………………………… 206

7.6 南昌七城会大型体育场馆建设增长极作用的因素
　　　分析及对策 ……………………………………………… 209
7.7 小结 ……………………………………………………… 217

第8章　结论与建议 …………………………………………… 219

8.1 结论 ……………………………………………………… 219
8.2 建议 ……………………………………………………… 221

参考文献 ………………………………………………………… 228
附录 ……………………………………………………………… 241

第1章 导　　论

1.1　研究背景和选题依据

随着我国社会经济的长期持续发展，当前，越来越多的各种赛事在中国各城市蓬勃开展。体育赛事的举办日益成为社会讨论的热点话题，国内举办的诸多世界级赛事接踵而至：2008年我国成功举办了北京夏季奥运会，2010年广州亚运会、2014年南京青年奥林匹克运动会成功举办。2015年7月，我国获得2022年冬季奥运会的举办权；2015年9月，杭州作为唯一申办城市获得了2023年第19届亚洲运动会举办权；2019年，武汉举办世界军人运动会……体育赛事与城市区域社会经济的发展日益受到瞩目。2014年10月20日，中央人民政府发布了《国务院关于加快发展体育产业促进体育消费的若干意见》（国发〔2014〕46号，以下简称"46号文"）。46号文强调，推动体育产业成为我国经济转型升级的重要力量，对体育产业发展进行了全方位的战略部署，认为"发展体育事业和产业是提高中华民族身体素质和健康水平的必然要求，有利于满足人民群众多样化的体育需求、保障和改善民生，有利于扩大内需、增加就业、培育新的经济增长点，有利于弘扬民族精神、增强国家凝聚力和文化竞争力"。该文件还提出："到2025年，基本建立布局合理、功能完善、门类齐全的体育产业体系，体育产品和服务更加丰富，市场机制不断完善，消费需求愈加旺盛，对其他产业带动作用明显提升，体育产业总规模超过5万亿元，成为推动经济社会持续发展的重要力量。"作为体育产业的核心内容，赛事的重要性也日益受到重视。为此，46号文提出，要"丰富体育赛事活动。以竞赛表演业为重点，大力发展多层次、多样化的各类体育赛事。推动专业赛事发展，打造一批有吸引力的国际性、区域性品牌赛事"。46号文出台以来，从中央到地方各部门政策的密集出台，如《中国足球中长期发展规划（2016—2050年）》（2016年）提出，到2020年，全国特色足球学校达到2万所，中小学生经常参加足球运动人数超过3000万。《体育发展"十三五"规划》（2016年）提出，到2020年全国体育产业总规模超过3万亿元、经常参加锻炼人数达到4.35亿、人均体育场地面积达到1.8平方米。《全民健身计划（2016—2020年）》（2016年）指出，到2020年每周参加一次及以上的体育锻炼人数达到7亿，经常参加体育锻炼的人数达到4.35亿，体育消费总规模达到1.5万亿元。《"健康中国2030"规划纲要》（2016年）提出，到2030年健康服务业总规模将达16万亿元，到2030年经常参加体育锻炼人数达到5.3亿人。《关于加快发展体育竞赛表演产业的指导意见》（2018年）提出到2025年我国体育竞赛表演产业总规模达到2万亿元的目标，从而促进体育产业优化结构、提质升级。2019年9月17日，国务院办公厅印发《关于促进全民健身和体育消费推动体育产业高质量发展的意见》，提出推动体育产业成为国民经济支柱性产业。与此同时，各地区的配套文件也纷纷出台……一系列高端推动体育产业发展的政策提供了令人振奋的发展机遇和广阔的市场空间，并迅速在市场中反映出来。包括万达、阿里巴巴、腾讯等为代表的国内知名企业不断加大对体育产业的投资力度，2015年9月，体奥动力以80亿元出价，获得2016—2020年中超联赛电视信号制作权及版权，和以往的每年8000万元和版权费相比，平均每年16亿元的版权费，疯涨了20倍。乐视体育以4亿美元独包英超3年版权并揽下120多项赛事版权，苏宁以7.21亿美元拿下2019—2022赛季英超在中国大陆及澳门地区全媒体版权；阿里巴巴2015年与国际足联达成为期8年的世界杯冠名合作协议；2016年蒙牛与NBA在之前长达10年的合作基础上再次携手；2017年上半年华为签约5届金球奖得主梅西担任华为品牌大使。随后，新锐智能手机品牌努比亚宣布签下足坛巨星C.罗纳尔多担任努比亚品牌代言人。全国上下，各种马拉松比赛蓬勃开展，2018年，中国马拉松年度总消费额达178亿元，全年赛事带动总消费额达288亿元，年度产业总支出达到746亿元……所有这些均说明，体育产业的发展势头猛烈。良好的发展环境和发展趋势让社会资本对体育产业关注度与日俱增，体育产业逐步成为全社会高度关注的发展板块，呈现政府积极推动、资本踊跃投入、业界振奋进取的良好发展态势。根据国家体育总局发布的《体育产业"十三五"规划》显示，截至目前，泛体育爱好者已达6亿人，到2020年，我国体育产业总规模将超过3万亿元，从业人数超过600万元，产业增加值在国内生产总值中的比重达1.0%，体育服务业增加值占比超过30%。目前，汇总已出台的30个省级政府体育产业政策实施意见，预计2025年体育产业总规模之和超过7万亿元……

体育赛事的商业化趋势日益明显。虽然体育赛事的收入与短期经济结果具有有限性与不确定性，但从目前国内外各地的实际情况看，对体育赛事举办权的争夺愈演愈烈。以北京和张家口联合申办2022年冬季奥林匹克运动会为例，最初是与其他6个国家的6座城市展开角逐。此次申办的成功，也将是完善北京市和张家口市的基础设施建设的绝好机会。尤其是对于张家口市来说，为了能够顺利举办冬奥会，城市的基础设施、交通枢纽以及场馆的建设都将得到完善，大量的参赛者与观众的到来，无疑会加大旅游、餐饮住宿等服务业的需求，在很大程度上带动张家口市经济的增长。笔者认为，体育赛事产业对城市的发展具有很强的促进作用，对区域内相关产业的发展具有重要的推动作用。

但从世界各地举办大型赛事的情况看，并不是所有赛事都顺风顺水，很多赛事可谓"经营惨淡"，甚至负债累累。比较典型的有"蒙特利尔陷阱"[①]，使蒙特利尔奥运会债台高筑，不仅影响了蒙特利尔市的经济发展，而且也使国际奥林匹克运动受到沉重打击，甚至影响了此后申办1984年奥运会活动，原来准备申办的国家一度纷纷退出，最后只剩下美国一家申办国。2010年的南非足球世界杯和2014年的巴西足球世界杯也均未能在商业上获益，原来预计2014年足球世界杯本可以助推巴西经济，给巴西带来梦寐以求的成长，但实际情况是巴西足球世界杯是最贵的一届（预算高达149亿美元），据媒体报道，多项指标均显示，大型赛事举办所提供的短期性甚

---

① 1976年，在加拿大的蒙特利尔举行的第21届奥运会出现了10多亿美元的巨额亏空，致使该市的纳税人直到20世纪末才还清这笔债务，15天的奥运会使该市的纳税人负债20年，人称"蒙特利尔陷阱"。

至一次性就业机会，不足以从根本上解决巴西的高失业率痼疾。①

历届大型赛事总体亏损的一个重要原因是因为大兴土木建造大型体育场馆。这些场馆仅仅用于短暂的赛事期间，但在赛后无所事事，政府反倒还需要花费大量物力去维护，从而使这些场馆成为政府财政的长期包袱。以2010年的南非世界杯为例，2010年和2011年南非GDP增速为3.1%，但2012年为2.6%，2013年更跌至1.9%。正如一些分析家所言，由于南非经济结构和治理的失误，当初的"长线投资"——基础设施未能发挥预期功效，而场馆空置这个财政包袱，却在不断产生负效应。2010年时，南非世界杯组委会主席科扎曾许下承诺，赛后将尽可能地充分利用所有的10座场馆。然而如今，其中9处的维护费用已成了当地政府甩不掉的包袱。如纳尔逊·曼德拉海湾球场所在地伊丽莎白港，也是一座不复昔日荣光的工业城市。这里曾是荷兰队战胜桑巴军团的荣耀战场，但同时也是整个南非最为贫穷的地区之一。在南非世界杯结束后，这座耗资2.1亿美元的大型球场一直为当地一支来自次级联赛的橄榄球队所使用，低迷的上座率以及每年不过30万人次的游客数让其难以为继。据当地两所大学研究数据显示，场馆每年的维护成本高达650万美元，而收入却仅有520万美元，亏损都只能由当地政府所承担。②

目前，在我国举办的一些赛事同样也面临严重的财政困扰。据媒体报道，广州亚运会总投入高达1200亿元人民币，创亚运会历史投入之最，比1990年北京亚运会的费用翻了49倍，为南非世界杯投入的5倍。资金投入除场馆建设维护、亚运会运行资金外，主要用于城市面貌和环境改善，包括地铁建设、城市道路、桥梁和基础设施，以及环境综合整治、工业污水治理等。但单纯从经济上计算，赛事是难以回收成本的。这也引起一些媒体和市民的批评和质疑。③ 对于2022年将要举办的杭州亚运会而言，有媒体声称，相比投入1200亿元的2010年广州亚运会，杭州亚运会的投入只多

---

① 巴西世界杯 究竟赔了还是赚了 [EB/OL]. (2014-06-01). http://paper.oeeee.com/nis/201406/18/231449.html.
② 世界杯场馆繁荣后难掩落寞 南非十座球场九座亏 [EB/OL]. (2014-06-27). http://2014.163.com/14/0627/14/9VOLBOBT000505HF.html.
③ 广州亚运投入1200亿为世界杯5倍 难获8000亿GDP [EB/OL]. (2010-11-29). http://2010.163.com/10/1129/07/6ML1211400864IPP.html.

不少，预计超过 2000 亿元（光物流运输就要花费超过 200 亿元）。①

以上种种，均说明大型赛事与城市区域社会经济关系的复杂性。一方面，在我国，各种国际性和国内赛事的举办日益频繁，其规模也越来越大，这是我国社会经济的发展所带来的，也是不可逆的一个趋势。另一方面也说明，体育比赛并不是简单的一项群体活动，由于其综合性及复杂性的特点，体育赛事的举办对举办地各方面的影响深远。赛事在短时间内吸引了众多的媒体和观众，由此带来的大量人流及物流引起了赛事举办地商品和劳务的消费需求，不可避免地影响了举办城市的旅游业、餐饮业、建筑业、住宿业、媒体及广告等产业的发展。体育赛事产业与这些相关产业的关联性，决定着体育赛事对其他一些相关产业的影响及延伸效应。这种经济效应延伸显然促进了赛事举办地的各相关产业的发展，同时，这些产业的发展也不断影响赛事产业的进一步发展。但这种经济影响稳定性和可持续性如何，是值得研究的一大课题。

因此，体育赛事的举办已成为世界许多城市和地区的重要经济事件和手段。探讨赛事和城市区域经济发展的规律，使赛事与城市社会经济的发展更加协调、有序，是未来很长一段时间我们需要研究的课题，这是本书研究的主要背景和出发点。

1.2 研究意义

被视为社会文化一个重要组成部分的体育业在一些欧美发达国家已逐渐成为支柱产业，如美国、日本等国的体育产业产值占 GDP 的比重均达到 3% 以上。随着我国社会经济的发展，人民群众对精神文化生活的追求也日益高涨，我国的体育产业的经济和社会作用也日益凸显。研究表明，在我国一些较为发达的地区，体育产业对当地经济的贡献率较为突出。以北京

---

① 根据 2010 年广州亚运会组委会官方的说法，广州亚运会预算是 20 亿元人民币，但最终总投资竟然超过 1200 亿元，足足是预算的 60 倍。广州亚运会不仅超过多哈亚运会，成为投入最大的一届亚运会，也被当时的舆论评价为今后也无法超越的一届最昂贵的亚运会，堪称"前无古人，后无来者"。

为例，2008年该市体育产业实现增加值154亿元，占地区生产总值的比重为1.39%，总收入579.8亿元，对GDP增长的贡献率达5.24%，成为拉动北京经济发展的新增长点。从全国范围看，2017年全国体育产业增加值为7811亿元，占同期GDP的比重为0.9%（江小涓，2019）。按此趋势，在2030年左右完全有望成为我国的支柱产业。

在体育产业蓬勃发展的大环境下，赛事作为体育产业的核心内容，其重要性不言而喻。据统计，我国已成为世界上举办赛事最多的国家，各个城市争相举办各种赛事，这些赛事大致可分为三大类：一是周期性的大型综合运动会，如2008年北京奥运会。二是常规性职业赛事，如每年均进行的中超足球联赛。三是临时性商业比赛，如不定期举办的中国NBA季前赛以及各种邀请赛等。

现代赛事的范畴远远超过了体育本身，而是已成为一个覆盖范围广、涉及行业多、产品种类丰富的产业链，其上下游产业包括旅游、传媒、交通、零售、建筑、农业和制造业等，赛事链作为产业链对城市发展的综合性影响有目共睹。这也是我国越来越多的城市热衷于举办赛事的重要原因。但目前国内一些城市举办赛事已出现"不计成本，盲目冲动"的失控状态，甚至精心组织的2010年广州亚运会也因投资巨大而受到质疑。各个为大型赛事而建造的大型场馆赛后的运营问题也成为社会关注的一大焦点。同时，赛事产业链作为某种形式的产业链是如何传导的，其内部运行机制如何，不同城市选择赛事的标准何在……这些问题成为值得研究的大课题。因此，在充分发挥赛事对社会经济推动作用的基础上，对赛事产业链和城市发展关系的系统研究，对优化城市产业结构、更好地发挥赛事促进城市整体协调发展的作用具有重大的理论和现实意义。

1.2.1 理论意义

（1）本书将重点揭示赛事产业链与城市发展耦合的机理，有助于丰富赛事产业链促进区域发展的理论研究。（2）国内对于赛事产业链问题研究还处于初级阶段，通过对其特征、主体以及主体之间关系的系统研究，有望进一步明确赛事链的研究内容、研究目标和研究方向。（3）国内对赛事大型场馆运营状况不佳以及赛事对城市经济的影响的研究还比较薄弱，本书将以主流经济学理论为基础，对此问题进行定量分析，试图从新的视角研究影响我国大型体育场馆运营和赛事经济绩效的因素，为促进我国大型体育场馆效益和提升赛事的经济效益提供理论依据。

1.2.2 实践意义

（1）构建赛事产业链与城市发展综合评价体系，将完善对不同城市区域和不同赛事类型的关系研究，有利于城市与赛事彼此地最优选择，可避免城市举办赛事"不惜成本，寅吃卯粮"的问题，为赛事产业链促进城市协调发展和社会稳定提供保障和路径选择。现阶段，我国城市各种赛事的蓬勃开展使本书的研究具有较大的推广价值。（2）对赛事产业链运行机制的研究，为赛事产业链调整、优化相关企业关系使其协同行动，提高整个产业链的运作效能，最终提升赛事产业链上下游企业竞争优势提供实践指导。（3）探寻（以马拉松为代表的）城市赛事对城市经济的影响。（4）为国内城市管理者和赛事组织者提供举办赛事和运营场馆的科学视角和方法。

1.3 研究状况

1.3.1 国内外研究现状

本书在以赛事产业链运行机制为纽带，研究赛事产业链运行对促进城市发展的关系，相关文献主要集中在以下城市发展与城市定位、赛事产业链和赛事与城市的关系三个方面。

（1）城市发展与城市定位研究

城市是一定区域范围内政治、经济、文化、宗教、人口等的集中之地和中心所在。国内外学者对城市的研究从未中断，与本项目有关的可简要归纳为城市发展和城市定位两部分。

A. 城市发展理论。在经济学的范畴内，城市作为一个经济实体，其发展主要包括产业的集聚与商品要素的流动。美国发展经济学家刘易斯指出，工业化带动城市化，城市化反作用于工业化，使得整个经济由二元结构向同质的现代化结构转变。① 戈特曼在其代表作《大城市连绵区：美国东北海岸的城市化》中，首次指出了沿美国都市区内的农村与城市共生、土地综合利用的空间现象，并预言这种情形在世界许多地区将会重复出现。此后，新经济地理学把"空间"因素引入对区际贸易的分析，通过把运输成本作为"空间"因素纳入区际贸易模型来解释贸易量随距离的增加而迅速减少，以及价格、要素报酬和行业生产率在不同区域间的差异等问题。② Krugman 认为，一个经济规模较大的区域，由于前向和后向联系，会出现一种自我持续的制造业集中现象，经济规模越大，集中越明显。③ Waltz 认为，区域经济增长源于产业部门的地理集中及由此产生的持续的生产率提高，区域经济一体化会导致规模收益递增的生产和创新产品的区域性集中。④ Lucas 等人认为，生产要素和其他资源也可能过分集中于一个或两个城市中，将提高交通费用、拥挤程度和生活费用，因此，存在着一个最佳的城市集中度，这种空间集聚将加强信息外溢和增长知识积累。⑤

Geyer 和 Kontuly 建立了城市化细分理论，这实际上为体育和城市的关系提供了理论支撑。首先是城市化阶段，越来越多的经济和人口集中在有限的几个快速增长中心，同时，有新的中心加入最低层。在发展的某个时间节点上，大城市阶段开始成熟，增长率开始下降，空间分散过程开始。

---

① ARTHUR L. Economic development with unlimited supplies of labour [J]. Manchester School of Economic and Social Studies, 1954, 5 (22): 139-91.

② J. 戈特曼，李浩，陈晓燕. 大城市连绵区：美国东北海岸的城市化 [J]. 国际城市规划，2009 (1).

③ KRUGMAN P R. Increasing returns and economic geography [J]. Journal of Political Economy, 1991 (99): 483-499.

④ WALZ U. Transport costs, intermediate goods and localized growth [J]. Regional Science and Urban Economic, 1996, 26.

⑤ LUCAS R E. On the mechanics of economic development [J]. Journal of Monetary Economics, 1998 (26): 3-42.

大城市的老化常伴随着这个大城市附近的几个中心的增长,尤其是中等城市。由此,城市化进入第二阶段。最后,城市发展进入第三阶段,即小城市阶段,也称为"反城市化"。在这个阶段,人口开始从大都市和中等城市向小城市分散,城市体系达到饱和点。在这个阶段,人口增长率很低或为负,并且外国移民保持低水平,总体上,城市增长缓慢。城市化细分理论在许多欧美发达国家得到了不同程度的验证。Hermanus S. Geyer 和 Thomas Kontuly 认为,反城市阶段化之后,当大城市人口净迁入率超过小城市时,反城市化阶段结束。反城市化阶段代表了城市化发展第一个循环的最后阶段。随着全球经济一体化的深入,一个国家或一个城市的经济增长越来越多地与其他的国家或城市发生联系,这种联接使得对城市竞争力的评价非常重要。① Kresl 认为,城市竞争力是经济和战略决定因素的结果。他确定了最重要的几个经济决定因素:生产、基础设施、地方特征、城市经济结构和城市宜居程度。依据城市化细分理论,为了扭转大城市的"衰退"趋势和增强城市竞争力,近年来,北美和欧洲许多工业衰退的城市通过发展城市休闲经济加以应对。② Zukin 称之为"象征经济",休闲经济不仅能吸引旅游者,而且还能大大吸引为其雇员寻求好的生活方式的公司,并能吸引崇尚自由的居民定居于此,这些休闲设施的存在还能提升该地的形象和提供工作岗位。③ Bianchini 和 Parkinson 认为,城市政策制定者们现在意识到了艺术的就业潜力以及新媒体产业的日益重要,政府开始重新设计城市空间。总体而言,新休闲经济已经广为流行,成为现代城市经济活动变化的一个标志。体育作为文化的一个重要组成部分也在城市复兴中受到重视,包括英国的曼彻斯特、荷兰的鹿特丹在内的一些国际知名城市将体育作为城市复兴的一大平台。④

B. 城市定位理论。"城市定位"理论脱胎于城市营销理论,是一个在我

---

① HERMANUS G, THOMAS K. A theoretical foundation for the concept of differential urbanization [J]. International Regional Science Review, 1993.

② KRESL P. The determinants of urban competitiveness, gap pert (Ends) North America cities and the global economy: challenge and opportunities [M]. London: Sage Publication, 1995: 45 – 68.

③ ZUKIN, SHARON. The cultures of cities cambridge [J]. Mass, 1995.

④ BIANCHINI F, PARKINSON M. Cultural policy and urban regeneration: the West Europe experience [J]. Cities, 1993, 12 (4): 285 – 286.

国更加受到重视的概念,而"城市营销"概念最早来源于西方的"国家营销"理念。菲利普·科特勒提出,一个国家也可以像一个企业那样用心经营。国家营销应当突出自己的特点,发现自己的优势所在,提高自己的竞争力。[①] 由"国家营销"衍生而来的"城市营销"发展到今天,已经受到广泛重视。城市营销将城市的各种资源以及所提供的公共产业或者服务(包括一个城市内产品、企业、品牌、文化氛围、贸易、环境、投资环境乃至城市形象和人居环境等)以现代市场营销方式向购买者兜售,其营销市场包括本地市场、国内市场以及海外市场,甚至囊括了互联网络上的虚拟市场。

20世纪90年代以来,各国城市所面临的国际国内竞争日趋激烈,城市定位逐渐盛行。城市定位简言之,即确定城市发展方向及经济结构布局、基本建设规划的行为过程。张复明是我国最先对城市定位问题进行系统研究的学者,他认为,城市定位是指在社会经济发展的坐标系中综合地确定城市坐标的过程。城市定位工作涉及三个方面:一是区域社会经济发展坐标系及其动态变化趋势。二是城市与区域之间社会经济城市关系的特征。三是城市自身发展条件、基础、发展方向、战略模式和潜力。[②] 仇保兴第一次将我国城市定位和城市竞争力有机地结合起来,提出城市定位应强调培养城市的组织应变能力,形成城市独特的竞争力,来适应城市内外环境的快速变化和区域内不同单元的差异性特征。[③] 张登国认为,科学的定位思维、定位参与、定位决策和定位程序等是应对城市定位问题的有效工具。[④] 林琳等人借助对城市综合经济实力和城市规模的计算,分析城市空间影响范围,在此基础上以青岛为例,对城市定位进行量化分析。[⑤] 杨保军等将城市定位提升到国家战略的地位,从这一视角出发,有针对性地识别了广州发展的独特性,提出广州实现国家中心城市定位的具体路径和对策。[⑥] 随着

---

① 菲利普·科特勒. 国家营销 [M]. 俞利军,译. 北京:华夏出版社,2003.
② 张复明. 城市定位的理论思考 [J]. 城市规划,2000 (3):54 – 57.
③ 仇保兴. 城市定位理论与城市核心竞争力 [J]. 城市规划,2002 (7):11 – 13,53.
④ 张登国. 城市定位中的问题及规避机制 [J]. 城市问题,2007 (5):14 – 18.
⑤ 林琳,于伟,陈烈. 基于城市竞争力分析的城市定位——以青岛市为例 [J]. 经济地理,2007 (5):763 – 767.
⑥ 杨保军,彭小雷,赵群毅,等. 国家视野下的广州城市定位 [J]. 城市规划,2010,34 (3):25 – 31.

国内一些知名城市先后提出建设体育都市的定位,国内学者也开始关注体育都市的建设。彭杰、张毅恒、柳鸣毅研究了国际体育城市的本质、特征与路径选择,他们的主要结论包括:城市居民的休闲生活方式、体育促进城市经济绿色指标、职业体育的品牌塑造是国际体育城市的本质,同时呈现出产业融合性、多元开放性、聚集发散性和低碳消耗性的特征。① 李先雄、李艳翎对国际化体育城市评价指标体系进行了研究与分析,综合国内外众多体育城市的概念与评价指标,得出国际化体育城市的概念,以及国际化体育城市评价指标体系,包括经济条件、体育人口、体育赛事、体育文化、国际化体育组织、体育制度6大类一级指标、13项二级指标和52项三级指标。② 邱雪研究了冬奥会与举办城市的互动关系,认为冬奥会与举办城市的互动影响主要分为直接利用阶段(1924—1932年)、规划建设阶段(1936—1960年)、区域发展阶段(1964—1980年)、互利共赢阶段(1984—1998年)和可持续发展阶段(2002年至今)共5个阶段。③ 戴健和焦长庚探寻了上海市在构建全球著名体育城市的发展过程中的内涵与动机,依次对上海市构建著名体育城市的政治、经济、社会、技术背景结合相应的优势、劣势、机遇、威胁进行分析,认为上海市构建全球著名体育城市符合我国目前时代发展的潮流,顺应了当下体育高速前进的轨迹。④

(2)赛事产业链理论研究

A. 一般产业链理论研究。赛事产业链是产业链的一种。产业链是借助区域市场协调地区间专业化分工和多维性需求的矛盾,以产业合作为实现形式和内容的功能链结构模式。产业链的概念源远流长。⑤ 1958年赫希曼在《经济发展战略》一书中从产业的前向联系和后向联系的角度论述了产业链

---

① 彭杰,张毅恒,柳鸣毅. 国际体育城市的本质、特征与路径选择 [J]. 体育文化导刊,2016(8):1-5,37.

② 李先雄,李艳翎. 国际化体育城市评价指标体系研究 [J]. 武汉体育学院学报,2017,51(7):38-43.

③ 邱雪. 冬奥会与举办城市互动关系研究 [J]. 中国体育科技,2018,54(5):13-17.

④ 戴健,焦长庚. 全球著名体育城市构建的内在逻辑与优化路径——基于上海世界体育名城建设的分析 [J/OL]. 体育学研究:1-11 [2019-06-11]. https://doi.org/10.15877/j.cnki.nsic.20190511.001.

⑤ 产业链思想最早来自于西方古典经济学家亚当·斯密(Adam Smith)有关分工的论断,其"制针"的例子就是对产业链功能的生动描述。

的概念。Stevens 和 Graham 将产业链看作是由供应商、制造商、分销商和消费者连接在一起组成的系统。① Harrison 基于价值网络的概念，揭示了产业链产生价值贡献的功能作用，他将产业链定义为采购原材料，将它们转换为中间产品和成品，并且将成品销售到用户的功能网络。②

近年来，我国学者对产业链的研究初具规模。龚勤林认为，产业链是各个产业部门之间基于一定的技术经济关联，并依据特定的逻辑关系和时空布局关系客观形成的链条式关联关系形态。③ 龚勤林还提出，构建产业链应包括接通产业链和延伸产业链两个层面的内涵。接通产业链是指将一定地域空间范围内的断续的产业部门借助某种产业合作形式串联起来；延伸产业链则是将一条既已存在的产业链尽可能地向上下游拓深延展。④ 蒋国俊研究了产业链中间产品的定价范围和产业链的稳定机制，认为竞争定价机制、利益调节机制以及沟通信任机制三种机制是决定产业链稳定与否的关键。⑤ 李心芹和李仕明研究了产业链的结构类型和产业链中间产品动态定价问题，并根据产业链内部企业与企业之间的供给与需求的依赖强度把产业链分为资源导向型、产品导向型、市场导向型和需求导向型四种。⑥ 吴金明认为，产业链有内涵的复杂性、供求关系与价值的传递性、路径选择的效率性、起讫点的一致性等四个显著特性和聚集企业、发挥比较优势、稳定经济三大基本功能。⑦ 吴金明等提出，产业链是在价值链、企业链、供需链和空间链四个维度相互对接的均衡过程中形成的。⑧ 芮明杰、刘明宇提出了

---

① STEVENS G C. Integrating the supply chain [J]. International Journal of Physical Distribution and Materials Management, 1989, 19 (8): 3 – 8.

② JEFFREY S, HARRISON. Resource allocation as an outcropping of strategic consistency: performance implications resource allocation as an outcropping of strategic consistency: performance implications [J]. The Academy of Management Journal, 1993, 36 (5): 1026 – 1051.

③ 龚勤林. 区域产业链研究 [D]. 成都: 四川大学, 2003.

④ 龚勤林. 论产业链延伸与统筹区域发展 [J]. 理论探讨, 2004 (3): 62 – 63.

⑤ 蒋国俊, 蒋明新. 产业链理论及其稳定机制研究 [J]. 重庆大学学报, 2004 (6): 37 – 39.

⑥ 李心芹, 李仕明, 兰永. 产业链结构类型研究 [J]. 电子科技大学学报（社科版）, 2004 (4): 60 – 63.

⑦ 吴金明, 张磐, 赵曾琪. 产业链、产业配套半径与企业自生能力 [J]. 中国工业经济, 2005 (2): 44 – 50.

⑧ 吴金明, 邵昶. 产业链形成机制研究 [J]. 中国工业经济, 2006 (4): 32 – 35.

产业链整合理论，认为产业链整合有横向整合、纵向整合、混合整合三种类型。① 刘贵富等认为，现代企业的竞争更多地表现为企业所在的产业链之间的竞争，产业链中的每一个节点企业都受到产业链中的其他企业的影响。② 一些学者认为，产业链和价值链之间有着本质上的联系，都表达了具有某种特征的不同要素之间的相互联系，并侧重从产业链价值增值过程对产业链进行研究。迈克尔·波特（Michael E. Porter）在其所著的《竞争优势》一书中首次提出了价值链的概念，他认为价值链为一系列连续完成的活动，是原材料转换成一系列最终产品并不断实现价值增值的过程。从价值形成过程来看，企业从创建到投产经营所经历的一系列环节和活动，无不是价值增加的过程，这一系列环节又连接成一条活动成本链。③ Norman 和 Ramirez 认为，价值链中价值的创造主要有两种形式，一是以比竞争者更低的价格提供无差别的商品和服务，二是以合理的额外费用提供无差别的产品或服务。我国学者吴海平认为，价值链理论的实质是企业的整合与分解，它通过优化流程最终实现整个价值链的增值。④ 郁义鸿、管锡展对与产业链纵向控制有关的经济规制问题作了全面系统的讨论。⑤ 刘志彪等对长三角地区制造业升级进行了分析，提出要警惕依附型经济产生，重视实施内外需均衡战略，要注意劳动密集型产业转型升级的规律等，使长三角"块状经济"向现代产业集群转型升级。⑥ 还有一些学者对某些行业产业链进行了专门研究，如王桂霞认为，农业产业链是指与农业初级产品生产密切相关的具有关联关系的产业群组成的网络结构。⑦ 张明林对农业产业链成长中的四个关键变量（技术创新、需求引导、交易费用、管理费用）

---

① 芮明杰，刘明宇，任将波. 论产业链整合 [M]. 上海：复旦大学出版社，2006.
② 刘贵富. 产业链研究现状综合述评 [J]. 工业技术经济. 2006 (4)：8-11.
③ MICHAEL E, PORTER. Competitive advantage greating and sustaining superior performance [M]. Free Press，1985.
④ NORMAN R, RAMIREZ R. From value chain to value constellation: designing interactive strategy [J]. Harvard Business Review，1993：65-77.
⑤ 郁义鸿，管锡展. 产业链纵向控制与经济规制 [M]. 上海：复旦大学出版社，2006.
⑥ 刘志彪，于明超. 从 GVC 走向 NVC：长三角一体化与产业升级 [J]. 学海，2009 (5)：59-67.
⑦ 王桂霞. 中国牛肉产业链研究 [D]. 北京：中国农业大学，2005.

的相互作用进行了研究。①

B. 赛事产业链相关研究。国内对赛事产业链的研究相对较少。肖淑红对中国体育产业价值链管理模式进行了理论和实证研究,认为我国体育企业拼命办赛事、上项目、建各种俱乐部、更新设备,导致制造能力大量过剩,而销售和供应能力则很弱。体育产业要运用价值链思想提高管理水平和竞争力。② 体育服务业提供的产品可以归纳为六类:个人体育用品装备、体育资讯、体育场地设施、体育技术指导、体育比赛或表演,以及体育赛事权利。不同的主体提供不同的服务,将构成不同业务环节的供应链和价值链。李建设、童莹娟研究了体育产业的关联度问题,认为体育产业关联度位居前列,对经济拉动的影响力度和综合感应程度均较大。③ 何建民运用国内外经验数据,验证了奥运催生的特大型事件旅游与常规旅游之间具有重要的互补性与互促性功能。④ 郑胜华和宋国琴研究了休闲产业链整合问题,认为休闲产业链的内外部环境是决定整合效果的关键。⑤ 陆小成和骆慧菊认为,体育产业发展的关键在于构建完善的体育产业服务链模式,体育产业服务链具有服务主动性、系统性、资源整合性等特点。⑥ 江宝山和金雪涛从产业链角度对我国赛事转播权开发进行了研究,认为体育赛事转播权的开发按照赛事举办、组织营销、市场交易、节目转播和受众消费这五个环节的产业链在运转。体育赛事的竞技水平低、转播权行销过程中的产权不明晰、中介机构缺乏培育等是国内体育赛事转播权

---

① 张明林. 周荣华. 产业价值链下的创业机会评价模型研究 [A]. //Proceedings of International Conference on Engineering and Business Management (EBM2011). 武汉:美国科研出版社,2011:4.
② 肖淑红. 中国体育产业价值链管理模式研究 [D]. 北京:北京体育大学,2003.
③ 李建设,童莹娟. 体育产业的关联效应与产业特性研究 [J]. 天津体育学院学报,2006,221 (5):378 – 380.
④ 何建民. 奥运与旅游相互促进的功能及方式——基于常规旅游价值链与全面营销导向的研究 [J]. 旅游科学,2007 (3):7 – 10.
⑤ 郑胜华,宋国琴. 休闲产业链整合及其策略体系研究 [J]. 商业经济与管理,2009 (9):81 – 87.
⑥ 陆小成,骆慧菊. 我国体育产业服务链理论 [J]. 北京体育大学学报,2010,33 (12):30 – 33.

开发的制约因素。① 谭丽君等对职业体育产业链的组织模式进行了研究，认为联盟对各环节资产专用性、市场不确定性和交易频率因素的综合分析是产业链组织模式选择的理论依据，市场经济条件下职业体育产业链的组织模式总体上呈现混合式的运行特点。② 罗江波、胡剑波以东莞为例，研究了我国职业体育俱乐部与城市发展的关系，职业体育俱乐部对于城市的经济增长，有着长足的推动作用；高水平的职业体育比赛，会为举办城市带来巨大的经济效益。③ 方春妮认为，体育赛事产业集群的发展需要结合本土城市的资源条件，深入扎根于城市产业发展体系，以产业链条的形式来集聚人流、物流、信息流和资金流，推动和促进相关产业的发展。④ 李燕领、王家宏认为，我国体育产业链由赛事资源、媒体、衍生产业构成，其核心环节是赛事运营、场馆运营和体育营销。⑤ 王凯研究了体育赛事媒体版权产业链，认为其是体育媒体以赛事版权为核心，围绕赛事版权购买、培育、生产、服务、开发等环节，以版权变现和价值增值为目标所形成的纵横联盟关系，其中，上游为赛事组织，中游为体育媒体，下游为衍生品市场；并提出良好的产业链运行必须遵循包括价值生成、信任契约、沟通协商、利益共享和风险共担、竞争合作和监督激励在内的机制。⑥

（3）赛事与城市关系研究

现有针对赛事产业链与城市关系的专门研究很少，更多的是针对赛事与城市的关系研究。第二次世界大战后，对赛事与城市发展的研究日益增多。早期的研究主要集中于商业赛事的理论研究。Simon Rotenberg 和

---

① 江宝山，金雪涛. 从产业链角度看我国赛事转播权开发 [J]. 吉林体育学院学报，2010，26（2）：6-8.

② 谭丽君，秦椿林，靳厚忠. 职业体育产业链的组织模式研究 [J]. 武汉体育学院学报，2010（1）：45-47.

③ 罗江波，胡剑波. 我国职业体育俱乐部的建设与城市发展探析——以东莞为例 [J]. 成都体育学院学报，2010，36（6）：40-42.

④ 方春妮. 基于本土资源的城市体育赛事产业集群发展研究——以武汉市为例 [J]. 武汉体育学院学报，2011，45（5）：43-48.

⑤ 李燕领，王家宏. 基于产业链的我国体育产业整合模式及策略研究 [J]. 武汉体育学院学报，2016，50（9）：27-33，39.

⑥ 王凯. 体育赛事媒体版权产业链的理论建构与基础路径 [J/OL]. 成都体育学院学报，2019（2）：22-30 [2019-06-11]. https：//doi.org/10.15942/j.jcsu.2019.02.004.

Walter Neal 最先对其进行了系统研究。Rotenberg 认为，把好的球员分散到各个球队对整个职业体育市场更加有利。① Neal 认为，职业球队的市场成本与需求的特点使得运动联盟间的竞争程度下降，这就为垄断创造了条件。② Peter Sloane 认为，俱乐部之间既竞争又合作的机制有利于创造旺盛的市场。③ 20 世纪 90 年代起，商业比赛进入了一个加速发展的时期，对赛事的研究也扩散到包括城市社区在内的区域社会经济发展的各个方面。在北美掀起大型运动场馆建设的高潮，许多职业球队甚至免费使用由政府投资的运动场。城市与职业赛事的关系进一步密切。美国经济研究协会曾以 1984 年奥运会为例，对加利福尼亚州经济发展的影响进行了研究，提出投入产出模型，认为奥运会为举办地加利福尼亚带来了超过 20 亿美元的经济收入，在就业方面为加利福尼亚州创造了超过 7 万个工作岗位。④ 另外，Hotchkiss 等人研究了 1996 年亚特兰大奥运会对城市经济的影响，研究结果表明，奥运会举办期间，赛区的就业率相比非赛区而言每季度都有一定幅度的增加，也就是说，奥运会的举办前后，奥运会为该城市创造了大量的岗位需求，缓解了劳动供需关系的不平衡；只是在这一研究中，由于分析技术上的原因，关于奥运会对工资水平的影响并未得出确切的结论。⑤ Ritchie 和 Smith 研究了 1988 年加拿大冬季奥运会，学者选取了 20 个城市作为样本，对冬奥会前后卡尔加里以及加拿大的知名度进行分析。研究结果显示，通过时间与空间上的分析，冬奥会前后，卡尔加里城市相对其他样本城市的知名度明显增强，即冬奥会大大地提升了卡尔加里城市的知名度。⑥ Baim 等研究了在职业赛事中政治家参与促进或阻碍体育场税

---

① ROTTENBERG S. The baseball player's labor market [J]. Journal of Politics Economy, 1956, 64 (3): 242 – 258.

② NEALS, WALTER C. The peculiar of professional sports [J]. The Quarterly Journal of Economics, 1964, 78 (1): 1 – 14.

③ SLOANE P J. Overeducation in the United Kingdom [J]. Australian Economic Review, 2007, 40 (3): 286 – 291.

④ Economic Research Associates. Community economic impact of the 1984 Olympic games in Los Angeles and Southern California [M]. Los Angeles Olympic Organizing Committee, 1984.

⑤ HOTCHKISS J L, MOORE R E, ZOBAY S M. Impact of the 1996 Summer Olympic Games on employment and wages in Georgia [J]. Southern Economic Journal, 2003 (3).

⑥ RITCHIE J, SMITH B. The impact of a mega – event on host region awareness: a longitudinal study [J]. Journal of Travel Research, 1991 (1).

案通过的问题。Matos 更为全面地研究了大型体育赛事的影响，得出了以下结论：大型体育赛事对于城市发展有着很大的促进作用，首先是在体育用品制造业、观光旅游业、税收以及就业等方面有着直接的促进作用，其次，大型体育赛事对于人才的引进、资本的聚集、环境绿化以及科技创新等方面具有积极影响。[①] Ronald Grover 将职业赛事活动的研究扩展到了相关的娱乐产业，认为职业赛事经营特许权可描述为主题公园的一部分，因此，像华特迪士尼公司拥有赛事职业队是迪士尼娱乐使命的必然要求。[②]库斯、丹尼斯和哈姆雷斯等、卡里诺、格雷德和库尔森等均对欧美城市发展和职业体育进行了研究。他们的研究结果基本认为，职业体育对城市产业有刺激作用，但影响有多大尚未有定论，而各个城市在竞争赛事或者体育组织的投标过程中支付不菲。Leo van den Berg 和 Erik Braun 认为，世界上有一些城市借助体育大大提升了城市知名度，可以称为"体育城市"，如西班牙的巴塞罗那、意大利的都灵以及英国的曼彻斯特等。[③]里奥·艾瑞克·亚历山大介绍了巴塞罗那等五个欧洲城市的城市背景、城市文化，并评价了这几个城市通过举办国际级赛事促进城市发展的经验，验证了城市体育营销活动的参与者密切合作下，体育所蕴含的巨大潜在效益及其在城市营销中的重要作用。[④] David Moross 认为，美国的城市马拉松赛事对于举办城市的经济影响巨大，从旅游的角度来讲，马拉松赛事的举办为举办城市创造了新的旅游景点，成为旅游经济中新的经济增长点；同时，David Moross 还认为，马拉松赛事具有广泛参与性的特点，受众群体巨大，如果企业能够将马拉松赛事作为一个宣传平台，用来扩展自身业务，便能够轻松获得大量潜在的消费市场，因此，马拉松赛事潜在的经济价值巨大。[⑤] Herstein 和 RamBerger 认为，大型或国际体育赛事的主办方必须确保

---

① MATO B. Evaluation of the economic impact of sport in developed countries and in Croatia [J]. Kinesiology, 1997 (29): 71-77.

② GROVER, RONALD, SCHINE, et al. At disney, grumpy isn't just a dwarf [J]. Bloomberg Business Week, 1997, Vol. 0 (No. 3515): 38.

③ LEO V D B, ERIK B. Sports and city marketing in European cities [M]. MPG Books Ltd, Bodmin, Cornwall, 2002: 43.

④ [德]里奥·艾瑞克·亚历山大. 体育与城市营销 [M]. 沈体雁，等译. 北京：东方出版社，2006.

⑤ DAVID M. Marathons [N]. Sports Marketing, 2009.

世界各地的人们将他们的城市视为休闲、旅游和消费中心而不仅仅是体育舞台。相反，中小型体育赛事的组织者则必须以增加居民的公民自豪感为主。① Müller 等研究了 6 个举办过世界杯和奥运会的城市，发现赛事本身对城市发展的直接影响没有预期那么大，但政治和经济是举办赛事主要考虑的因素。②

我国多数学者也认为体育赛事影响了城市发展。王玉峰等认为，地方政府对包括职业俱乐部在内的体育组织的建设和发展，对城市经济具有关键的作用。③ 郑欣认为，目前，中国职业体育俱乐部和地方政府的关系密切，这对我国目前的职业体育有正面和负面的双重效应。④ 随着我国积极申办和举办奥运会、亚运会等大型赛事，国内学者对于包括奥运会等大型体育赛事与城市发展的研究也日益增多。庞军研究了北京奥运会对北京市的经济影响，结果表明，奥运会举办前几年，北京奥运会的直接投资带动了北京的经济增长，同时为北京提供了大量的就业岗位。据估算，奥运会总投资为北京提供了近 300 万个就业岗位，平均每年带动经济增长 5.5 个百分点。⑤ 顾海兵等学者分别运用了多种方法研究了 2008 年北京奥运会对北京城市的经济发展的影响，研究结果得出，2008 年奥运会为北京市 GDP 带来了近 1800 亿元的增长，同时直接增加财政收入 400 多亿元，带来新的就业岗位 140 多万个，人均收入也增长了约 13000 元。另外，奥运会筹备期间，平均每年带动北京市经济增长 5% 之多。这一研究结果表明，奥运会能够显著地拉动北京市的经济增长。⑥ 易剑东认为，大型体育赛事对于中国经济和社会发展的影响主要体现在：刺激各项相关产业快速发展；国际体育赛事对

---

① HERSTEIN, RAMBERGER. Much more than sports: sports events as stimuli for city re – branding [J]. Journal of Business Strategy, 2013 (34): 38 – 44.

② MÜLLER, MARTIN, GAFFNEY, et al. Comparing the urban impacts of the FIFA World Cup and Olympic Games from 2010 to 2016 [J]. Journal of Sport & Social Issues, 2018 (42): 247 – 269.

③ 王玉峰，周毅，刘夫力，等. 城市政府对当地职业足球俱乐部支持情况的调查分析 [J]. 广州体育学院学报，2001 (1): 18 – 20.

④ 郑欣. 地方政府与职业足球俱乐部的关系研究 [J]. 解放军体育学院学报，2001 (4): 61 – 63.

⑤ 庞军. 奥运投资对北京市的环境与经济影响：基于动态区域 CGE 模型的模拟分析 [D]. 北京：中国人民大学，2005.

⑥ 顾海兵，等. 奥运会直接投资对北京经济的拉动作用 [M]. 北京：北京出版社，2003.

建筑、旅游等产业产生强大的推动力,进而带动整个经济发展;加快各项事务与国际的接轨;社会或民间社团的广泛参与,推动社会结构的有序运作,民间企业和资本获得参与重大事务的机会,民众的开放意识和国际意识逐步增长,国际先进规则逐步被中国理解和接纳。[①] 余守文认为,体育赛事影响城市竞争力的机制包括经济增长效应、产业结构效应和城市品牌效应。[②] 胡乔和陶玉流认为,大型体育赛事能够推动城市的发展,尤其是在城市经济发展方面作用明显,一场成功的体育赛事能够极大地促进城市的经济发展;另外,大型体育赛事的举办,是城市向全世界宣传自身的一次难得的机会,为了提升自身形象,城市往往会进行大量的基础设施建设,提高本城市的整体交通水平以及市容市貌;同时,大型体育赛事的举办激发了人们对于体育健身以及体育用品的需求,为体育用品制造以及服务产业的发展注入了新的活力,推动着体育产业更好地发展。[③] 吴殷研究了2008年网球大师赛对上海经济的影响。这一研究使用了投入产出模型,对网球大师赛对相关产业部门的实际影响效应分别进行了研究测度。结果表明,大师赛为上海城市的经济发展创造了近2.5亿元的收入,对于相关产业的实际影响效应从大到小排序如下:住宿业、交通运输业、批发零售业、餐饮业。研究结果可以显著地说明,2008年网球大师赛带动了上海各相关行业的发展。[④] 武胜奇认为,体育赛事整合了上海的各类文化资源,形成了规模效益,体育赛事带动、促进了上海群体赛事的开展,再造了城市文化形象,提高了上海城市文化竞争力。[⑤] 徐琳概述了我国赛事产业的竞争格局,认为我国赛事产业具有较大产业吸引力,赛事运作者具有较强的目标达成能力

[①] 易剑东. 大型赛事对中国经济和社会发展的影响论纲 [J]. 山东体育学院学报,2005,21(6):1-7.

[②] 余守文. 体育赛事与城市竞争力:产业关联·影响机制·实证模型 [M]. 上海:复旦大学出版社,2008.

[③] 胡乔,陶玉流. 城市竞争力视域下大型体育赛事的效益研究 [J]. 体育与科学,2009(7):32-34.

[④] 吴殷. 基于投入产出的体育赛事活动的经济影响个案分析 [J]. 上海体育学院学报,2009(7):09-11.

[⑤] 武胜奇. 体育赛事与上海城市文化竞争力研究 [J]. 南阳师范学院学报,2009,8(12):91-95.

和盈利能力。① 李利认为，亚运会对广州城市竞争力的拉动效应主要体现在生产要素、需求条件、城市定位和发展战略以及城市产业结构四个方面。② 张林等对上海体育赛事发展定位的依据、模式和内涵进行了阐释，认为形成体育管理体制改革的共识、构建跨行业的协调机制、建立体育赛事公益性价值补偿机制和应对垄断指控是影响上海赛事的决定因素。③ 宋兆峰、罗建英认为，大型体育赛事具有观赏性与综合性，观赏性使得体育赛事举办期间能够聚集大量的观众、游客等人群，对当地的消费需求造成强大的冲击。综合性是指大型体育赛事往往会牵扯到很多部门与产业，这两大特点决定了体育赛事与相关产业之间形成了巨大的带动作用。④

张登峰认为，举办马拉松赛事的城市，往往具有一定的历史文化底蕴或者是丰富的旅游资源。马拉松赛事的举办，激发了城市人群的体育意识与需求，另一方面，马拉松赛事的举办能够提升城市文化，促进城市旅游业的发展，对城市经济的发展有着积极的影响。⑤ 刘雪丽等在对马拉松赛事的研究中提出，马拉松赛事的举办不仅在体育健身方面激发了人们的意识，增强了全民身体素质，同时也影响着厦门城市的其他方面，比如，城市环境绿化程度得到了提升，城市知名度得到了提高等。⑥ 阮伟分析了在现代媒介技术进步的时代背景下，体育赛事与城市的互动关系。他认为：赛事的本质是城市文化；赛事包含城市的文化、经济、公共服务等多种发展元素，是城市品牌的代言人；城市经济为体育赛事产品的生产提供资本和劳动，城市的实力决定了赛事产品的生产规模和水平；体育赛事产品通过生产和销售反作用于城市经济。体育赛事作为传播内容，通过传播渠道提升城市传播力，形成"叠加效应"，最终提升城市影响力。⑦ 谢洪伟对体育赛事与

---

① 徐琳. 我国赛事产业竞争格局研究 [J]. 武汉体育学院学报，2009，43（10）：32-35.
② 李利. 亚运会对广州城市竞争力的拉动效应分析 [J]. 商业时代，2009（27）：122-123.
③ 张林，李南筑，姚芹，等. 上海体育赛事发展定位研究 [J]. 上海体育学院报，2010，34（2）：11-15，27.
④ 宋兆峰，罗建英. 大型体育赛事对城市文化的影响机制 [J]. 杭州师范大学学报（自然科学版），2011，11.
⑤ 张登峰. 马拉松赛事对城市发展的影响 [J]. 体育文化导刊，2011（11）：12-14，20.
⑥ 刘雪丽，李鹏举，黄可可，等. 城市马拉松赛对城市综合水平的影响 [J]. 运动，2012（6）：32-33，27.
⑦ 阮伟. 体育赛事与城市发展关系研究 [D]. 北京：北京体育大学，2012.

城市发展关系演进、现代城市选择体育赛事的产生机制、体育赛事与城市的作用机理及评价进行了研究。他认为：第一，体育赛事在城市发展中所发挥的功能和角色都日益变化。在时间上，从国家政治向地方或城市治理，推动城市经济、社会、文化演变，两者的关系先后大致经历了"顺利举办体育赛事"的阶段到"以城市发展为主导"的阶段。第二，影响城市选择体育赛事的因素包括城市政府治理的企业化倾向、城市竞争和城市经济转型的需要、城市政府行为的机会主义倾向。第三，城市对体育赛事的制约因素包括政府、城市硬实力和城市软实力。第四，体育赛事是城市发展触媒体源。体育赛事的触媒性具有活性、修改性和选择引导性等特性。[1]

蔡兴林和刘辛丹对中国西部地区城市发展与举办体育赛事的契合关系进行了研究，并提出西部地区举办体育赛事要深入贯彻和解读国家体育政策、突出城市特色、提升赛事品牌和延长产品供给链等建议。[2] 孙高峰、刘燕对城市"马拉松现象"进行了研究，他们认为：马拉松运动受到追捧的原因是多元的，受众的盲从、国家治理政策的"松绑"以及经济利益的驱使是推动马拉松热的关键；马拉松赛事的举办对凝练城市文化、提高城市软实力、城市经济发展以及民生问题的提升都有着积极的促进作用；马拉松运动对城市影响的价值表达在于寻求具有普世价值的和平、友谊、发展、健康的价值形象。[3] 鄢慧丽以环海南岛国际公路自行车赛为案例，对体育赛事与举办地城市发展的时序演化及影响因素进行了研究，她认为，环岛赛发展系统与城市发展系统之间存在显著相关性，系统要素之间相互作用、相互影响，具有显著耦合特征，旅游收入与全社会固定资产投资对耦合协调度的影响较大。[4]

综上所述，国外学者认为一场成功的大型体育赛事能够影响城市方方面面，主要包括经济、就业率、城市形象、环境与科技创新等方面，但具

---

[1] 谢洪伟. 大型体育赛事与城市发展耦合研究 [D]. 北京：北京体育大学，2013.
[2] 蔡兴林，刘辛丹. 中国西部地区城市发展与举办体育赛事的契合研究——基于城市竞争力理论视角 [J]. 山东体育学院学报，2018，34（2）：34-38.
[3] 孙高峰，刘燕. 热追捧与冷思考："马拉松现象"对城市文化的影响及理性审视 [J]. 北京体育大学学报，2018，41（4）：38-43，88.
[4] 鄢慧丽，王强，熊浩，等. 体育赛事与城市发展耦合协调度分析——以环海南岛国际公路自行车赛为例 [J]. 南京体育学院学报，2018，1（3）：32-40.

体影响有多大存在争议。国内学者认为体育赛事对于举办城市的影响是长期且持续的，体育赛事在很大程度上影响了城市的形象、文化、投资与消费需求，同时对赛事的相关产业也产生了很大的影响，有助于促进相关产业更好地发展。

1.3.2 文献评述

通过对国内外研究现状的分析和梳理可知，国内外学者对城市发展、赛事与体育以及赛事产业链等方面的研究均取得了相当进展，国外学者多认为赛事是一项全民可广泛参与的体育活动，随着社会经济的发展，各项赛事具有很大消费潜力，赛事的广泛参与性给城市形象带来了更为直接的宣传，对促进城市旅游业的发展很有帮助。国内学者也多认为各种城市赛事不仅提升了广大群众的运动健康意识，同时也对举办城市的经济、环境、基础设施、知名度等有很大影响；在城市旅游业方面，特别是近年蓬勃兴起的马拉松赛事的举办创造了新的旅游热点，促进了城市旅游业的良好发展。

但就赛事链与城市发展的研究而言，还缺乏一种认识体育赛事各种经济现象、把握赛事产业链运行规律并厘清赛事产业链与城市互动影响的理论分析框架。具体而言，已有研究的不足主要有如下四点：

第一，对赛事产业链与城市发展的量化关系研究较为薄弱。虽然赛事促进城市发展有一些成功案例，但也不乏失败之处。现有研究对赛事与城市关系究竟如何并未能达成共识。体育产业属于一种高投入、高风险的产业，赛事产业链要充分发挥对城市发展的作用，究竟需要具备哪些主客观条件，城市对选择赛事的依据何在，城市和赛事耦合的关系如何度量，我们认为，现阶段这几个问题尚未有明确和权威的解答，这也是许多城市办赛事"盲目冲动"的原因之一。本书将寻找城市发展与赛事产业链耦合的量化关系，弥补对此研究的不足。

第二，对赛事的一般化研究较多，但对赛事产业链的系统研究较少。现阶段作为更多以商业行为出现的体育赛事，并不是以单一赛事发挥作用，而是形成了一个复杂的产业链系统，对社会经济的影响更多地体现在其影响力度和综合感应程度上。但已有的研究中，单一地、定性地、一般化地研究赛事的较多，以赛事产业链为整体进行研究的还较为缺乏，这就难以客观全面地把握体育比赛影响城市发展的客观规律。

第三，对赛事产业链的传导机制以及内部运行机制的研究尚比较薄弱。现阶段对赛事的研究主要停留在描述性分析，缺乏理论层面的深入剖析，具体包括赛事链主体、主体之间的竞争合作关系和上下游传导等。赛事产业链传导和内部运行机制研究的不足限制了其后续研究的深度，也使城市赛事的经济影响研究较为肤浅。本书的研究将深化对赛事链的理论和实践研究。

第四，对赛事大型场馆与城市发展关系的研究还比较少。从实践上看，举办赛事的一个主要成本投入就是场馆建设。大型场馆（及其相关基础设施建设）的建造和赛后的运营在很大程度上影响着赛事的成功与否，甚至影响到举办地区的赛后区域社会经济发展。但国内目前对场馆与城市发展的关系的量化研究还比较少，这也在很大程度上影响了赛事与城市发展关系的研究。

总之，现阶段从产业关联和城市定位视角出发，将赛事产业链运行和城市发展有机结合起来，探讨其中隐含机理的理论和实践研究还非常匮乏，这一空隙无疑为本书的研究提供了空间。本书将以城市赛事产业链为纽带，按照赛事产业链运行机制分析—赛事产业链影响效度—赛事产业链与城市发展耦合关系—赛事对城市经济影响—场馆对城市经济影响的研究路径展开分析。借助博弈论、系统论等先进工具和方法，构筑赛事产业链与城市发展的系统理论分析框架，探讨赛事产业链与城市发展共生演进的关系，为国内各个城市、地区的赛事选择和举办提供理论依据和决策参考。

1.4 研究思路和方法

1.4.1 研究思路

本书沿着赛事产业链特征分析—赛事产业链运行机制分析—赛事产业关联度分析—赛事产业链与城市发展耦合模型和综合指标体系构建—赛事对城市经济影响—城市体育场馆建设对区域经济影响研究的路径开展系统、

深入的分析，具体的思路是：首先，在研究产业关联理论、产业链理论和城市定位理论的基础上分析赛事产业链的基本特征，这是其内部运行和对外产业关联的关键。其次，我们依据产业链内外两个路径深入研究，对内研究赛事链主体及其关系，对外研究赛事产业链的产业关联度，包括前向、后向和横向关联的研究，明确赛事产业链的产业的感应度系数和影响力系数。再次，构建赛事链和城市发展的动态耦合模型和综合评价指标，再通过北京、上海等地知名赛事案例的实证研究对模型进行验证和修正。最后，本书将研究赛事对城市经济的影响，以及赛事场馆与城市发展的互动关系，由此可望形成赛事产业链与城市发展关系的系统研究过程（见图1.1）。

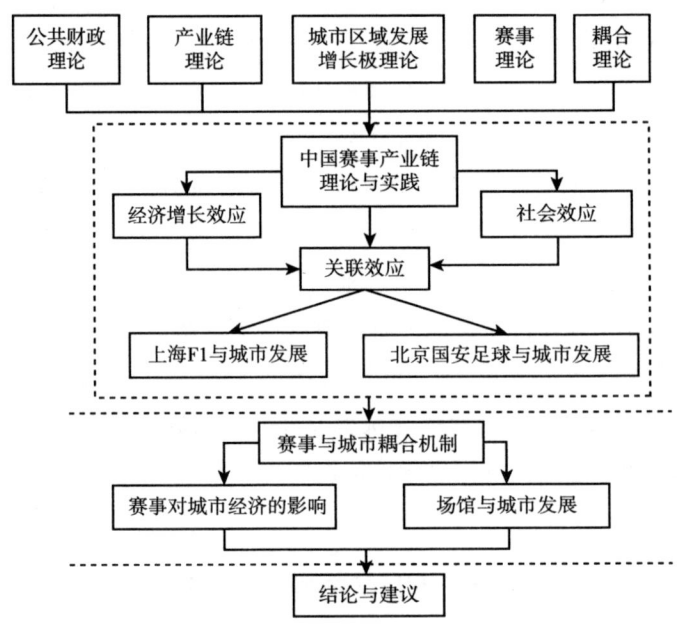

图1.1　本书的研究思路

1.4.2　研究方法

（1）构建模型预测法

以往对于赛事及其与城市关系研究多以定性研究为主，在准确性和说服力上均有所不足。本书系统地使用当前先进的科研方法，包括计量经济学、系统科学理论和构建耦合模型等方法对赛事链与城市的关系进行量化研究，以提升本书研究的科学性。本书认为，赛事和城市可以被视为两个相互影响的系统，对二者的关系研究借鉴物理学中的容量耦合概念及容量耦合系数构建模型，将有助于量化探究二者的耦合关系，这也使研究二者关系的深度和精确度得到有效加强。在分析场馆与城市发展的互动关系方面，在参考现有的区域差距的测度方法后，设计了大型体育场馆建设极化效应和扩散效应的评价指标，并构建了大型体育场馆建设极化效应和扩散效应的评价模型。最后，借助（第七届城运会举办地南昌）大型体育场馆所在区域与周边区域的经济社会发展数据对模型进行实证分析。这些都将国内对赛事和城市发展的研究引向深入。

（2）文献资料法

通过登录国内知网数据库、国家图书馆中外文数据库的资料检索、网络查阅、专著阅读和资料收集等多种方式，对与城市发展、体育赛事、赛事产业链、赛事与城市影响、耦合关系等主题词密切相关的文献进行收集。他人的研究成果在很大程度上开阔了本书的研究视野，为本书的研究提供了较为丰富的素材。

（3）专家咨询法

在研究过程中，针对赛事与城市发展所要解决的主要问题，本书课题组从体育赛事组织、城市规划发展、大型场馆建设、赛事产业链等多个角度，通过面对面访谈、电子邮件咨询、电话咨询和参加会议研讨等多种途径向国内外多位专家学者进行咨询、探讨，在对体育赛事的认识、体育赛事对城市发展的相互作用、赛事与城市发展耦合模型构建等方面获得许多有益的建议和帮助。

（4）定性与定量相结合的方法

本书广泛采用了定性与定量相结合的方法。如利用产业链及产业关联理论，并结合赛事产业的特性，构建了赛事产业链，定性分析了赛事产业链的综合效应，包括经济增长效应、社会效应及关联效应。在测算关联效应时，借助 SPSS 软件，运用灰色关联模型，分析赛事产业与三次产业、下游相关产业的关联度，从而找出与城市赛事产业链关联度高的产业。以城市马拉松赛事为典型案例，使用双重差分模型，量化分析了马拉松赛事对城市经济发展的影响，弥补了以往赛事对城市经济的影响相关定量研究的不足，提升了现有研究的精度和深度。

（5）比较分析法

本文在实证部分对上海 F1 赛事与北京国安的中超联赛这两个案例进行实证分析，基于数据的可获得性，分别使用灰色关联模型，对赛事产业链与三次产业、下游相关产业的关联度进行定量对比分析，尤其是重点分析赛事产业链对下游产业如旅游业、餐饮住宿业、交通运输业、零售业等产业的影响，寻找出赛事产业链的关键环节，从而为赛事产业链的进一步发展提出对策。

1.5 主要观点

第一，赛事产业链的特点包括：一定的地域性、（下游产业）价值性高、创新性、拓展延伸性。赛事产业的上游产业包括赛事策划、组织及宣传的机构；中游产业包括在赛事的运作及实施环节提供支撑的产业，如建筑业、场馆租赁企业等；下游产业包括为赛事活动的进行提供支撑的服务业，如旅游业、餐饮住宿业、零售业及交通运输业等。

第二，赛事产业链的综合效应包括：经济增长效应、社会效应及关联效应。其中，经济增长效应主要包括赛事产业的直接经济效应、吸引社会的经济投资、增加就业岗位、促进技术进步。赛事产业链的社会效应主要表现在塑造城市形象、促进文化产业的发展、带动城市转型等方面。以 F1 赛事和中超联赛为例，对三次产业的关联度分析显示，赛事产业链与第三产业的关联度最高，其次是第二产业，最后是第三产业。赛事产业链与下游产业的关联度研究显示，与赛事产业链关联度较高的产业主要包括旅游业和餐饮住宿业。而金融业、房地产业与赛事产业的关联度较低，赛事产业主要是通过间接的作用促进金融业与房地产业的发展，如基础设施的改善及城市品牌的建立对房地产业的发展具有促进作用。

第三，借鉴物理学上的耦合理论，研究了体育赛事与城市发展系统协调发展的关系,建立了耦合度及耦合协调度模型及其评价标准,分别从不同的视角下定量分析了体育赛事与城市发展的耦合关系。一方面,体育赛事影响城市发展,另一方面,城市发展为体育赛事的举办提供条件支撑。根据系统间的不同特征和对耦合度影响的大小,体育赛事评价指标体系主要包括经济指标、社会生活指标、人口指标和生态环境指标,城市发展评价指标体系包括综合经济实力、基础设施与服务设施、对外开放程度、人力资源与市民素质、政府管理水平5个方面。针对北京每年定期举办的我国目前最具国际知名度的中国网球公开赛进行实证分析,结果表明中国网球公开赛—北京城市发展耦合系统属于"勉强协调发展—中国网球公开赛发展滞后"的类型。当前,我们应该认识到,既不能无视城市的主客观条件,盲目跟风举办、大办赛事,又不能在城市的主客观条件基本具备或已经比较完善时,视而不见,错失借助赛事促进城市发展的良机。

第四,以马拉松比赛为例,量化分析了相关赛事对城市经济的影响。马拉松赛事在一般意义上能够推动城市经济发展;马拉松赛事推动城市经济发展的作用并不一致,随着城市自然禀赋和综合实力的上升,举办城市从马拉松赛事得到的推动作用更大;马拉松赛事对城市经济发展的影响具有一定的滞后性。

第五,大型场馆作为举办赛事的关键资源必不可少。场馆的前期建设和后期合理使用对举办城市的影响重大。我们选定了大型体育场馆建设极化效应和扩散效应的评价指标,并构建了大型体育场馆建设极化效应和扩散效应的评价模型。然后,再将第七届城市运动会举办地南昌的大型体育场馆所在区域与周边区域的相关数据带入评价模型进行实证分析,并进行综合评价。结果表明:南昌市大型体育场馆建设的增长极作用并不明显;大型体育场馆建设极化效应和扩散效应的指标值受工业投资和房地产开发投资的影响较大;增长极作用不明显的主要原因包括场馆经营效益不佳、场馆及其周边没有形成推动型企业、场馆周边的企业数量过少以及缺乏政府的政策扶持。

1.6 创新与不足

1.6.1 研究创新

（1）研究观点的创新。采用新方法针对新兴领域的研究将有助于产生新的观点，现阶段越来越多的城市争办各种赛事，但实际中城市赛事成功和失败的例子均屡见不鲜，其中原因何在是我们要解决的主要问题。本书的创新性观点包括：第一，赛事链与城市发展是一种耦合协调发展过程。在此过程中，城市发展与赛事链系统的演化周期将经历低级协调共生、协调发展、极限发展和螺旋式上升4个阶段。第二，通过构建赛事链与城市发展系统的耦合评价指标体系，可以直观地将两者的耦合程度表示出来，为城市对不同赛事的选择和筹办提供量化的理论分析框架和决策依据。我们认为，在当今城市赛事风起云涌的背景下，应该清醒地认识到，既不能无视城市的主客观条件，盲目跟风举办、大办赛事，又不能在城市的主、客观条件基本具备或已经比较完善时，视而不见，错失借助赛事促进城市社会经济发展的良机。

（2）研究方法的创新。以往对于赛事及其与城市关系研究多以定性研究为主，在准确性和说服力上均有很大不足。本书较为广泛地采用了量化分析的方法，包括运用灰色关联模型分析赛事产业与三次产业的关联关系，分析赛事产业与产业链下游产业的关联分析，全面分析赛事产业的关联效应，并找出与赛事产业关联度高的产业，对赛事产业的发展作出资源调配的方向性指导。对于城市和赛事的关系，基于耦合理论，对体育赛事与城市发展的关系进行了定量研究，量化分析了体育赛事与城市发展的耦合值。利用双重差分模型就马拉松赛事对城市经济发展的影响进行研究等。这些都使本书研究的精度得到有效提升。

（3）研究对象的创新。目前，对赛事产业的研究主要集中在赛事与城市发展的关系之上，但系统研究赛事产业链及其与城市发展关系的还非常少，对赛事链内部运行机制和产业关联的研究也不多见。但赛事事实上是以产业链的形式出现，并对社会和经济施加作用的，本书研究赛事产业链与三次产业及下游产业的关联度，找出赛事产业链的关键环节，对促进赛事产业与相关产业的互动发展的研究，具有非常重要的意义。本书基于赛事链内部运行机制和产业关联的研究，把赛事产业链与城市发展互动耦合关系作为研究重点，具有一定的填补空白的意义。

1.6.2 不足之处

本书研究的核心在于客观而科学地分析体育赛事与城市发展耦合作用机制，定量分析体育赛事－城市发展的耦合度及耦合度协调模型，寻找包括大型场馆运营在内的影响城市举办体育赛事的关键因素，并为城市合理选择赛事提供科学依据。然而，由于指标数据可获得性、学识和数据不足等原因，还存在以下不足，需要进一步深入研究。

（1）本书主要从宏观角度对体育赛事与城市发展耦合作用机制进行研究阐释，微观角度的分析和解释还比较少。例如，在耦合系统中的主体行为（企业、政府等）如何影响系统的结构、功能和演化，以及主体行为如何去适应系统的变化等方面的解释尚不够深入。

（2）本书虽然在体育赛事与城市发展耦合关系的分析中涉及政府行政管理能力的内容，但对政府行政管理能力指标体系的建立和评价标准还比较简单，这在一定程度上影响了研究的深度。

（3）赛事产业链的理论体系构建仍有不足，对赛事链关联产业的选择不尽完善。对赛事产业的研究在现状和对策方面比较系统，但研究更多偏重宏观层面，尝试使用了灰色关联模型分析了赛事产业的经济效应，指标的选取方面由于可获取性等原因尚有缺陷，也有待日后进一步改进。

第2章 中国赛事产业及产业链

2.1 蓬勃发展的中国城市体育赛事

2.1.1 体育赛事概念及分类

在对体育赛事与城市发展关系的研究中,国外学者倾向于将体育赛事纳入特殊事件的研究范畴,并形成专门的研究理论。Damd C. Watt 在其著作中将特殊事件描述为:"在特定的时间为迎合某些特殊的需要而发生的一次性事件。"[①] Johnny Allen 将特殊事件描述为:"'特殊事件'是用来描述某项为取得某项独特的社会、文化或团体的目标,有意识地以标志特殊的场合举办特别的仪式、表达、表演或庆典。"[②] 叶庆晖认为:"体育赛事是一种特殊事件,主要提供竞赛产品及与其相关的服务产品。能够满足不同参与者共同的经历需求,以期达到不同参与者的多重目标与目的,能够对举办城市的经济、文化、社会自然环境等多方面产生冲击影响,能够为举办城市带来社会效益、经济效益和综合效益。"[③] 黄海燕、张林等人认为:"体育赛事是一项提供体育竞赛产品及相关服务的特殊事件,举办体育赛事的层次受城市公共资源的制约,反过来体育赛事的举办又将影响城市

---

① DAMD C, WATT. Event management in leisure and tourism [M]. Addison Wesley Longman Limited, 1998.
② JOHNNY A. 大型活动项目管理 [M]. 王增东, 杨磊, 译. 北京: 机械工业出版社, 2002.
③ 叶庆晖. 体育赛事运作研究 [D]. 北京: 北京体育大学, 2003.

的资源。"①

总结国内外对体育赛事概念的界定,我们认为,体育赛事应包括以下几个要素:第一,体育赛事以竞技体育为载体,提供竞赛产品及相关服务产品的商业性产品。第二,体育赛事具有很强的外部效应,对举办地的社会、文化、政治、经济等方面具有很强的影响作用。第三,体育赛事是一种特殊事件。

按照体育赛事的规模、水平与类别,体育赛事可分为三类:超大型赛事、大型赛事和一般(规模)赛事。根据理论研究的需要,可以有针对性地对体育赛事进行分类。如根据参赛队员来自的地理位置,可以将体育赛事分为:世界级体育赛事、洲际体育赛事、国家级体育赛事、省(市)级甚至更小范围的体育赛事。根据体育赛事具体的竞技内容,可以分类为:综合性运动会(如奥运会等)和单项运动会(如羽毛球公开赛等)。本书的研究对象主要为大型体育赛事,大型即规模大和影响大,它的举办需要经国家体育总局、地方人民政府等相关部门批准,另外,地方政府举办的具有一定规模(参赛运动员达到200人以上或观众达到1500人以上)的国际性、全国性及全省性综合、单项体育比赛也是大型赛事。

2.1.2 中国城市赛事发展趋势

(1) 体育比赛是区域社会经济发展的必然结果

从世界范围看,体育比赛无不是社会经济发展的缩影,总的趋势是社会稳定、经济发展,则各种赛事及其规模、水平也日益发展,反之亦然。纽约马拉松赛被评论为"全世界最受欢迎和最具包容性的比赛",吸引着世界顶尖专业运动员和广大马拉松爱好者,每年有来自世界各地的数万名选手专程来参加此项比赛。但如果把时间往前推移到1970年的首次比赛,情况只能用"简陋"来形容,据称,当时只有127名参赛者绕着中央公园跑了4圈。调查机构统计的数据显示,2015年11月5日举办的纽约马拉松赛

---

① 黄海燕,张林. 上海大型单项体育赛事运营中政府作用之研究 [J]. 体育科学,2007 (2): 21-25.

有 5 万名选手参赛，观众达到 200 万人。这项比赛的主办方 NYRR 一年的盈利额达 7300 万美元；纽约当地消费税和住宿税的总额达 2220 万美元；近万名选手还一共捐出 3450 万美元的慈善金额……综合各方面的收益，该赛事创造的经济效益约达 25 亿人民币。① 我国赛事发展的趋势与此类似，改革开放 30 多年来，随着国民经济的发展，各项赛事日益增多，也成为城市一个重大的社会和经济事件。以近年的大型赛事为例，2008 年我国成功举办了北京夏季奥运会、2010 年广州亚运会、2014 年南京青年奥林匹克运动会相继成功举办。2015 年 7 月，我国获得 2022 年冬季奥运会的举办权。2015 年 9 月，杭州作为唯一申办城市，获得了 2023 年第 19 届亚洲运动会举办权，比照投资 1200 亿元的广州亚运会，其投资"只多不少"。媒体报道，2019 年，在武汉举办世界军人运动会，光改造 29 个场馆就耗资近 100 亿元人民币。

路跑赛事是社会经济发展所催生的一个产业。10 年前，跑步在我国还是个冷门项目。2011 年，我国内地人均 GDP 首超 5000 美元，5000 美元意味着这个国家或地区的一些居民消费开始从温饱型步入小康阶段的享受和发展阶段。不无巧合的是，2011 年起，我国的跑步热迅速升温，中国开始迎来国民跑步的黄金时代。对原来不受重视，且"漫长""无趣"的马拉松比赛而言，这几年也呈现明显上升的势头，2015 年全年超百场的马拉松赛事，参赛者多达 130 万人，其中，参加全程马拉松的就有 23 万人，相较于 2014 年的 7.5 万人多出了 15 万人（见图 2.1）。而 2018 年中国境内举办 800 人以上马拉松及相关赛事共 1581 场，平均每天达到了 4.3 场。其中，中国田径协会认证赛事 339 场，全国马拉松累计参赛人次 583 万，比 2015 年增加了 348%。② 在数量增加的同时，各个马拉松比赛的规模也日益扩大，据媒体报道，2010 年上海马拉松赛全、半程不限报的情况下，最终全程完赛人数也仅为 3812 人，半程完赛人数为 6054 人，

---

① 纽约马拉松创 25 亿经济效益 约 200 万人观看赛事 [EB/OL]. (2015-11-05). http://sports.sina.com.cn/run/2015-11-05/doc-ifxkniup6096191.shtml.

② 在全国 334 个地级市中，2018 年共有 285 个举办了规模赛事，其中，举办中国田协认证赛事的城市达到了 172 个。参与马拉松及相关活动（全马、半马、迷你跑、家庭跑、情侣跑等）的人群规模也是逐年递增。

而2015年报名参加全马和半马的跑友共有近10万人，跑马拉松的名额已经变得"一票难求"。此外，赛事的规范性也日益提升，2018年，中国田协认可的标牌马拉松赛事包含68项金牌赛事、61项银牌赛事和96项铜牌赛事，金、银、铜牌赛事增幅分别为54.54%、60.53%、21.52%。即使按照国际田联标牌赛事的标准，我国马拉松赛事的进步也非常显著。2014年的数据显示，全球一共有71个金银铜标马拉松赛事，中国只有5个（北京、上海、厦门、扬州金标，香港铜标），日本有9个，英、法有6个，意大利有5个，美国、韩国、德国各有4个。[①] 到2018年，中国马拉松获得国际田联金银铜标赛事数量为14场，占国际田联114场标牌赛事总量的12.28%。

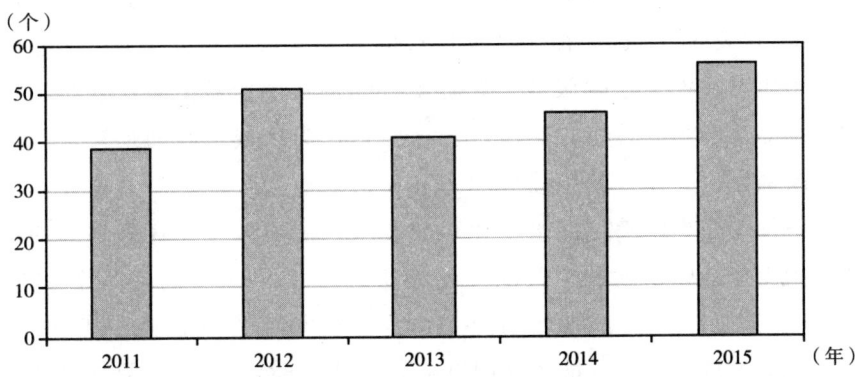

图2.1　2011—2015年国内举办的国际马拉松比赛数量

资料来源：中国田径协会网站等。

综上可知，我国的马拉松市场还有很大潜力，今后几年马拉松赛事在中国的数量只会有增无减。显然，体育赛事与城市区域社会经济的发展的关系日益受到瞩目。

但是，马拉松经济未形成系统产业链，附属产品开发不足是一大短板。目前，马拉松经济只是渗入赛中，在赛前和赛后经济中体现甚微。参与者的投入大多用于比赛过程中的运动装备和医疗物品，举办方和赞助商的宣传也只集中于比赛当天的需求，赛前和赛后规模性经济投入较为匮乏，马

---

① http：//sports.qq.com/original/inside/sd285.html.

拉松纵向产业链亟待加强。我们认为，当马拉松经济逐渐成为一种不可忽视的力量时，需要注重产业链的建设开发，宣传马拉松运动区域特色理念、马拉松运动形象大使、马拉松运动核心价值观和马拉松运动科学发展方式等，以便全方位、规模性地形成一条完整的马拉松运动产业链。

（2）赛事的蓬勃发展对城市区域社会经济影响

举办赛事对城市提出了更高的要求，因此，发达地区也往往有更多的资源来举办比赛。图2.2列出了2017年举办马拉松比赛的省份（含直辖市）GDP和办赛数量的关系，从中可以看出，赛事数量与城市区域经济是呈现正相关关系的。各种赛事的开展对举办地区域社会经济不无正面、积极的影响，如借助赛事完善城市基础设施是常见的做法。大型赛事对体育设施、交通、通讯、安保、住宿、旅游、饮食以及其他服务管理等可谓"高标准，严要求"，这往往使举办城市的公共交通、综合服务、应急保障以及城市生态建设、金融服务、旅游服务等都从中受益，而这些又极大地促进了举办城市产业转型与经济增长，使其作为区域中心的集聚性与服务功能不断强化，并提升其持续影响力和城市竞争力。赛事举办地原有的基础设施条件往往难以满足高水平比赛的要求，往往需要在赛事举办前数年就要开始完善基础设施和相关配套设施建设。以2008年北京奥运会为例，自2001年起，北京城市基础设施建设共完成投资约2800亿元，其中，城市交通累计投资1782亿元，能源基础设施累计投资685亿元，水资源建设累计投资161亿元，城市环境建设累计投资172亿元。7年共投入2800亿元。而真正用于赛事本身的投资与基建投资相比并不算大，如2009年我国审计署公布北京奥运的财政收支：自2001年北京成功申办奥运至2009年3月15日止，北京奥组委共支出了193.43亿元，收入达205亿元，盈余达11亿元。

此外，举办高规格赛事带来的"眼球效应"对提升该区域的文化软实力作用显著。举办大型赛事，为该城市搭建了展示和增强国际影响力的舞台，可能使一个二流城市成为世界瞩目的焦点。如西班牙的巴塞罗那，在举办1992年奥运会之前，最多只是欧洲的二流城市，但1992年巴塞罗那奥运会的成功举办不但为这个海边城市留下了大量体育场馆，更留下了将体育融入生活的理念和打造体育之城的行动。2003年，巴塞罗那提出了城市体育运动发展计划，它包括了所有和体育有关的公共、私营事项。目前，每年

第 2 章 中国赛事产业及产业链

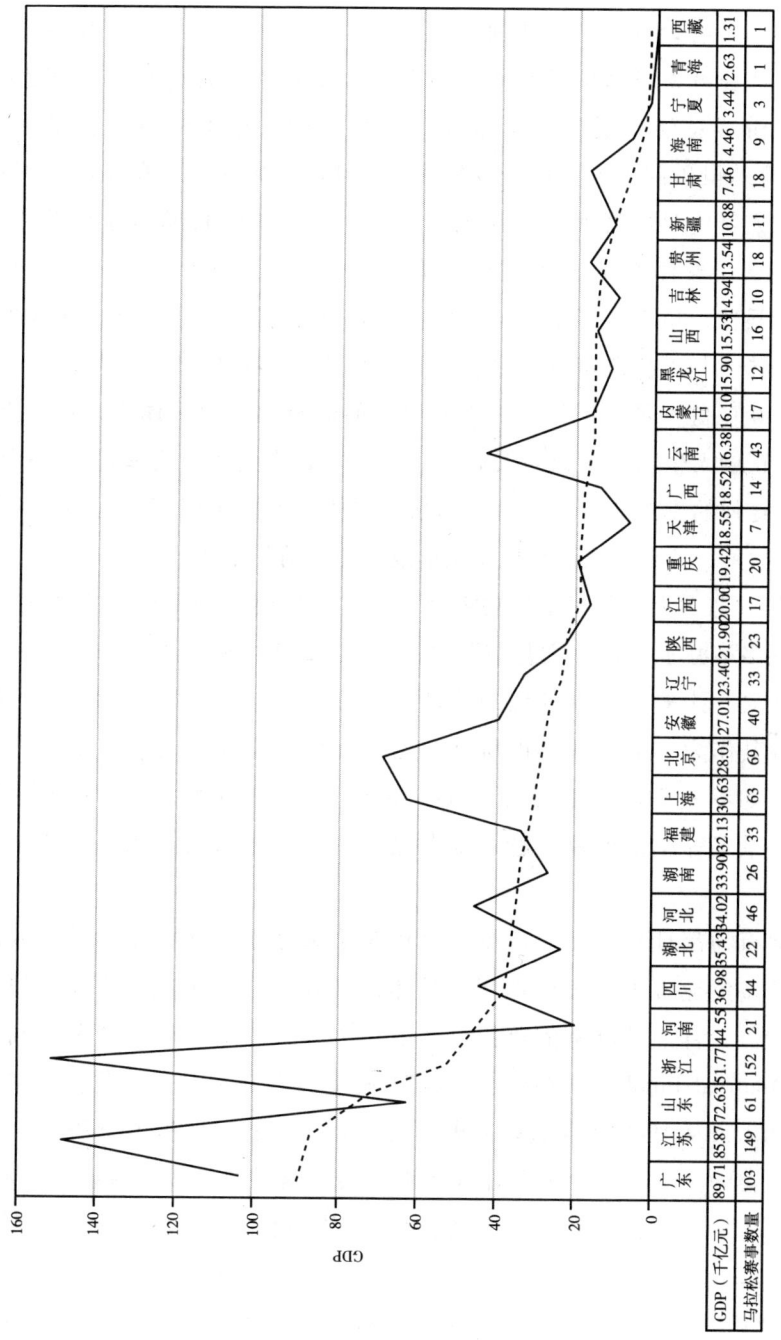

图 2.2 2017 年中国各省 GDP 与举办马拉松赛事地域分布图

资料来源：根据各直辖市、省政府、中国田协网站相关数据整理。

300项赛事，包括F1、网球及其他项目的比赛，主要都是靠运动协会组织或者支持举办，大约25%的巴塞罗那人属于运动协会的成员，这个比例是相当高的。这些赛事为巴塞罗那带来了可观的经济收益和旅游收益。在巴塞罗那街头，游客总能感受到这里浓厚的体育氛围。这里的诺坎普足球场（巴塞罗那足球俱乐部主场）已经成为外地球迷心中的圣地，单是随处可见的街头锻炼人群便足以说明体育在人们生活中的分量。长期居住在巴塞罗那的人无不享受着体育给生活带来的乐趣，有人喜欢在户外骑车、跑步、登山、打乒乓球，也有人喜欢在各种健身场馆从事室内体育锻炼。在这里，奥运精神的传承与弘扬既可以通过学校孩子们丰富多彩的体育课加以展示，也可以通过社区健身场所提供的性价比很高的健身内容得到体现。在这里，体育开始真正融入生活，体育为人们生活所带来的改变甚至远远超乎人们的想象。基于这样的发展态势，巴塞罗那独特的体育氛围不但声名远播，而且日渐与城市气质、生活品质、市民素质形成良性互动和循环。①

2015年，加拿大多伦多市成功举办了第17届泛美运动会。在赛事进行期间，多伦多举办了"泛美文化节"，安排超过250场精彩表演和文化艺术展对游客开放，让来自世界各地的运动员、教练员、官员以及游客，共同感受、体验其作为一个国际都市所具有的多元族裔文化魅力。多伦多的标志性建筑，如罗渣士体育中心（Rogers Arena）、城市博物馆、历史博物馆及其他旅游景点等城市名片，进一步强化了多伦多作为国际化都市的旅游效应。

但任何事物都具有两面性，体育比赛在给举办地带来荣誉和效益的同时，也不可避免地带来了负面作用。具体体现在一些赛事成本高昂，使举办地不堪重负，背上了沉重的负担。其中一个典型的案例就是"蒙特利尔陷阱"（Montreal Pitfall）。1976年，第21届奥运会在加拿大的蒙特利尔举行。蒙特利尔市从1940年起就多次申办奥运会，终于在1970年获得了第21届现代奥运会的主办权。为了办好这届奥运会，组委会开辟奥林匹克中心，新建大型体育场、游泳池、自行车场、奥运村等设施，并首次采用了许多

---

① 巴塞罗那是一座拥有体育精神城市［EB/OL］.（2013-07-29）. http：//sports. qq. com/a/20130729/011691. htm.

高科技成果。但由于当时加拿大经济萧条，加上管理不善，为确保"形象工程"，这些工程的费用不断追加，原计划28亿美元的主体育场最终竟耗资58亿美元，组织费用也从原计划的6亿美元涨到7.3亿美元。这使得蒙特利尔奥运会债台高筑，出现了10多亿美元的巨额亏空，致使该市的纳税人直到30年后才还清这笔债务。可以说，蒙特利尔奥运会不仅影响了加拿大的经济发展，甚至也使国际奥林匹克运动受到沉重打击，严重影响了当年申办1984年奥运会活动，原来准备申办的国家见势不妙，纷纷退出。最终的结果是，蒙特利尔奥运会为了15天的奥运会使该市的纳税人负债累累，这笔债务直到2006年才彻底还清。此后，"蒙特利尔陷阱"被用来特定形容那些场馆耗资巨大、奥运结束后场馆经营利用不善、严重影响主办城市经济发展的赛事。虽然赛事组织者和社会都认识到"蒙特利尔陷阱"对举办地和赛事的巨大伤害，但此后各种赛事的财政负担过重、投资过大或者场馆闲置问题仍然不断出现，成为一个世界性的难题。

场馆对大型赛事和举办城市的负面影响在我国也逐渐突出。随着国内赛事和健身休闲的需求日益增加，越来越多的大型体育场馆设施应运而生。这些场馆在满足国内各级赛事和居民健身需求的同时，也存在诸多问题。一方面，我国城市的体育设施和场馆均较为紧张，以国内较为发达的杭州和大连为例，城市居民人均的健身面积为1.5平方米、0.6平方米，远远低于发达国家。在中小城市和农村，场馆就更为紧张。在许多地方还曾因为广场舞场所引发过争执和矛盾。2008年北京的奥运场馆多达31个，12个新建场馆的建筑面积是故宫的4倍多。2014年，距离北京奥运会6年之后，北京奥运会的一些标志性建筑，如鸟巢、水立方和万事达中心（原五棵松篮球馆）等建筑渐渐吸收、稀释了奥运元素，成为奥运场馆成功转型的代表作。但另一些场馆就没这么幸运，路透社记者大卫·格雷拍摄的一组北京奥运场馆闲置情况的照片，在社会上引起过轩然大波。在照片中，老山小轮车赛场杂草丛生，沙滩排球馆墙壁斑驳破落，而顺义奥林匹克水上公园内赛道干涸、一片荒芜。即使是经营较好的鸟巢，也面临长期的困难，北京奥运后，"鸟巢"确实曾承办过各种活动，包括足球比赛、田径比赛，也曾是"冰雪欢乐季"活动以及演唱会的主办场地。但据针对"鸟巢"的评估，按照目前的速度，还需要30年才能收回37亿元的建造成本，而临近的"水立方"2011年就亏损了1100万。① 媒体报道,2010年举办的广州亚运场馆同样状况不佳,媒体报道,在亚运期间,广州一共新建了12个场馆,总投资高达72.48亿元。但是,亚运之后的近四年时间里,当中的大部分场馆依然没有开发利用,空置多时。如今的亚运城媒体村和运动员村已成为居民区,越来越多人入住亚运城,居民的锻炼需求日益强烈,硬件设施良好的亚运城体育馆虽然近在咫尺,却在很大程度上成了摆设。场馆闲置问题在很多二、三线城市更加严重,如媒体报道,安徽省巢湖市一万多平方米的体育中心长满了各种杂草,种了各式各样的蔬菜和农作物,央视镜头甚至在那里拍到了老年农户在田径场内喷洒农药的照片……② 这些都受到社会舆论的批评。建好的大型场馆在闲置,但与此同时,一些运动场馆却又人满为患、票价持续走高。媒体报道,广州越秀区全民健身中心,由于附近缺乏这种大型的综合体育场馆,一年到头人满为患。尽管"生意好",但这里的经营状况却并没有想象中的那么好。广州越秀区全民健身中心由于进行羽毛球、乒乓球、篮球等多种运动场地的出租,运行成本一个月都要十几万,依靠门票收入和政府划拨,每个月只能勉强回本。小型体育场馆为了盈亏平衡,价格不能定得太低,但过高的价格使普通市民难以接受……

资料显示,目前我国公众体育场馆的开放度仅为44%,利用率不足30%。一系列严峻的现实状况吸引了媒体的关注和国内外的许多研究学者。中国体育场馆协会副主席兼秘书长、国家体育总局经济司副司长陈恩堂认为:"从大面上来看,目前全国体育场馆的使用率、开放率不高是事实。现阶段我国体育场馆资源最大的特点就是短缺和浪费并存,在人们普遍缺乏锻炼场所的同时,大量现有场馆却闲置和封闭。"③ 现有的研究认为,我国体育场馆绩效不佳的原因主要包括前期投资过大、场馆维护成本过高、进入门槛太高、选址不当、居民消费水平偏低、经营团队不专业以及与外部环境不匹配等。总之,大中型体育场馆低下的效益已经给举办城市的各地

---

① 北京奥运场馆并非没有质疑声 仍有闲置未拆完现象[EB/OL].(2014-08-08). http://sports.sina.com.cn/o/2014-08-08/05157283072.shtml.
② 多地体育场馆闲置引争议 白岩松称替市长们着急[EB/OL].(2012-09-08). http://politics.people.com.cn/n/2012/0908/c70731-18954639.html.
③ 破解体育场馆闲置困局[EB/OL].(2014-06-05). http://www.labour-daily.cn/ldb/node41/node2151/20140606/n37221/n37231/u1ai192804.html.

政府和投资者造成了巨大的财政压力。显然，成功获得赛事的举办权只是成功了一半，如何科学地将赛事的组织、运行与城市的可持续发展结合起来，使城市硬件建设和软实力建设实现有机结合，特别是系统提升场馆的运营创新能力和文化软实力，是更为长期、艰难和综合的考验。

2.2 产业链、赛事产业链及其特征

2.2.1 产业链的概念

产业链的思想始于西方经济学家亚当·斯密，他指出，工业生产是一系列基于分工的迂回的链条，并进一步分析了分工的优势。[①] 目前，对于产业链有许多不同定义，还没有比较统一的说法。产业链的这些定义大概可以分为三种观点。第一种观点是从价值链或供应链的角度进行定义，价值链最早是迈克尔·波特提出的，他把价值链作为分析企业竞争优势的工具。[②] 王缉慈指出，产业链对于价值链和供应链来说，含义更加宽泛，实际上，价值链阐述了产业链的价值增值过程，而供应链只是产业链的一种物质形式。[③] 第二种观点是从战略联盟角度进行定义，如蒋国俊、蒋明新认为，产业链是一种建立在价值链理论基础之上的相关企业集合的新型空间组织形式。[④] 刘贵富指出，产业链是同一产业部门或不同产业部门之间在一定的地域范围内，以产业为纽带，按照一定的空间关系及关联关系，形成具有价值的链网式企业战略联盟。[⑤] 第三种观点是从产业关联角度进行定义，杨公朴等认为，产业链是产业根据前、后向的关联关系组成的一种网络结构；产业链实质上是一种产业关联，而产业关联实际上是各种产业

---

① 斯密. 国民财富的性质和原因的研究（上卷）[M]. 郭大力，王亚南，译. 北京：商务印书馆，2004.
② 波特. 竞争优势 [M]. 陈小悦，译. 北京：华夏出版社，1997.
③ 王缉慈. 关于中国产业集群研究的若干概念辨析 [J]. 地理学报，2004（8）：28-30.
④ 蒋国俊，蒋明新. 产业链理论及其稳定机制研究 [J]. 重庆大学学报，2004（1）：37-39.
⑤ 刘贵富. 产业链研究现状综合述评 [J]. 工业技术经济，2006（4）：8-11.

相关之间的投入与产出的关系。① 龚勤林指出，产业链是指在一定的经济技术要求下，产业部门形成加工、转换链条的经济活动。② 多数学者对产业链的含义已达成共识：产业链包含产业上、下游之间从原料到用户的完整过程，因技术联系及投入产出的关系，产业上、下游之间存在相互连接。

本书认为，产业链实质上是产业关联的结构形态，各部门之间只要存在产业关联，它们之间就构成了产业链或链段。产业链间从不同的分工来看，可以分为横向的协作链及垂直的供需链。所谓垂直的供需链，就是指从最初的原材料到最终产品到达市场销售所包含的各个环节，这些环节整体上构成了一个纵向链条，一般针对的是制造业。所谓横向的协作链，指的是下游产业提供最终产品时，需要使用数种存在互补关系的投入品，而且各相关产业都为实现消费者最终需求提供支持和协作的横向链条，这里一般指的是服务业。

它具有以下四个特征：

（1）产业链的地域特性

产业链上的各个环节是从空间上落脚到一定的地域上，不管是同区域跨部门的产业链还是跨区域跨部门的产业链，完整产业链上的各个产业部门，从空间属性上看，一定是属于某个区域的，从宏观产业角度看，产业链条是环环紧扣的。从区域经济角度来看，特定经济区域可能拥有一条或多条产业链，也可能是拥有某一条或某些产业链中的部分链环。在区域经济结构调整和制定区域经济发展战略时，要尽量使区域内产业链保持完整，并聚集成产业集群，产生产业集聚效应。

（2）价值的体现是一个整体

产业链的价值是由产业链上各环节创造的，要强调上游、中游及下游产业共同协作的关系，体现产业链创造的整体价值能力。如果产业链上有一个环节有问题存在，变成产业链的瓶颈，就会影响产业链上其他环节的运作，使得产业链的整体价值降低。运用管理学经典的"木桶原理"可以

---

① 杨公仆，夏大慰. 现代产业经济学 [M]. 上海：上海财经大学出版社，2002.
② 龚勤林. 论产业链延伸与统筹区域发展 [J]. 经济学家，2004（3）：62-63.

非常形象地说明产业链的整体性。一条完整的产业链就像一个木桶，链条上的每一环节如同木桶上的每一块木板，产业链所要产生的价值体现的就是桶里面所盛的水的多少，而木桶里的水量是由最短的那块木板决定的。只有增加最短木块的高度，产业链的整体价值才能提高。这说明，产业链的系统性要求产业链上各环节保持整体的均衡发展。

（3）产业链的拓展延伸性

产业链在运行过程中，由于利益诱惑、市场导向、制度安排等各种因素的影响，将不断有节点企业加盟或退出。节点企业的富集程度也是不断发展变化着的，产业链运行过程中，还将在合适的经济区内接通孤环、断环，并适时向上游拓展，向下游延伸，形成一条粗壮有力且长度适当的产业链条。这为区域经济发展提供了新的经济增长点，对提高区域产业竞争力、增加就业岗位也是极其有利的。

（4）产业链的迭代优化性

产业链系统在形成及演化的过程中，体现出其渐变与突变、必然性与偶然性的统一，并在动态发展过程中不断优化。从产业链的形成、出现，到产业链的升级优化，产业链的演化过程多次经历渐变和突变，并在反复迭代的过程中不断趋于优化。

2.2.2 赛事产业链的构建与特点

赛事产业链是赛事承办方或为赛事活动提供服务的相关产业，在一定区域内，通过满足观赛者的各种需求，以此获得最大的利益的价值链条。体育赛事产业的产业链类型属于横向协作链，即支撑赛事活动的各个相关产业之间具有横向协作关系。赛事产业链上的产业包括从事赛事筹划、营销、生产的一些产业，如赛事主办单位及赛事场馆的租赁业，或者赛事场馆的建筑业及一些赛事服务机构。赛事产业链还包括协助赛事顺利举办的相关产业，包括餐饮住宿业、超市零售业、广告业、电视媒体业、交通运输业及金融业等产业。赛事产业链从广义上来说，涵盖了社会生产、制造及消费等各个环节，横跨了三次产业，和社会各个部门都有一定的关联。赛事产业链以赛事承办单位和比赛场馆为载体，有参赛者、观众、媒体机构、建筑机构及赛事服务机构等共同参与组建。一般将赛事产业链分为上游、中游和下游产业，如图2.3所示。

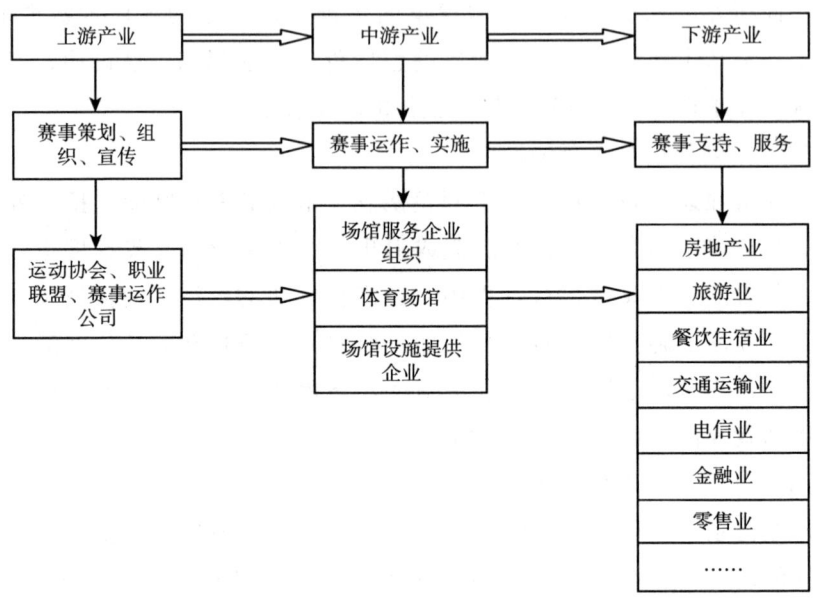

图 2.3 赛事产业链

（1）赛事产业上游主要以赛事承办方为重点，从事赛事活动的总策划，包括赛事的组织、赛事营销等，一般是指赛事活动的所有者或者赛事活动的主办方。赛事策划指对赛事的目标、赛事实施方案和具体措施进行整体安排和设计。具体包括赛事主体的确定、赛事流程设计和对参赛主体、比赛地点、比赛场地的选择等方面。赛事策划主要是由体育运动协会、体育联盟和赛事运作公司等机构负责。这些机构通过对赛事的策划和实施将上游产业衔接起来，并合理利用产业链上各个环节的资源，共同为赛事的顺利举办提供服务。赛事活动的策划涉及赛事运行的各个环节，包括赛程安排、赛事人员工作安排、赛事控制和危机防范措施、赛事各环节物质配备等，还须考虑赛事的场馆、观赛区管理等。同时，需要取得政府与运动协会等相关机构的支持。赛事宣传是利用一定的媒介将赛事活动向广大群众宣传，向赛事活动的观赛者全面、完整地传达赛事信息。

（2）赛事产业链的中游主要是将赛事活动的策划进行落实的各个部门，

包括场馆的建设或租赁，以及场馆的维护及管理。中游环节是赛事活动的具体运作和实施阶段，应当按照赛事主办方的要求来实施，以顺利举办赛事活动。

（3）赛事产业链的下游指的是为赛事的顺利举办提供支撑服务的各个部门，其所涉及的范围最为广泛，包括为赛事活动提供直接或间接服务的部门，主要有餐饮、住宿、旅游、交通、广告、通讯、零售等产业。赛事产业链与其他产业链相比，最大的特点就是其下游链条发散，所辐射的部门范围广泛。赛事产业链的中游产业虽有体育场馆的服务，但还是无法满足大量的观众，尤其是这些观众在举办地逗留期间，其吃、穿、住、行等方面的需求量还是非常大的。所以，从某种程度来说，下游产业为赛事活动的顺利举办提供必要的配套资源，成为赛事活动正常开展的必要保障。

2.2.3 赛事产业链的特点

（1）赛事产业链具有一定的地域性

体育赛事的举办能够促进举办地的经济发展，以及提升举办地城市形象，这是各城市激烈争夺赛事举办权的原因之一。体育赛事产业链环环相扣，从体育场馆及配套设施的建设，到赛事的策划，以及为赛事提供各类服务的企业，都具有一定的地域性特征。

（2）下游产业体现的价值更高

赛事产业所产生的门票收入、赛事转播权收入以及赞助收入都是一次性的直接收入，其价值更大的一个方面是由其下游产业的发展来间接表达。体育赛事产业是产业关联度很高的产业，赛事产业不仅能够促进城市场馆等基础设施及其相关配套设备的建设，也能为城市带来广告费、交通运输费、餐饮住宿费等直接收入，从而极大地影响赛事产业链的下游产业，以及旅游、餐饮、住宿、零售、房地产等的发展。因此，赛事产业链的下游产业体现的价值性很强。

（3）赛事产业具有较强的创新性

普通的农业品、制造品及服务业产品只要投入的原材料、生产设备及生产工艺等条件相同，其所生产出来的产品也是一样的。但是，赛事产业所提供的产品是具有观赏性的竞技表演，比如，世界上根本不可能存在两个相同的体育赛事。由于场地、设备的不同，竞技者的水平差异甚至气候的不同，都会带来不确定的结果，使得赛事常赛常新。体育赛事的这一特点，亦是促进体育旅游的关键因素，从而给赛事举办地带来巨大的经济效应。

（4）赛事产业链的拓展延伸性

体育赛事的举办不仅促进各类产业的发展，还促进了城市基础设施的建设。比如，广州市为了举办2001年第九届全运会，不仅修建珠江大桥及全封闭的环城高速公路，还建筑了新国际机场等城市基础设施，这些投资高达120亿元。青岛为举办2008年北京奥运会帆船项目，共投资200多亿元用于建设城市基础设施，包括铁路、海上交通、生态环境、通讯等。由此可见，赛事产业对城市基础建设具有积极的影响，一场大型体育赛事的举办往往使得城市基础设施建设提速了数年。此外，赛事产业的发展以及赛事规模的发展，能够进一步带动周边区域的经济发展，并进一步延伸赛事产业链，使得赛事产业链由产业链的区域内延伸逐渐向产业链的区域外延伸。

第3章 中国赛事产业链与城市发展相关理论分析

3.1 赛事产业链理论

3.1.1 产业链的形成

产业链核心是在供应过程中实现价值增值,其关键是产品的衍生,尤其是在关联的产业环境中,不断链接资源和产品,以形成新的产业链,使得产业链得以扩张。产业链的形成主要有三条途径:一是某一成熟的部门在市场需求条件下,衍生出与之相关联的产业部门,并逐步形成扣环,成为产业链。二是在各产业部门,由于空间上的集中,为了拓展市场关联和降低交易费用,形成产业链。三是不同区域的不同产业部门为了加强前向关联效应和后向关联效应,打破地域的限制,逐渐形成一体化的区域产业链。这是根据区域经济、供应链及产业集群等理论,对产业链的形成机制进行的研究。[1]

产业链的构建,包含接通产业链及延伸产业链两个层面。[2] 接通产业链指的是将同一区域范围内的产业部门,借助某种形式,将各产业链接起来,以此来减少产业链的断环而造成上下游企业供应不配套所带来的损失。目前,我国在调整产业结构的过程中,逐渐探讨产业链内在的联系形式以及其关联机制,加快产业结构升级的进程。延伸产业链指的是使一条已存在

---

[1] 蒋国俊,蒋明新. 产业链理论及其稳定机制研究 [J]. 重庆大学学报,2004 (6): 37-39.
[2] 龚勤林. 论产业链延伸与统筹区域发展 [J]. 经济学家,2004 (3): 62-63.

的产业链在产业发展过程中向上、下游延伸拓展。产业链的延伸包括四种类型：区域内的产业延伸、区域外的产业延伸、产业间的产业链延伸、产业内的产业链延伸。产业链的接通和延伸使得产业链增值性这一最重要的特性得以实现，使得产业链内的产业部门能够实现长期的价值最大化。

3.1.2 产业关联效应理论

法国经济学家魁奈（Quesnay）曾用《经济表》来表明产业间的贸易关系，这也是最早的对产业关联的研究。后来，费希尔（A. B. Fisher）在20世纪30年代发表《物质进步的经济含义》，在其中提出三次产业划分的问题。在此基础上，英国经济学家 C. Clark 通过对多个国家的统计资料进行回归分析，得出人均国民收入增长与劳动力在三次产业间转移趋向存在内在联系的结论。

进入21世纪后，随着产业发展日趋全球化，产业间的联系也愈加密切，产业可持续发展被提上战略议程，利用产业之间的关联性调整国家产业结构、促进整体产业发展成为新时期政府的新工作方向。随着信息技术的普及与深化，信息流成了产业关联新的基础，大大拓展了产业之间的传递路径，产业关联分析的理论与实践日渐丰富，成为当前产业分析的热点所在。

我国学者吕涛等提出，产业关联指的是产业间以各种投入品和产出品为连接纽带的技术经济联系，包括产品（劳务）联系、生产技术联系、价格联系、投资联系等。[①] 胡大立则从产业协同的角度分析了产业之间的关联，产业协同指的是一个区域内的企业在生产、营销、采购、管理、技术等方面相互配合、相互协作，进而形成高度的一致性或和谐性。[②] 尽管各个学者对产业关联概念的描述不尽相同，但从整体上都指的是经济活动中的产业与其他产业之间的关系，也正是由于产业之间是相互联系的，国民经济发展水平才得以在产业之间经济活动的动态发展中不断提升。

---

① 吕涛，聂锐. 产业联动的内涵理论依据及表现形式 [J]. 工业技术经济，2005（7）：2-4.
② 胡大立. 产业联动、产业协同与集群竞争优势的关联机理 [J]. 管理学报，2006（11）：9-14.

3.1.3 赛事产业链综合效应的理论分析

赛事产业不仅能够带动城市各个相关产业的发展，推动城市经济增长，而且对城市的劳动资源、技术资源及资本资源的分配具有不断优化的作用。赛事产业链的优化不仅包括赛事产业内部的结构调整，还包括与外部相关产业的协调。体育赛事的举办对主办城市甚至是所在国家的经济发展有着重要影响，不仅可以刺激主办城市的经济发展、产生经济增长效益，还可以加速城市建设和重塑城市形象，产生广泛的社会效应。鉴于本书主要分析赛事产业链对产业结构的影响，以及其对赛事产业外部关联产业的相互作用，所以，我们将重点分析赛事产业链的关联效应，及赛事产业链的综合效应，包括经济增长效应、社会效应及关联效应。其中，经济增长效应包括由体育赛事举办引发的对城市基础设施、旅游、服务、贸易等需求的变化，进而影响举办区域的产出水平、收入水平、就业水平等。社会效应包括城市形象塑造、文化产业发展和城市转型。关联效应主要包括前向、后向和旁侧关联效应，而且还包括通过扩散影响和梯度转移对其他产业形成延展效应，带动区域整体经济的发展。

3.2 耦合理论：赛事与城市的协调发展

3.2.1 耦合理论

耦合是物理学中的概念，是指两个或两个以上的电路元件，或者电网络的输入与输出之间，存在着紧密配合并且相互影响，通过相互作用能够从一侧向另一侧传输能量的现象。[①] 一般认为，耦合就是指两个或两个以上的实体相互依赖于彼此的一个量度。耦合的概念被大气科学、

---

① 周宏. 现代汉语辞海 [K]. 北京：光明日报出版社, 2003.

水科学、生态学、经济学或农业科学等系统学科引用之后，进而演化出一个系统耦合的概念。系统耦合就是指两个以上具有同质的系统具有相互亲和的趋势。当条件成熟的时候，它们可以融合成一个高一级的、新的结构功能体，即产生一个新的系统。[①] 这个系统的耦合概念对本书中的两个主体（体育赛事、城市发展）的关系研究同样适用。体育赛事与城市发展这两者是相互作用、相互影响的系统，当达到某个层次时，它们通过物质的循环、要素的交换及能量的流动等交互耦合，进而形成一个复合系统。

3.2.2 赛事与城市的耦合

体育赛事与主办城市的耦合的概念可以定义为：在一定区域内，体育赛事与主办城市互促共进、协调发展，同时，这两个系统的组成要素之间相互作用、相互影响，进一步共同对资源和要素进行合理配置，并促进产业结构与赛事组织结构、城市空间结构及功能结构的优化，从而在区域经济体系中形成体育赛事空间布局与城市空间布局一体化的过程。此外，与耦合概念相关的是耦合度，本书将对体育赛事与主办城市这两个系统之间及各构成要素之间的耦合程度进行研究，也是本书的研究重点。体育赛事与举办城市的耦合度，是指这两大系统及其构成要素之间的相互匹配程度、支撑程度、协同程度。体育赛事与举办城市的耦合程度高，则意味着可以促进体育赛事与主办城市的一体化发展，进而推动区域竞争力的提高和综合实力的增强，以获得更多的溢出效应；反之，体育赛事与举办城市的耦合程度低，则表明体育赛事与举办城市的发展相关性不大，呈现各自为战的状态，且发展缓慢，体育赛事与城市共同发展的溢出效应很低甚至对区域的发展具有负面作用。

---

① 马俊杰，程金香，等. 生态工业园区建设中的耦合问题及其实施途径研究 [J]. 地理科学进展，2004（6）：482 – 486.

3.3　公共财税理论：大型赛事场馆建设与城市发展

由于政治和经济体制的不同，在我国现阶段，赛事举办的组织者多为当地政府，虽然越来越多的社会资本开始进入体育赛事领域，但主要的赛事举办经费、基础建设经费和场馆建设等仍然多由当地政府负责。因此，举行赛事的财政问题是影响赛事举办的核心因素。

3.3.1　赛事的财政理论

财政是国家或政府的经济活动，一般遵循"以最少费用获得最大效果"的原则。此外，财政与一般意义上的国民经济不同，着重体现的是"公共经济"，具有非盈利性、公共报偿性、强制性和永续性等特点。自国家产生以来，出现过三种形态的财政体制：家计财政、国家财政和公共财政，它们分别对应于自然经济、计划经济和市场经济。"家计财政"主要是指封建专制国家特有的家国不分的收入提取和分配体制。"国家财政"是指国家自身作为生产和投资主体产生主要的财政资源，并以国家机构为中心来分配财政资源的体制。"公共财政"是指国家向分散的市场主体提取财政资源，并以社会为中心、以公共服务为主要方向分配财政资源的体制。① 公共财政理论认为，市场经济不是万能的，有着自身市场失灵的固有缺陷。客观上需要市场经济这只"看不见的手"以外的力量，即政府调控政策这只"看得见的手"进行一定的干预调节，其目的是有效弥补市场经济自身营运失灵的不足和缺陷。而公共财政政策作为政府宏观调控市场经济的重要经济杠杆手段，能够调控政府和市场双方提供社会公共产品和公共服务的供给规模、供给手段、供给模式和供给内容。

财政政策是政府实施宏观调控的重要工具，其实质是政府用来促进经

---

① 马骏. 中国公共预算改革：理性化与民主化 [M]. 北京：中央编译出版社，2005：31 – 56.

济发展的间接控制手段。赛事的财政政策一般包括预算政策、收入政策和支出政策三部分。主要内容如下：

（1）预算政策是政府为了实现宏观经济目标，依据客观经济规律的要求而制定的指导预算工作和处理各种预算关系的基本方针和基本准则。

（2）收入政策工具主要是税收和公债。

（3）支出政策工具分为购买性支出政策和转移性支出政策。

其中，购买性支出政策又有公共工程支出政策和消费性支出政策之别。前者是政府人为地扩大公共工程支出，更多地承担社会不愿意投资的工程，用于扩大总需求、刺激经济复苏。后者是政府直接购买劳务和消费品，如增加公务员数量、提高公务员工资、增加办公设备的购买等。

转移性支出体现的是政府的非市场型再分配活动，是指政府按照一定方式把一部分财政资金无偿地单方面转移给居民和其他受益者的支出，主要由社会保障支出和财政补贴构成。具体形式包括补助支出、捐赠支出和债务利息支出等。

总之，公共财政是以国家为主体的经济分配活动，其分配目的是满足人民群众日益增长的物质文化需求。公共财政理论认为，政府财政政策作为发挥公共管理的职能、有效调节公共体育基础资源优化配置和市场经济活动的重要经济杠杆工具，能够凭借财政和税收优惠激励手段引导、促进公共体育场馆等基础设施的优化配置，这就要求政府积极回应公众不断增长的公共服务需求，大力推进公共服务创新，充分运用公共财政支出提供理应由政府在公共领域提供的体育场馆等公共产品与公共服务。

3.3.2 公共产品理论

依据公共产品理论，公共产品具有典型的正外部性特征，正外部性的产品既有公共产品，又有私人产品，因而，我们可以认为体育赛事（包括随之兴建的体育场馆）均是具有较强公共产品性质的混合产品，即赛事和场馆均具有准公共产品特性。[①] 公共产品理论认为，准公共产品是介于政

---

① 何不器. 体育馆也是避难场 [N]. 经济日报，2013 - 05 - 04 (6).

府提供的纯公共产品与私人产品之间的一种产品（服务），因而，公共体育场馆等体育公共基础设施的首要责任即为大众服务。即使在市场经济环境下，其体育公共产品社会效益的第一属性仍须放在首位。尤其是对于赛事和公共体育场馆这种具有非排他性、有限非竞争性和有限非排他性特征的准公共产品，在理论和实践上理应采取政府和市场共同分担的原则，即由政府财政和竞争市场"两只手"予以供给和保障。财政和税收作为政府宏观调控市场经济的两大重要工具，应更多地体现政府对大型赛事和公共体育场馆更加主动的调控能力，在政府赛事财政负担、公共体育场馆财政投入、市场商业化运营、市场监管等方面给予必要的财税扶持与政策激励。

3.3.3 大型体育场馆的公共服务均等化理论

公共服务均等化是公共财政的基本内容之一，公共财政的性质和目标决定了政府的社会职能是为广大民众提供不同标准的、基本的、大体相对均衡的公共体育产品和公共体育服务。20 世纪 20 年代中叶，开创福利经济学的英国经济学家庇古认为：国民收入总量越大，社会经济福利就越大；国民收入分配越是均等化，社会经济福利也就越大。①庇古首次阐述了公共服务均等化对社会福利的基础性影响和作用。公共体育场馆作为社会公共基础设施的重要组成部分，是政府财政必须无偿提供的基本公共产品和服务内容之一，既具有使用上的公共性、无偿性、非排他性和非竞争性，又具有政府财政投资上的价值公益性、社会效益性和目标均等性，能够有效提高公共体育场馆等基础设施的服务质量、社会效益和经济效益。从实际情况来看，我国平均每万人拥有体育场馆仅 6.58 个，而日本和欧美平均每万人约 200 个。我国人均体育场馆面积约 1.03 平方米，北京人均体育场馆面积也仅为 1.6 平方米，而韩国首尔体育场馆却达到人均 11.35 平方米。②可知其差距显而易见，同时也说明政府体育公共财政投入的"弱化""缺

---

① 庇古. 福利经济学 [M]. 金镝，译. 北京：华夏出版社，2007.
② 张仁寿. 大型体育场馆建设和运营研究 [J]. 体育文化导刊，2009（11）：88-92.

位"和"错位"。因此,政府有必要对公共体育场馆的投资运营实施政策调控,发挥公共财政政策的职能和激励作用,逐步缩小我国竞技体育和大众体育之间的不均衡、东中西部公共体育基础设施的不均衡、区域城乡之间的不均衡、体育公共服务能力上的不均衡,最终通过公共财政推进公共体育场馆等公共基础设施服务的均等化。

3.4 赛事与城市发展的增长极理论

增长极理论最早出现于20世纪50年代,是由法国经济学家佩鲁(Francois Perroux)提出的,旨在解决落后地区的开发问题,随后经过英美众多经济学家丰富、发展、完善的一个理论。广义的增长极是指一切可以促进经济增长的积极因素和生长点,其中,包括消费热点、制度创新点以及对外开放度等。狭义的增长极则可以分为三种类型,分别是:城市增长极、产业增长极以及潜在的经济增长极。增长极理论认为,一个国家或地区要实现其均衡发展仅仅只是一种设想,在现实中基本不会出现,一个国家或地区经济的发展往往是由一个或多个"增长中心"通过其自身的发展带动其他部门或周边地区的发展而产生的。增长极的形成往往是市场机制和政府机制共同作用的结果。具体来说,增长极的形成和发展的动力主要来自于市场动力、创新动力、产业集聚力以及制度推动力等。侯家营认为,增长极对地区经济增长的作用主要体现在区位经济、规模经济和外部经济上。与此同时,由于积累性因果循环的作用,增长极的出现会对其周边地区产生两方面的影响,即扩散效应和回波效应,如果扩散效应大于回波效应,增长极就可以带动其周边地区经济的共同发展,如果扩散效应小于回波效应,则容易导致地区经济差距的进一步扩大。张秀生等提出,增长极理论的作用机制主要体现在增长极的剥夺效应、乘数效应、聚集效应以及扩散效应上,其中,聚集效应和扩散效应的综合影响就是溢出效应。如果聚集效应大于扩散效应,则净溢出效应为负值,不利于增长极腹地的发展;反之,如果扩散效应大于聚集效应,则净溢出效应为正值,有利于增长极腹地的发展。梁吉义认为,增长极理论是一种无时间变量的不平衡增长理论,适用于不发达地区经济发展的理论指导，主要表现在以下三个方面：一是增长极理论的适应性广。二是增长极理论有利于政府作用的充分发挥，填补市场的缺陷。三是增长极的实践情况良好，并且具有一定的成效。

从增长极理论分析，赛事（和大型体育场馆设施）对举办城市的影响体现在极化和扩散作用两大方面。极化效应主要是指周边地区的资源和生产要素，如资金、人才、技术等逐渐向增长极聚集的过程。而大型体育场馆建设的极化效应则主要表现为资金和人才向大型体育场馆所在区域的聚集。城市大型赛事和体育场馆的建设通常都作为促进该地区发展的"增长极"，并且希望通过发挥其极化效应和扩散效应，不仅促进该地区自身的发展，同时还带动其周边地区的发展。扩散效应是指生产要素和各种经济活动在地理空间上的离散趋势和过程。在增长极的扩散效应中，增长极通过资金、人才、技术等生产要素的流动，把发展的动力和创新的成果传导至其周边的区域。与极化效应相反的是，扩散效应的最终结果是缩小了区域间发展的差距。

总之，增长极理论的主要观点是，区域经济的发展取决于条件较好的少数产业（产业增长极）和少数地区（空间增长极）的带动，因此，应当把那些区位条件较好的产业和地区优先培育成经济增长极，然后，通过其极化效应和扩散效应，影响并推动其他相关产业及周边地区的发展。现代城市的赛事和大型体育场馆建设的选址往往位于城市经济发展中相对欠发达的地区，而由于其建设投资巨大，还需要大量相关的配套设施进行完善，以达到预期的引领带动作用。

第 4 章　赛事产业链综合效应：理论和实证分析

赛事产业不仅能够带动城市各个相关产业的发展，推动城市经济增长，而且对城市的劳动资源、技术资源及资本资源的分配具有不断优化的作用。赛事产业链的优化不仅包括赛事产业内部的结构调整，还包括与外部相关产业的协调。体育赛事的举办对主办城市甚至是所在国家的经济发展有着重要影响。鉴于我们的研究重点在于分析赛事产业链对产业结构的影响，以及其对赛事产业外部关联产业的相互作用，以下我们将重点分析赛事产业链的关联效应。

4.1　赛事产业链的经济增长效应

在当前体育产业中，承办体育赛事尤其是大型体育赛事是最具经济增长效益的形式。体育赛事经过专业化商业营运模式运作，往往能够产生巨大的经济增长效益。赛事产业以这种崭新的经济形式为举办城市赢得了巨大的经济效益，它带来的积极影响范围广、程度深、时间长。从宏观经济学的角度来理解，赛事产业带来的是一种需求刺激，即由体育赛事举办引发的对城市基础设施、旅游、服务、贸易等需求的变化，进而影响举办区域的产出水平、收入水平、就业水平等。赛事产业链的经济增长效应模型见图 4.1。

第 4 章 赛事产业链综合效应：理论和实证分析

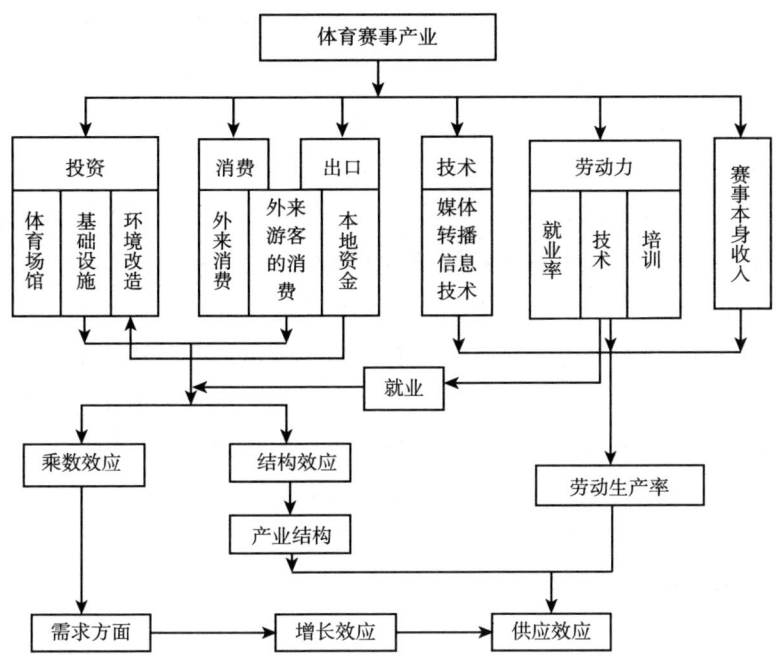

图 4.1　体育赛事产业的经济增长效应模型[①]

4.1.1　赛事自身的收入

赛事产业带来的直接经济效应是指从事赛事活动而直接所得的经济收益，这些收益主要包括赛事门票收入、广告费收入、场地使用费收入、体育赛事纪念品收入或其他赛事衍生品收入等。体育赛事的举办自身带来的直接经济效应是不可小觑的，同时，对相关产业的发展起到带动的作用。我国在 2008 年举办奥运会，为北京经济带来了十分显著的增长，据统计，在获得主办权之后，与北京奥运会有关的产业发展为北京市每年的 GDP 带来了 2% 的增长。

上海大师杯网球赛的举办也给上海带来了很大的经济效益，2005 年大师杯综合效益的评估报告显示："2005 年上海网球大师杯赛的总价值为 4.49

---

① 本模型参考：赵鹏. 体育赛事对太原市城市竞争力的影响研究 [D]. 太原：山西大学，2009.

亿元,其中赛事收入为 1.07 亿元。"① 而从 2007 年网球大师杯的市场评估报告中可知,上海网球大师杯对上海经济具有显著的拉动作用,直接经济效益高达 6 亿元。到 2015 年,上海大师赛已经成为亚洲唯一的 ATP1000 赛事,累计吸引了约 15.1 万人次观众来到现场观看比赛。经过多年的积累和发展,上海大师赛已经不再仅是一场单纯的体育赛事,其平台效应开始显现,赛事已经逐步具备了吸引各方共同参与的效应。赛事赞助商首次为观众呈现出"质感生活展",改变了过去单一展示的模式,添加了更多开放性互动元素,为观众和品牌自身打造了具有全新内涵和价值的公共活动平台。媒体普遍认为,上海大师赛将以自己的"上海味道"傲立于世界网坛,并向全世界展示上海这座城市海纳百川、兼容并蓄的非凡魅力。② 由此可知,体育赛事的举办,可以为举办城市带来丰厚的经济效益。

4.1.2 吸引社会投资

体育赛事的举办带来的新的消费,给举办地带来巨大的经济效益,同样给为举办城市带来了活跃的投资和需求市场,对外贸易、资金和技术的引进也促进了经济的增长。作为一种重大的、特殊的并具备独特影响力的文化活动,体育赛事对企业的品牌具有很强的宣传效应。因此,体育赛事的举办是产品品牌的宣传活动的一种良好的媒介。体育赛事能够吸引相当多的企业进行投资,以此达到品牌宣传的效果。体育赛事的举办也能够带来巨大的合作商机,投资者可以与举办方政府寻求合作,形成赛事产业贸易市场和投资市场。当上海网球大师杯 2002 年在上海开赛后,全球各国的媒体对此赛事进行大篇幅的报道,在 150 个国家和地区的 426 个电视台对此次的开幕式和闭幕式进行了转播,累计转播时间近 900 个小时,观看转播观众达到 7000 万人次。③ 这次赛事不仅向全世界展示了上海良好的城市形象,提升了上海的国际地位,并且对上海吸引投资方面也产生了积极的作用。

---

① 网球经济 4.49 亿元,2005 上海大师杯总价值惊人. 中国新闻周刊 [N]. 2006 (11).
② 2015 年上海劳力士大师赛圆满落幕 赛事平台效应开始显现 [EB/OL]. http://www.racing-china.com/news_detail.aspx?id=17509.
③ 林志旭. 体育赛事对城市发展影响的理论与实证研究 [D]. 福州:福建师范大学,2009.

4.1.3 增加就业岗位

大型体育赛事的举办往往需要许多其他行业提供各种服务支撑，如场馆及配套设施建设、体育用品提供、体育赛事服务等，这些都带来了许多潜在的就业机会，为城市劳动力提供了大量工作岗位。尤其是一些国际性或综合型的体育赛事的举办，随着大量国内外资本的涌入以及对相关配套服务设施的完善，给当地的旅游业、制造业、建筑业等都带来了大量的就业岗位，有助于解决我国劳动力市场供大于求的问题。同时，对于赛事产业链的下游产业，也就是服务业带来很大的促进作用，由此催生出更多的就业岗位，如与赛事关联度较高的旅游、环保、电子信息等产业。在增加的就业岗位中，既包括与赛事本身相关的直接就业岗位，也包括由赛事引发的关联服务产业带来的间接就业岗位。上海在举办F1大奖赛时，曾雇用5000名工作人员，包括维修工、管道工、油漆工和接线员；此外，每场比赛还需要雇用60位清洁人员来进行清扫工作；需要2000名厨师准备三餐，为赛事工作者提供就餐服务；需要准备200名医务人员和30辆救护车以备不时之需。因此，大型或综合性体育赛事可以通过创造大量的就业岗位，带动举办地的消费，从而进一步促进当地的经济发展。

体育赛事增加的就业一般分为体育产业内部的就业岗位增加、与赛事产业相关产业部门的就业岗位增加两个部分。体育产业内的岗位增加可以分为短期就业岗位和长期就业岗位。由于体育赛事"峰聚效应"而产生的临时性就业岗位，如体育赛事接待、体育场馆服务人员等就被称为短期岗位，而那些由于体育赛事的举办带来的长期性就业岗位，如新建体育场馆维护、管理和运营等就是长期岗位。而且，体育赛事产业并不是独立的产业，与其余二、三产业中的诸多产业部门都有着密切的联系，包括建筑、交通运输、餐饮住宿、金融保险、商务服务、邮电通讯等，因此，体育赛事的举办也会带动这些产业的发展以及就业岗位的增加。

4.1.4 促进消费与出口活动

体育赛事能够促进娱乐、购物及零售业等的消费，主要是通过两个方面来体现：首先是城市居民参与赛事观看所引起消费需求的增加；其次是外来旅游者的消费，主要是外来旅游者的衣食住行及娱乐等方面引起的消费活动。体育赛事应当以赛事为核心，从而增加举办城市的吸引力，优化城市的环境，使得城市能够焕发出更大的魅力。赛事的举办不仅是给城市带来娱乐氛围，还吸引更多的观众与旅游者。这些旅游者不仅包括固定的参赛者、裁判员、媒体记者等，还有大量赛事的支持者及爱好者。这些人流的集聚对举办地的消费活动有很强的促进作用。此外，大型赛事使得举办城市在世界范围内都具有影响力，提升了城市形象，有利于生产的产品出口，促进城市外贸业务的开展。

4.1.5 促进技术进步

经济学意义上的技术进步，指的是用较少的投入，能够生产出与之前同样产量的产品，则表明技术水平有了变化和发展。体育赛事的成功举办离不开各项高新科技，如专业性的体育场馆、比赛信息系统、媒体转播技术等。尤其是一些大型的综合性的体育赛事，其设备的先进性使得赛事的结果更加精确，减少了许多争议，赛事信息系统的先进性使得体育赛事更加与时俱进，人们通过互联网就能够快速分享比赛过程及赛事的赛果，而且先进的媒体转播技术，使得赛事的转播收看率越来越高，为赛事赞助商带来更多的收益。2019年10月在武汉举办的第七届世界军人运动会，布设在体育场馆的高清摄像头通过5G网络，实现了现场画面的实时回传，结合AR技术，使观众不在观场也几乎"身临其境"。

4.2 赛事产业链的社会效应

4.2.1 塑造城市形象

体育赛事尤其是国际体育赛事能够提升举办地的知名度和城市形象，

通过举办体育赛事，高度的媒体关注度和大量媒体进行宣传报道，可吸引国内外体育爱好者的密切关注，使举办城市可以在举办过程中通过比赛及其他各方面展示自身形象，将城市充分展现在全世界人民面前，提升城市的品牌形象和国际影响力。体育赛事的举办可以为城市带来积极的社会评价，并会产生长期的关联效应，在赛事举办后，城市影响力有望大幅提升。2009 年 10 月 16 日，在我国山东济南举办了十一届全运会，在全运会期间，大量国内外记者对全运会开幕式、闭幕式及比赛进行跟踪报道宣传，不仅将全运会的盛况展示在世界面前，也将山东省的文化和形象展示出来，为世界人民了解济南、了解山东打开了一个窗口，世界各地对济南以及山东省都给予了广泛的关注，使得山东省在国际国内的影响力和知名度都有所提升。

城市形象是一个城市的名片和品牌，是一笔不可估量的无形资产。良好的城市形象犹如巨大的磁场，吸引四面八方的民众前来该城市旅游、观光、购房和投资发展，并源源不断地吸引周边地区的人力资本、技术资本和商品资本等生产要素，从而不断推动和促进城市经济的全面和可持续发展。开发出高水平、高层次的体育赛事，可以提升举办城市的知名度，打造城市品牌，从而增强赛事的吸引力，提高赛事的社会效益。赛事的举办城市，通过大型体育赛事的举办将其独特的城市文化向世界展示，同时也将世界其他优秀的文化融入自己的城市文化中。比如，在北京奥运会举办期间，北京向世界展示了富有魅力的中国传统文化，同时，奥运文化也推动了中国传统文化的自我更新和发展。大型体育赛事的成功举办能够激发举办城市居民的幸福感和自豪感，并为城市树立形象和定位起到积极的作用，对举办赛事城市的城市旅游与长期发展都有深远的影响。

4.2.2 刺激城市文化产业

德国哲学家 Ernst Cassirer 曾提出"符号理论"，将体育赛事定义为满足城市居民需要的"文化符号"。作为城市文化的一部分，体育赛事产业作为文化产业的重要组成部分，给城市文化产业的发展带来了巨大的促进作用。

体育赛事拥有规模大、地域宽、涉及范围广、受关注高、影响时间长的特点，为城市提供了体育文化交流与合作的平台，对各产业的发展都带来了巨大的带动作用。作为体育赛事的主办方，举办城市应该充分重视体育赛事的举办对城市文化发展的特殊功能，借助体育赛事举办的机会，向世界展示包括体育文化在内的城市文化，将体育赛事与城市文化发展有机结合，提升城市文化内涵，增强城市文化综合竞争力。

此外，体育文化产业并不是一个单独存在的产业，其与第二、第三产业之间存在着密切的关联。作为新兴的第三产业，体育文化产业自身能为城市带来巨大的经济效益，而且能够通过连锁效应带动其他相关产业的发展，如建筑、交通、通讯、餐饮住宿等。体育文化产业还能带动城市内需的扩大，增加城市就业岗位，改善优化城市产业结构，提升经济发展质量，提高环保水平，促进城市生产力效率的提高。

4.2.3 带动城市转型

城市转型是指城市根据自身条件的变化和内外环境的改变，动态地培育和打造新的城市核心竞争力，在愈演愈烈的竞争中脱颖而出。现代城市之间的竞争越来越激烈，为了谋求自身的生存和发展，城市必须与时俱进地寻求新的经济增长点。当前，欧美国家逐步步入后工业化时代，体育产业作为新兴产业，正逐渐被视为带动城市转型的催化剂。如今，世界各大城市竞相争取大型体育赛事的主办权，主要是因为体育赛事的举办能够整合城市资源，利用城市独特的地理优势及产业优势，促进赛事相关产业的发展。此外，赛事产业能够促进城乡互动和产业联动，进而推动城市社会经济的发展，并突破区位限制，从而促进城市的转型发展。

福建省晋江市是我国体育带动城市转型的一个成功案例。在过去20年内，晋江市已经形成了包括纺织、服装、制鞋、车辆机械、纸制品等在内的十大加工产业集群，由于受到越来越多来自于资源、环境、人力方面的约束，经济发展陷入瓶颈。为此，晋江市政府为了改变城市发展模式，提出"建设国家体育产业基地，打造中国体育城市"的城市转型战略。利用晋江得天独厚的区位优势和产业优势，建设体育产业功能聚集区，以体育产业为中心，带动关联产业的发展，进而推动晋江市的全面进步。如今，晋江市体育产业集群已经形成，品牌效应凸显，资产运营势头良好，全民健身气氛浓厚，高端合作蓬勃发展。截至2017年，晋江市体育用品上市公司多达21家，并建立一支数十家体育品牌企业的上市后备队伍，初步形成区域特色鲜明的"晋江体育板块"。此外，晋江已经成为继深圳、成都之后的全国第三个国家体育产业基地，并成为国家羽毛球队训练基地，获批沙滩排球、帆船帆板、极限运动等国家训练基地。[1] 从2011年至2013年，晋江市累计投入近3000万元用于补助体育设施精品工程建设和全民健身工作，计划投资约13亿元用于建设八仙山全民健身中心和滨江商务区国家训练基地，将建设占地达300亩的奥林匹克运动中心等。2014年，国务院46号文出台后，晋江进一步提出了"一带二地一中心"的发展布局。"一带"即在沿海大通道建设集运动、休闲、旅游、娱乐、商业、商务于一体的滨海运动休闲产业带；"二地"为打造全球体育装备制造业基地和国家级运动训练基地；"一中心"为打造全国体育赛事中心城市。围绕做大做强体育用品业、培育体育健身娱乐业、发展竞赛表演业、建设国家级训练基地、规划开发滨海运动休闲产业带等五个发展重点。2017年，晋江更是获得2020年第18届世界中学生运动会的举办权。晋江正在打造国家体育产业发展的示范基地、全球重要的体育用品制造业基地和具有国际影响的现代化体育城市。[2]

4.3 赛事产业链的关联效应

4.3.1 赛事产业链关联效应的理论分析

产业关联的研究是随着产业结构研究的深化而产生的，产业结构通常指的是在经济活动过程中，通过技术经济联系来表达产业间的比例关系。

---

[1] http://sports.sina.com.cn/s/2011-01-25/08101703698.
[2] 体育晋江迎来"大时代"[EB/OL]．http：//news.ijjnews.com/system/2014/11/18/010804735.shtml．

国民经济中各产业在社会分工不断细化的背景下联系越来越密切,不断相互制约,又不断相互促进。在日常经济活动中,每个产业都在一定程度上与其他产业之间存在着直接或间接的关联。产业间的这种关联关系主要表现为投入产出关系,即表现为在社会分工过程中,每个产业都具有生产者和消费者的双重身份。产业部门之间不能够单独运作,需要通过其他部门的投入来进行生产;同时,又将自己的产出作为一种产品投入市场,成为其他产业的投入来源。

赛事产业是一项综合性很高的产业,以提供高品质的赛事服务为主,属于第三产业。一般以大型赛事服务前向直接波及产业部门的产品和服务需求变化,对大型体育赛事服务及其后向直接波及产业部门的影响为出发点,来分析赛事产业对相关产业的关联效应。赫希曼指出,关联效应较高的产业能够对其他产业和部门产生很强的前向、后向和旁侧关联效应,而且还能通过扩散影响和梯度转移对其他产业形成延展效应,带动区域整体经济的发展。一般而言,区域内的主导产业与其他产业都存在较为密切的技术经济联系,通过乘数效应与聚集效应来带动区域内相关产业的发展。

为赛事产业提供赛后服务的产业成为赛事产业的前向关联产业。对办赛过程进行认真分析,并对比赛过程中的特别情况进行经验教训总结,对赛事的社会影响和经济效益进行跟踪、反馈,有利于赛事产业整体发展水平的提高。在赛事产业发达的国家,有一批专门的赛事管理公司进行赛事的经济分析,在我国也有少量的这样的公司存在,如上海久事国际赛事管理有限公司等,总体而言,数量和质量都不足。所以,在我国的赛事产业链中并没有体现出应有价值。

赛事产业的后向关联产业是为赛事活动做准备、提供赛前服务的产业。例如,比赛场馆的建设、比赛设备的筹备、赛事纪念品以及建筑业、制造业及设计业等,都属于赛事产业的后向关联产业。

赛事产业的旁侧关联产业是指为赛事产业促进赛中服务的产业。在赛事产业链中,旁侧产业一般也被认为是衍生性的下游产业,为赛事活动的顺利开展提供支持与服务。后文实证分析部分主要分析的就是赛事产业的旁侧关联效应,即表现为赛事产业与下游产业的关联效应。赛事产业链的"三向"效应见图 4.2。

第4章 赛事产业链综合效应：理论和实证分析

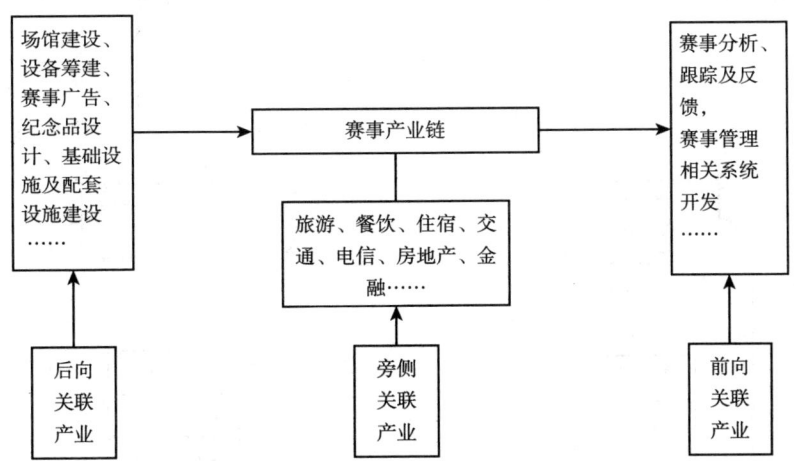

图 4.2　赛事产业链的"三向"关联产业

赛事产业链的城市经济增长效应主要是通过带动旁侧关联产业的发展来实现的，这也是赛事产业促进区域经济发展的主要表现。赛事产业链的关联效应主要表现在带动旅游、餐饮、住宿、交通、金融、房地产、广告等第三产业内部相关产业的发展。通过分析可知，赛事产业链对三次产业的发展影响，主要表现在对三次产业结构调整的影响。为了量化分析赛事产业链与"三向"关联产业的关联效应，我们将首先从理论与实践两个层面来分析赛事产业链对三次产业的关联效应以及赛事产业链对下游相关产业的关联效应，找出赛事产业链相关的下游产业，再通过建立灰色关联模型，最后定量分析赛事产业链的关联效应（见图4.3）。

第一，体育赛事产业对三次产业发展的影响主要表现在对城市产业结构的调整功能上。产业结构调整是指改变经济体系中各种产业的构成比例与构成内容，以及产业内部结构和内容的改变，主要以产业结构优化和升级为重点。大型赛事的举办，使得赛事举办地聚集了大量的人流、物流、信息流及资金流等，有力地吸引了来自国内外的投资，改善了城市的基础设施与生态环境，改变市场劳动力的供给状况，对市场资源进行重新分配，从而改变该区域的产业结构。此外，赛事产业是产业关联度很高的产业，前向关联效应主要表现在对建筑业、制造业等第二产业的推动上，后向关联效应则主要表现在对第三产业的推动上，故通过分析赛事产业对三次产业结构的影响，来综合分析赛事产业的前向关联效应和后向关联效应。

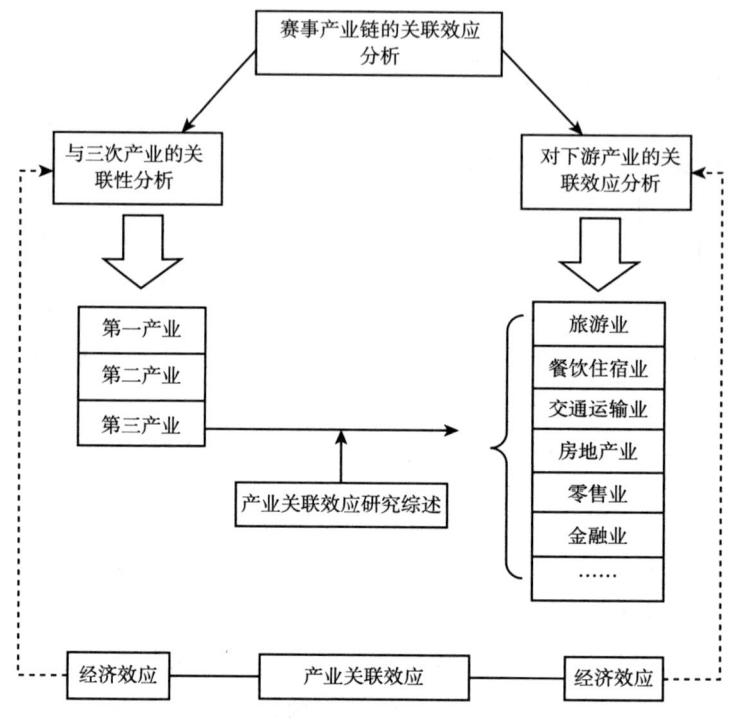

图 4.3　赛事产业链的关联效应分析

第二，体育赛事产业对第三产业的发展有较大的带动作用。根据对赛事产业的相关研究的整理，不难发现，体育赛事对旅游业、交通运输业、餐饮业、住宿业、金融业、房地产业及零售业等行业的发展影响很大。这些产业也是下章实证分析的重要选取指标。

A. 促进旅游业的发展。从国内举办大型体育赛事的几个城市例子来看，尤其是奥运会、F1赛事等具有国际影响力的赛事，不难发现，体育赛事产业的发展能够给城市旅游业的发展带来积极的作用。赛事的举办给城市旅游业的发展带来了大量的潜在顾客，为旅游业的发展注入了活力，近年来体育旅游业的兴起就是一个很好的说明。体育赛事产业与旅游业以体育旅游业为桥梁，两者很好地联系在一起，并相互促进，共同发展。众多体育赛事是城市重要的旅游资源，不仅增强了城市旅游的吸引力，而且与原有静态旅游资源形成互补，从而促进城市旅游的优化升级。

B. 促进住宿与餐饮。大型赛事的比赛期间，大量的观众与参赛者涌入举办地，对餐饮住宿形成了巨大的需求，尤其是大型体育赛事吸引了众多的国内外游客。这些游客对餐饮与住宿的要求较高，对星级酒店服务的需求也将提高。酒店业适当开展相关的活动，提供性价比高的服务，将更有利酒店业的长期发展。如在厦门举办国际马拉松赛期间，厦门市星级旅游饭店纷纷推出以马拉松为主题的系列活动，吸引了数万的外来参赛者及旅游者前来观看比赛。2014年厦门马拉松赛举办期间，厦门50家主要宾馆大部分住宿率较往年同期有所提高，特别是1月1日、2日两天，分别有2家和3家酒店的住宿率在90%以上，其中，厦门国际会展酒店有限公司在1日的住宿率达到99.5%。餐饮业也分到一杯羹，舒友、会展酒店等46家餐饮单位日均营业收入共464.24万元，比前一个月日均高出0.8%。①

C. 促进交通运输业的发展。体育赛事将大量的人流、物流汇集到举办地，而人员与物质的流动既增加了交通和通信的需求，极大地推动交通运输业的发展。尤其是赛事的举办往往会促进城市基础设施的完善，包括道路、铁路、航空等方面的建设，从而加强城市交通运输的承受力。据统计，2004年9月，上海站F1赛事比赛当天吸引了15万的现场观众，如此多的观众对上海市的交通承受能力提出了很高的要求，上海市政府不断开通赛场周围的交通，扩建东西走向的道路，并建立了轨道交通，从而逐渐完善了赛事举办地的交通运输基本设施建设。

D. 带动广告、房地产业的迅速发展。任何大型比赛，都离不开媒体的支持，现代化先进的转播技术为未能够现场观看比赛的观众提供了极大的便利，现场比赛信息能够通过电视及网络传播到世界的各个角落，从而吸引全世界的观众。电视媒体则利用比赛插播广告获得巨大的广告收入。2021—2032年奥运会电视转播费卖出76.5亿美元，世界杯足球赛、F1、NBA等广受人们喜爱的比赛电视转播费也非常高。同样，赛事的举办促进了周边地区的基础设施的完善，进而间接地促进了赛事举办地房地产的发展。如广州奥林匹克体育场和广州体育馆的周边地区在九运会后，其房地

---

① 今年厦门马拉松赛4天"吸金"2.61亿 酒店住宿率超九成 [EB/OL]. (2014-02-11). http://news.xmnn.cn/a/xmxw/201402/t20140211_3707675.htm.

产上升了30%—50%。

E. 促进金融业的发展。大型体育赛事的举办需要大量的配套设施,尤其是体育场馆及其配套设施的要求很高,而单靠政府来完成这些场馆的建设及设备有些困难,所以,吸引民营企业的投资可以帮助完成场馆的建设。而赛后场馆的运营维护同样需要更多的后期投资。此外,大型体育赛事的举办往往能够吸引来自各界的投资,包括赞助商等企业与机构,这些投资都将促进举办地的金融业的发展。因此,大型体育赛事对举办地的金融业的发展具有一定的促进作用。

由此可知,赛事产业链的关联效应不仅具有坚实的理论基础,而且在现实的经济活动中也得到充分的验证。当然,赛事产业的影响范围广泛,不止上述所列的产业,其对媒体业、保险业、电子产业等下游产业的发展具有带动作用。为满足赛事产业引发的关联需求,相关产业应积极进行建设,不断提高服务和经营管理水平,从而优化区域整体产业结构。

4.3.2 赛事产业链的产业关联效应模型

我们在对赛事产业链与三次产业及与下游产业的关联性分析中,使用灰色关联模型,进行定量分析。邓聚龙教授曾提出关于控制和预测新理论、新技术的灰色系统理论方法。[①] 灰色关联主要是基于行为因子对主体行为的贡献测度而进行的一种分析方法,多用于结构复杂及缺少信息的分析。灰色关联法对所要分析的各种因素,通过一定的数据处理,在随机的因素序列中,找出相互之间的关联性,并找到主要特征和主要影响因素。灰色系统理论通过关联度分析,以一定的方法研究系统中各主要因素的关联状况,从而找出对系统影响最大的因素。接下来,笔者主要通过建立灰色关联模型,分析赛事产业链的关联效应。

关联度是指两个因素或两个系统之间的关联性大小。它描述了系统发展过程中各因素相对变化的情况,包括方向、大小和速度的变化等。灰色关联法就是对这种变化趋势的定量描述和比较,它通过分析对象变化的时

---

① 邓聚龙. 社会经济灰色系统的理论与方法 [J]. 中国社会科学, 1984 (6): 1-14.

序列曲线的相似程度判断其关联程度，若两条曲线越相似，那么，这两个因素的关联度越大；反之则关联度越小。

本章进行灰色关联模型分析的步骤包括：

（1）收集原始数据，确定原始数据序列

参考数列指的是反映系统行为特征的数据序列。表达式如下：

$$\{X_0(t)\} = \{X_{01}, X_{02}, \cdots, X_{0m}\}$$

比较数列指的是与参考数列作关联比较的数列。表达式如下：

$$\{X_1(t)\}, \{X_2(t)\}, \cdots, \{X_n(t)\}$$

其中，m 为比较数列的数据个数，n 为参考数列的个数。

（2）原始数据的无量纲化处理

由于原始数据的数量级、量纲等都存在不同，为方便比较，在进行灰色关联分析之前，常通过均值化处理、初值化处理、标准化处理等方法对原始数据进行无量纲化处理，以增强各因素之间的可比性。

（3）求关联系数

数据变换之后，在时刻 t = k 时，参考数列 $\{X_0(k)\}$ 的关联系数，$\delta_i(k)$ 可由以下公式计算得出：

$$\eta_i = \frac{\min\min|X_0(k) - X_i(k)| + \lambda\max|X_0(k) - X_i(k)|}{|X_0(k) - X_i(k)| + \lambda\max\max|X_0(k) - X_i(k)|} \quad (i = 1, 2, 3, \cdots, n)$$

$|X_0(k) - X_i(k)|$ 表示 k 时刻参考数列与某比较数列的绝对差。$\min\min|X_0(k) - X_i(k)|$ 和 $\max\max|X_0(k) - X_i(k)|$ 分别表示所有比较数列与参考数列各个时刻绝对差中的最小值与最大值。因而此数列相交，故一般取 $\min\min|X_0(k) - X_i(k)| = 0$。λ 为分辨数，其意义是为了削弱最大绝对差数值太大而引起的失真，来提高关联系数之间的差异显著性，λ ∈ (0,1)，在一般情况下可取 0.1~0.5。关联系数反映的是两个数列在某一时刻的紧密程度。

（4）求关联度

由于关联系数包含 n 个分散的时刻值，为方便比较，笔者选取各个时刻关联系数的平均值进行比较，得到下面关联度：

$$\xi_i = \frac{1}{n}\sum_{k=1}^{n}\eta_i(k), (i = 1,2,3,\cdots,n)$$

（5）排列关联度与结果分析

经过上述关联度的排序分析，我们可以得到参考数列与比较数列的关联度大小以及影响的大小，进而判断出对系统特征行为因素最重要的影响因素与最薄弱的环节。从中可知，关联度越高，表明对比较序列的影响程度越大，反之则越小。

4.4 赛事产业链关联效应的实证分析
——以 F1 与中超联赛为例

4.4.1 上海 F1 大奖赛的实证分析

（1）上海 F1 大奖赛的发展概况

赛车是现今世界上最为炙热的体育运动之一，是一种具有现代文化的高科技与高技术水平的体育运动，而且是可以促进社会经济发展的一个综合性产业。F1 赛事即 F1 方程式世界锦标赛事（F1 是 Formula one 英文的缩写，又叫作一级方程式赛车），所谓"方程式赛车"就是指按照国际汽车运动联合会的规定标准制造的赛车。国际汽车运动联合会对赛车的车长、车宽、车重、排量、轮胎的尺寸及发动机的功率都有严格的要求，而且，对是否用增压器等技术参数都作了明确规定，这种高要求、高规格的赛车赛事使其在全世界闻名。F1 是世界上速度最快、科技含量最高的大型体育赛事，在世界范围内都有很强的影响力，也是经济实力、高科技、团队精神、车手勇气与智慧的集合体，它与奥运会、足球共同被誉为当今世界的三大体育赛事，能够吸引的现场观众达到十万以上，电视收视率可以与奥运会与世界杯足球决赛相媲美。F1 赛事的前身是 20 世纪 20—30 年代的欧洲大奖赛，当时参赛的队伍有梅赛德斯 - 奔驰、欧培尔及联合等车队。随着汽车产业的不断发展，在 1950 年英国的银石赛道上才确立了 F1 大奖赛。举办

F1赛事被认为是一个国家和地区经济实力的体现,对于体育产业及相关产业的发展都具有极大的促进作用。纵观F1赛事在世界范围内的发展历史,它所到之处无不给举办地带来巨大的人气和经济增长效应。

2004年F1赛事首次登陆中国,在上海嘉定区国际赛车场成功举办。而且,上海已连续获得了2004—2010年及2011—2017年长达14年的世界一级方程式赛车的主办权。上海市地处长江三角区的中心,天然的地理优势、区域一体化以及城市发展的联动作用,使得上海成为体育赛事举办的中心,而且能够吸引众多的客源来现场观看比赛。上海自身拥有的千万人口本身就是一个巨大的客源,此外,紧邻三大城市杭州、南京及宁波,得益于城市经济圈的建设和完善,大批客源进入上海非常便捷。上海F1赛事在中国举办的发展历程同样显示,F1赛事吸引了众多车迷。从2004年入境游客市场来看,除去传统的海外客源市场,F1赛事的车迷客源总量占有一定的份额。自2004年起上海F1赛事举办的前7年,吸引了数十万国内外游客前来上海国际赛车场观看比赛。而比赛的最低票价也在60美元左右,仅门票收入每年都达到了1000多万美元。而且,由大量观众在观赛期间的停留所带来的消费,极大地促进了上海嘉定区的餐饮住宿、零售、休闲娱乐等行业的发展。据不完全统计,每年上海举办F1赛事所带来的消费额达到了数十亿元。

在赛事举办的准备期间和举办期间,餐饮和住宿的支出都是必要的。而且,举办期间大量的参赛者和观众的涌入对当地的餐饮和住宿业都带来了巨大的刺激。每届赛事举办期间,至少有15万人次来到上海嘉定,平均逗留3天左右,其中,约有25%的观众会继续留在嘉定旅游及购物。F1赛事的举办极大地促进了上海嘉定的旅游业、餐饮住宿业及零售业的发展。大量的人流、物流在上海嘉定的集中,使得城市交通车辆及航空运输的客流量增加,其对上海嘉定的交通运输的刺激大大增加,能够促进航空及城市交通的快速发展。举办F1赛事无疑是一个国家和地区综合实力的体现,其对区域经济的发展的影响不容忽视,尤其是对赛事产业的关联产业的发展具有极大的推动作用。

(2)上海F1大奖赛的关联效应

我们利用产业链的相关理论、赛事产业链的特点以及赛事产业关联效应的研究综述，结合上海F1赛事的特点，使用灰色关联模型对赛事产业链与相关产业的关联性加以定量分析。这种关联性分析包括赛事产业链与三次产业的关联度分析，以及赛事产业链与下游产业的关联度分析。与三次产业的关联度分析表现为赛事产业对举办地的产业结构的影响程度；与下游产业的关联度分析可以确定赛事产业链的重要环节，为赛事产业的进一步发展提出有价值的建议。

由上述分析可知，赛事产业链对旅游业、餐饮住宿业、交通运输业、零售业、金融业、房地产业具有关联作用。此外，赛车与汽车产业的发展是息息相关的。近几年，上海的汽车产业空前发展，地处上海西部的嘉定区已经被规划为对外贸易和汽车制造业的基地，即中国著名的汽车城。借助F1赛事拉动上海的汽车产业的发展，改变上海西部经济相对滞后的局面，正是上海市政府将F1赛事落户上海嘉定区的"醉翁之意"。F1赛事在上海嘉定落户后，同样带来了世界汽车工业顶级技术，吸引了全世界众多汽车制造商、销售商以及汽车配套产业的销售商。此外，还促进了人们买车的热情，使得上海嘉定区成为全球汽车厂商关注的焦点，无疑为上海嘉定区的汽车产业注入了无限活力。所以，赛事产业对汽车产业的发展具有非常大的促进作用。

根据研究的目的及理论假设，赛事产业对下游产业的关联效应依次体现在以下7个产业：旅游业、餐饮住宿业、交通运输业、汽车产业、零售业、电信业、房地产业。根据前文的理论分析及描述性分析，下文将利用上海嘉定区的有关数据对解释变量进行灰色关联分析。变量定义见表4.1。

表4.1　　　　　　　　　变量定义

变量名称	变量	单位	变量定义
F1赛事	X_0	亿人次	观看电视转播的观众
第一产业	Y_1	万元	第一产业的产值增加值
第二产业	Y_2	万元	第二产业的产值增加值
第三产业	Y_3	万元	第三产业的产值增加值
旅游业	X_1	万元	旅游业总营业收入
餐饮住宿业	X_2	万元	餐饮住宿业的产值增加值
交通运输业	X_3	万元	交通运输业的产值增加值

续表

变量名称	变量	单位	变量定义
汽车产业	X_4	亿元	汽车零部件产业总产值
零售业	X_5	万元	零售业的产值增加值
金融业	X_6	万元	金融业的产值增加值
房地产业	X_7	万元	房地产业的产值增加值

（3）上海 F1 赛事产业链与三次产业的关联效应

赛事产业对经济增长的作用主要是通过拉动城市就业、投资以及消费等方面来实现的。而赛事产业对城市经济发展贡献最大的是对各产业部门在不同程度上都有拉动作用，从而优化和升级城市的产业结构。为了评价 F1 赛事对上海市嘉定区各下游产业的影响程度，本章在产业划分的基础上，利用《上海嘉定统计年鉴》（2004—2012 年）、上海嘉定统计局统计月报（2004.01—2012.12）以及上海市嘉定区人民政府网站公开信息，收集了上海市嘉定区第一、二、三产业生产总值的有关数据，并通过上海久事国际赛事管理有限公司收集了 F1 赛事的有关数据，详见表 4.2。

表 4.2　　2004—2012 年 F1 赛事与三次产业的原始数据

年份	F1 赛事（亿人）	第一产业（万元）	第二产业（万元）	第三产业（万元）
2004	4.5	28426	2337484	1042304
2005	4.6	25753	2811842	1290749
2006	4.8	25238	3261735	1497269
2007	5.0	25810	3809192	1763545
2008	5.5	31150	4431225	2083382
2009	5.6	40927	4712225	2313482
2010	5.6	41078	5246797	2961422
2011	5.7	49767	5892444	3271014
2012	6.0	40278	6012103	3639083

资料来源：上海嘉定统计局编，《上海嘉定区统计年鉴》（2004—2012），中国统计出版社；上海嘉定区统计局编，上海市嘉定区人民政府统计月报，http：//www.jiading.gov.cn；F1 赛事数据来自上海久事国际管理有限公司。

为了考察上海嘉定区 F1 赛事与三次产业关联程度及先后次序，以 2004—2012 年间观看上海嘉定 F1 赛事的转播的观众人数作为参考序列

$X_0(t)$，以第一产业 $Y_1(t)$、第二产业 $Y_2(t)$、第三产业 $Y_3(t)$ 的产值增加值作为比较序列，建立灰色关联模型。之后，对原始数据均值无量纲化，使得定义的变量之间更加具有可比性。

本章的数据处理采用的都是均值无量纲化，即各数列的平均值去除该数列的所有原始数据。之后计算关联系数，将无纲量化的结果代入公式 $\eta_i = \dfrac{\min\min|X_0(k)-X_i(k)|+\lambda\max|X_0(k)-X_i(k)|}{|X_0(k)-X_i(k)|+\lambda\max\max|X_0(k)-X_i(k)|}$，计算出赛事各时间与三次产业的产业关联度。

（4）计算关联度

将以上数据代入公式 $\xi_i = \dfrac{1}{n}\sum_{k=1}^{n}\eta_i(k)$，$(i=1,2,3,\cdots,n)$，求出 F1 赛事与三次产业的关联度，并排次序，详见表 4.3。

表 4.3　　　　　　F1 赛事与三次产业的灰色关联度

	第一产业（ξ_1）	第二产业（ξ_2）	第三产业（ξ_3）
关联度	0.5681	0.5901	0.6821
排序	3	2	1

排序结果是：$\xi_3 > \xi_2 > \xi_1$，即第三产业 > 第二产业 > 第一产业。

由表 4.3 可以看出，上海嘉定的 F1 赛事与第三产业的关联度最大，说明上海 F1 赛事对上海嘉定的第三产业的影响力最大，而与第二产业的关联度排名第二，排名最后的是第一产业。具体分析结果如下：

第一，赛事产业与第三产业的关联性最强，对第三产业的影响也最大。所以，F1 赛事对产业结构调整最为重要的是对第三产业的拉动作用。F1 赛事带来的大量的人流、物流及信息流，为赛事产业服务的支撑产业带来了需求。尤其是给像旅游业、餐饮住宿业及交通运输业等这样的第三产业带来了直接需求，强有力地促进了这些产业的快速发展。第三产业已经是一个衡量现代社会经济发达程度的重要指标，而且能够创造巨大的社会效益。此外，第三产业能够创造出比第一、第二产业更多的岗位需求，从而缓解社会的就业压力。而且，随着人们生活水平的提高，人们对服务业的需求会越来越大，所以，第三产业的发展有更大的空间。当经济发展到一定阶段时，第三产业对经济的影响也远远大于第一和第二产业，已经成为社会发展的重要支柱。赛事产业隶属于第三产业，而且，由于其产业关联性非常强，所以，需要依赖其他服务业的支撑才能发展。正如上述实证分析所述，赛事产业与第三产业的关联系数是 0.6821，相互发展呈明显的正相关。

第二，F1 赛事与第二产业的关联度在三个产业中排在第二，赛事与第二产业的关联系数为 0.5901。F1 赛事对第二产业的影响，主要来自场馆建设、基础设施建设及制造业等。F1 赛事是高要求及高规格的国际赛事，对赛车及赛道的要求都极为严格，必须要达到国际汽车联合会标准的要求。为此，上海投资了 26 亿元，在上海嘉定区建立了上海国际赛车场。而上海国际赛车场建立在边远的郊区，所以，需要完善周围的基础设施，如道路、通讯及排水等设施，并在赛车场的配套区建立了商业设施，方便了大量观众的购物需求。这些建设对建筑业、机械工业等的发展有一定影响，这些第二产业产出再进一步对其他产业的发展产生影响。余守文计算了产业体系每一产业受赛场投资的影响，分析出产出受赛车场及配套设施建设影响最大的前 10 个产业分别是其他新建筑、公路、街道、桥梁和隧道建筑业、建筑和工程服务、个体旅店、机车修理和修护、批发贸易、餐饮、内医、牙医和其他保健从业者、石油冶炼、保险者。可见，赛事产业对建筑业、石油冶炼等产业影响较大。[①]

第三，赛事产业与第一产业关联度较低，从产值来看，第一产业在三次产业中总值的比重非常低。根据赛事产业链的关联效应，对产业链外部的关联效应主要表现在对其他产业提出了新的投资需求和供给需求，而这一切都是以这些产业已颇具发展能力或具有潜力为前提的。而上海市嘉定是一个农业发展较弱的城市郊区，农业龙头企业和数量有限，农业产业化经营仍须进一步发展。而 F1 赛事本身与第一产业的关联度不大，除了餐饮业和零售业的发展能够带动消费之外，其他因素对第一产业的影响有限也就可以理解了。

综上所述，可以看出赛事产业对第三产业的影响非常大；对第二产业的带动效应主要体现在赛车场与配套设施的建设方面；对第一产业的影响不大。据收集的资料显示，举办 F1 几年来，上海嘉定区的三次产业结构发生

---

① 余守文. 体育赛事产业对城市竞争力的影响 [D]. 上海：复旦大学，2007.

了很大的改变，2005年的三次产业比例0.6∶68.4∶31.0，而2012年三次产业比例则变为0.5∶62.0∶37.5，第三产业的产值在三次产业中的比重增加，而第一和第二产业在三次产业中的比重逐渐减少了。由此可见，赛事产业对三次产业结构的影响较大，尤其是促进了第三产业的发展。

（5）上海嘉定F1赛事产业链与下游产业的关联效应分析

由于赛事产业链的下游产业辐射范围较广，能够产生间接效益，是整个产业链中创造收益最多的环节。赛事产业的发展能够促进这些产业的发展，反之，这些相关产业的发展又能促进赛事的进一步发展。

根据上文分析，我们将旅游业、餐饮住宿业、交通运输业、零售业、金融业、汽车产业以及房地产业等7个支持产业的相关数据作为比较数列，建立灰色关联模型，计算出各下游产业与赛事产业的关联度。

首先，列出原始数据，见表4.4。

表4.4　2004—2012年上海F1大奖赛与各相关产业的原始数据

年份	F1赛事（亿人次）	旅游业（万元）	餐饮住宿业（万元）	交通运输业（万元）	零售业（万元）	金融业（万元）	汽车产业（亿元）	房地产业（万元）
2004	4.5	39871	43604	84094	1078571	78766	157.7	133948
2005	4.6	40849	45970	92000	1185621	84000	215.7	183857
2006	4.8	43703	47110	109000	1426548	92000	294.3	192543
2007	5.0	48757	48306	127975	1541826	113352	360.8	233489
2008	5.5	57242	50806	153570	1778964	138063	438.3	269213
2009	5.6	58588	56806	150570	2101657	160063	577.4	320213
2010	5.6	107618	76018	200816	2258456	188685	850.9	418176
2011	5.7	150082	88108	241152	3889132	224012	1064.7	505145
2012	6.0	189470	90476	273647	4006016	287353	1261.8	481266

资料来源：上海嘉定统计局编，《上海嘉定区统计年鉴》（2004—2012），中国统计出版社；上海嘉定区统计局编，上海市嘉定区人民政府统计月报，http://www.jiading.gov.cn。

其次，对原始数据进行均值无量纲化处理。之后，代入公式：

$$\eta_i = \frac{\min\min|X_0(k)-X_i(k)| + \lambda\max|X_0(k)-X_i(k)|}{|X_0(k)-X_i(k)| + \lambda\max\max|X_0(k)-X_i(k)|}$$

求得各时点 F1 大奖赛与相关产业的关联系数，具体结果见本书 "附录"。将计算得出的数据代入公式 $\xi_i = \frac{1}{n}\sum_{k=1}^{n}\eta_i(k),(i=1,2,3,\cdots,n)$，求出 F1 赛事与各相关产业的关联度，并排出次序（见表 4.5）。

表 4.5　　　　　　　　F1 赛事与下游产业的灰色关联度

	旅游业 （ξ_1）	餐饮住宿业 （ξ_2）	交通运输业 （ξ_3）	零售业 （ξ_4）	金融业 （ξ_5）	汽车产业 （ξ_6）	房地产业 （ξ_7）
关联度	0.8262	0.8256	0.7119	0.6094	0.6249	0.6269	0.6046
排序	1	2	3	6	5	4	7

排序结果是：$\xi_1 > \xi_2 > \xi_3 > \xi_6 > \xi_5 > \xi_4 > \xi_7$，即旅游业 > 餐饮住宿业 > 交通运输业 > 汽车产业 > 金融业 > 零售业 > 房地产业。

4.4.2　上海 F1 的产业关联分析

根据分析的结果，我们作一个总结并分析其原因：

第一，旅游业和餐饮住宿业是赛事产业关联度最高的两个产业。F1 赛车赛事产业与上海嘉定区旅游业的关联系数高达 0.8262，关联度最高；而 F1 赛车赛事产业与上海嘉定区餐饮住宿业的关联系数达到 0.8256，关联度位居第二。这符合我们之前的假设。2003 年下半年，上海久事国际赛事公司对 F1 赛事在上海嘉定区的国际经营进行了全面的布控，以东亚地区为主要的市场、以欧美地区为次要的市场进行宣传，使在上海站的开局之年 2004 年吸引了 26 万人次的现场观众，这对嘉定区旅游业的发展起到很大作用，同时，提升了上海嘉定区旅游产业的市场竞争力。今后，可以就如何开发赛事产业与旅游业的合作项目而进一步进行研究，从而促进赛事与旅游产业两者融合发展。

F1 赛事极大地促进了上海特别是嘉定旅游业的发展，而旅游业的兴旺为餐饮住宿业直接注入了活力。而目前需要考虑的是，上海嘉定区应将餐饮住宿业作为赛事产业的重点配套设施加以打造，为了将 F1 赛事活动开展得更便利、更完善，应在赛车场周围形成配套商圈，以最大限度地满足参赛者和观众的吃、住、行等需求。

第二，交通运输业与F1赛事产业的产业关联度较强，排在关联度的第三位，达到0.7119。由F1赛事带来的大量人流及物流，也在相当大的程度上促进了当地交通运输业的发展。F1赛事的到来直接改善了上海嘉定的交通道路。比如，新建了东西向的伊宁路，开通了沈海、郊环等高速公路，打通了胜辛路和嘉松北路的大通道，在很大程度上提升了上海嘉定区的客流承载量。此外，2009年轨道交通11号线的开通，令嘉定与上海市区的通行便捷了许多，使得上海车迷观看F1赛事更加方便。F1赛事在上海嘉定落户之后，极大改善了上海嘉定的交通状况，对交通运输业的发展起到很大的促进作用。反之，交通的改善也将吸引更多热爱F1赛事的车迷前来观赛。

第三，从分析的结果来看，汽车产业与F1赛事产业的关联度排在第四位，关联度为0.6270。据资料显示，2004年，嘉定区国际汽车城零部件配套工业园区25个工业项目刚刚建成投产，其工业产值在2004年较低，之后呈现出迅猛的发展态势。2007年，嘉定区汽车零部件企业已达181家，实现工业总产值360.8亿元；而到2012年，嘉定区汽车零部件企业已达223家，实现工业总产值高达1261.8亿元，占规模以上工业总产值的47.1%。由此可见，F1赛事落定在上海嘉定区之后，该区的汽车产业已达到了一定的规模效应和集聚效应，亦达到了改变上海西部经济落后面貌的效果。

第四，金融业和零售业与F1赛事产业的关联度相对较低，排在第五与第六位，分别是0.6249、0.6094。F1赛事比赛期间，每年有15万—25万观众来到上海嘉定，上海是我国著名的国际大都市，而且称得上是购物天堂，这意味着F1赛事带来的人气足以促进当地零售业的发展，拉动个人消费。F1赛事的举办是全世界车迷的狂欢，比赛期间吸引了大量国外车迷前来观看比赛，为了方便在赛事举办地进行各种消费和购物，需要大量的外币兑换等活动，从而促进了金融业的发展。此外，境内游客在比赛期间需要通过银行进行结算，但这个影响相对来说还是比较小的。

第五，房地产业与F1赛事产业的关联度较低。F1赛事对房地产业的影响主要是通过大型体育场馆周边地区的开发来实现。F1赛事对上海嘉定区房地产业的影响较低的主要原因有以下两点：首先，F1上海站每年在上海嘉定的举办时间较短，一般只有几天时间，对房地产业的刺激很难在短时间显现出来，并不像对其他产业如旅游、餐饮住宿等的刺激那么直接，所以，F1赛事与房地产业的关联性较低。其次，因为F1赛事举办地嘉定区相比上海市中心而言比较偏远，而且经济发展相对落后，所以，仅凭F1赛事对上海嘉定区的房地产业的发展并没有很大的影响，主要还是要通过区域经济发展来进一步带动房地产业。但从长远来看，随着基础交通设施的完善，F1赛事对上海嘉定区的房地产业的发展仍具有一定的影响力。

实证分析结果表明，F1赛事对三次产业发展的促进程度有所不同，对第三产业的推动作用明显，有效促进了产业结构的优化与升级；反过来，城市第三产业的发展也直接影响着上海F1赛事的发展。在第三产业内，F1赛事产业链下游为F1赛事的开展提供支持的各产业与赛事产业的关联度各不相同，关联程度越高，说明相互影响的程度越高。对于与赛事产业关联度较高的产业，我们应当分配更多的资源给这些产业，以期产生出更多的经济收益，反之，能够为赛事产业提供更好的服务支撑。此外，应加强上海嘉定区的基础设施建设，以及完善配套设施的建设，使F1赛事与上海嘉定区相互之间融合，并且积极调配更多的资源来发展赛事产业链下游的产业，如旅游业、餐饮住宿业、交通运输业、金融业等，以提高F1赛事的办赛水平，促进F1赛事的进一步发展。灰色关联分析的结论为F1赛事的发展提供了理论和实践的依据。

4.5 中超北京国安主场赛事的实证分析

4.5.1 中超北京国安主场赛事的发展现状

中国足球超级联赛，借鉴英格兰足球超级联赛来取名，简称"中超"。中超是由中国足球协会组织、中超联赛有限责任公司共同经营，以中国各职业足球俱乐部为单位，以提供足球赛事产品为主的一种体育竞技赛事活动。中超联赛开始于2004年，其前身是中国足球甲级A组联赛。每一届计划有12支球队参加，前两届暂停降级制度，在2006年恢复了升降级制度。2012年，中国足球职业化19年后，共有16家职业足球俱乐部。职业足球俱乐部是以提供竞技化表演为主要产品的企业化组织，并且是自主经营及自负盈亏的法人，以实现俱乐部的最大利益化为主要目标。而职业足球俱乐部必须要提供高水平的足球竞技活动、提升足球竞技水平，才能吸引广大消费者，实现俱乐部价值的最大化。2015年9月，体奥动力（北京）体育传播有限公司以5年80亿元的价格购买中超2016—2020年联赛转播权。这让中超成为欧洲5大联赛之后，转播费用最贵的足球联赛。

北京市是中国的首都，而且作为2008年奥运会和2022年冬奥会的承办城市，其经济发展水平、城市建设、人均收入、文化娱乐支出均排在全国前列。北京市的体育娱乐市场具有巨大潜力。北京国安职业足球俱乐部是北京的一家职业足球俱乐部，是目前唯一代表北京参加中超的职业足球俱乐部，主场是工人体育馆。工人体育馆坐落在北京市朝阳区，现有座位71112个，根据历年来的足协调查数据显示，北京国安主场的中超赛事的上座率不断上升，每场观众人数有数万人次，2012年场均观众达到3.75万人，且每年有十几场的国安主场比赛。由此可知，北京国安主场比赛每年吸引了数十万观众前往北京市朝阳区观看比赛。朝阳区的体育氛围良好，2014年末全区共有体育场地1642个、各项体育活动参与人数28万人、全民健身工程1290个、全民健身工程面积142.4万平方米。① 下文以北京国安足球俱乐部在北京市朝阳区的工人体育场主场比赛为例，分析国安主场中超联赛对北京市朝阳区的三次产业结构及其与下游关联产业的关联度。每年观看中超比赛的观众逐渐增加，为北京市工人体育馆附近的商业带来了巨大的收益，并不断带动北京市朝阳区的服务业的发展。北京市朝阳区为了中超赛事的举办，提供了各项赛事支撑服务，包括旅游业、餐饮住宿业等产业的支撑。通过前文分析可知，赛事举办所带来的巨大的客流进一步促进了北京市朝阳区零售业、交通运输业及金融业等行业的发展。

---

① 朝阳区2014年国民经济和社会发展统计公报［EB/OL］. http://www.bjchy.gov.cn/affair/tjxx/bulletin/8a24fe834d795a5e014d944620bf0492.html.

4.5.2 中超北京国安主场赛事的关联效应

接下来，我们利用产业链的相关理论、赛事产业链特点以及赛事产业关联效应的理论研究，结合中超北京国安主场赛事（以下简称"中超赛事"）的特点，来分析中超赛事的产业关联效应。

为了与上海 F1 赛事产业链的关联性分析形成对比，本章首先分析中超赛事与三次产业的关联度；其后，分析中超赛事与下游产业的关联度，即中超对下游产业关联效应。通过上文分析，总结出北京国安中超联赛的关联性行业有旅游业、餐饮住宿业、交通运输业、金融业、房地产业及零售业。

根据理论分析，下文将利用北京朝阳区的有关数据对解释变量进行模型分析，即灰色关联分析。变量定义见表 4.6。

表 4.6　　　　　　　变量定义

变量名称	变量	单位	变量定义
中超赛事	X_0	人次	现场观看比赛的观众
第一产业	Y_1	万元	第一产业的产值增加值
第二产业	Y_2	万元	第二产业的产值增加值
第三产业	Y_3	万元	第三产业的产值增加值
旅游业	X_1	亿元	旅游业总营业收入
餐饮住宿业	X_2	亿元	餐饮住宿业收入
交通运输业	X_3	万元	交通邮电业收入
零售业	X_5	亿元	批发零售业的产值增加值
金融业	X_6	亿元	金融业的产值增加值
房地产业	X_7	亿元	房地产业的产值增加值

4.5.3 中超赛事与三次产业的关联效应

与上一节分析上海 F1 赛事一样，我们将在这里分析中超赛事产业与三次产业的关联度。本节选取了 2004—2012 年的面板数据，分析中超赛事产业对三次产业的影响（见表 4.7）。

表 4.7　2004—2012 年北京中超赛事与三次产业的原始数据

年份	中超赛事（人次）	第一产业（万元）	第二产业（万元）	第三产业（万元）
2004	181764	2.1	190.1	612.9
2005	215230	1.2	254.7	974.5
2006	259168	1.3	234.9	1144.6
2007	292236	1.2	236.1	1460.0
2008	332385	1.4	259.7	1645.1
2009	552075	1.4	269.2	2313.0
2010	500130	1.4	298.0	2367.1
2011	534237	1.2	353.5	2838.6
2012	562500	1.6	389.4	3236.7

资料来源：北京朝阳区统计局编，《北京朝阳区统计年鉴》（2004—2012），中国统计出版社；北京朝阳区统计局编，北京市朝阳区区人民政府统计月报，http://www.chystats.gov.cn；新浪体育，http://sports.sina.com.cn。

按照灰色关联模型计算出北京国安主场的中超赛事产业链与北京朝阳区三次产业的关联度，结果见表 4.8。

表 4.8　北京中超赛事与三次产业的关联度

	第一产业（ξ_1）	第二产业（ξ_2）	第三产业（ξ_3）
关联度	0.6237	0.7368	0.7526
排序	3	2	1

排序结果是：$\xi_3 > \xi_2 > \xi_1$，即第三产业 > 第二产业 > 第一产业。

由表 4.8 可知，中超联赛对第三产业的影响最大，其次是第二产业，最后是第一产业。而从三次产业的增加值来看，第三产业的增加值占三次产业总产值的比重也是最大的，在 2012 年达到 89.23%，远远高于第一产业和第二产业的比重。2004 年，三次产业的结构为 0.3∶23.6∶76.1，而 2012 年三次产业的结构为 0.04∶10.73∶89.23。结合三次产业的增加值，可以看出，第一产业的增加值变化不大，产值稳定，而第二产业的产值虽然有增加，但是在三次产业中的比重减少，相反，第三产业在三次产业中的比重增幅较大。可见，中超联赛对北京朝阳区的三次产业结构具有一定的影响，尤其是对第三产业的影响力较大。

4.5.4 中超赛事与下游产业的关联效应分析

根据上文的分析，本节选取了旅游业、餐饮住宿业、交通运输业、金融业、零售业及房地产业的相关产值的6个指标，以分析北京国安主场的中超联赛与该6个产业的关联度。具体相关产业的数据详见表4.9。

表4.9　　　　2004—2012年中超赛事与相关产业的原始数据

年份	中超（人次）	旅游业（亿元）	餐饮住宿业（亿元）	交通运输业（万元）	金融业（亿元）	零售业（亿元）	房地产业（亿元）
2004	181764	196.5	75.1	76.4	126.2	193.2	103.7
2005	215230	213.7	79.5	87.5	132.7	237.3	113.5
2006	259168	254.9	82.2	103.6	147.9	256.7	142.4
2007	292236	295.6	86.2	137.2	150.8	255.8	199.1
2008	332385	327.4	95.9	137.5	156.7	319.7	209.1
2009	552075	347.4	94.7	173.2	222.8	509.4	299.4
2010	500130	452.8	103.8	195.2	249.5	691.4	280.7
2011	534237	643.6	133.8	252.2	315.3	802.8	336.6
2012	562500	728.8	151.0	283.7	364.8	919.8	375.7

运用灰色关联模型，可以算出北京国安主场的中超联赛与其相关的6个产业的关联度，结果如表4.10。

表4.10　　　　　　　中超赛事与三次产业的关联度

	旅游业 (ξ_1)	餐饮住宿业 (ξ_2)	交通运输业 (ξ_3)	金融业 (ξ_4)	零售业 (ξ_5)	房地产业 (ξ_6)
关联度	0.7404	0.7006	0.6948	0.7278	0.6998	0.6056
排序	1	3	5	2	4	6

排序结果：$\xi_1 > \xi_4 > \xi_2 > \xi_5 > \xi_3 > \xi_6$，即关联度的排序是旅游业>金融业>餐饮住宿业>零售业>交通运输业>房地产业。根据分析结果，我们来分析排序如此的原因。

旅游业是与北京国安主场的中超赛事关联度最高的产业。国安主场的中超赛事每年为朝阳区带来了数万观众,观众的停留为朝阳区的旅游业发展带来相当大的商机。北京市朝阳区建立了多元化及多层次的旅游产业配套设施,形成了相对完善的旅游市场。旅游产业作为区域经济发展的支柱产业,其地位不断提升,北京市朝阳区已经成了北京市的旅游强区。此外,每场比赛带来的数万观众,极大促进了朝阳区的餐饮住宿业的发展,由排序结果可知,餐饮住宿业与中超赛事的关联度达到0.7006,排在关联度第三位。截至2007年,朝阳区有105家星级酒店、15家五星级酒店、26家四星级酒店、40家三星级酒店。[①] 这种住宿业的结构在一定程度上能够满足中超赛事及其衍生市场的需求。此后,朝阳区的旅游业发展日益加快,2014年实现旅游综合收入883.3亿元,收入总量位居全市第一,占全市总量的28.3%;接待游客5602万人;吸纳社会劳动力62587人。其中,旅行社业、旅游商业、住宿业继续位居旅游综合收入前三甲,分别实现收入364.5亿元、255.6亿元、151.9亿元。[②] 朝阳区的奥运功能区2014年完成投资117.6亿元,占全区投资总量的9.5%。2015年1—11月,奥运功能区规模以上现代服务业单位实现收入1221.7亿元,占全区现代服务业收入的14.6%;实现利润142.8亿元,占全区现代服务业利润的5.7%。[③]

朝阳区的金融业与中超赛事的产业关联度较高,关联系数达到了0.7278。北京市朝阳区的中超赛事短时间内带来巨大的人流,基于消费的需求,为朝阳区的金融业带来一定的促进作用。朝阳区金融业规模迅速扩大,金融业增加值从2005年末的133.3亿元增加到2010年的279.4亿元,年均增长15.9%,占全区地区生产总值的比重为10%。2014年,金融业全年实现增加值477.2亿元,比上年增长7.6%,占全区GDP的11.00%。[④] 金融业成为地区经济发展的支柱产业。[⑤]

---

① 北京市朝阳区文化创意产业 [EB/OL]. http://wenku.baidu.com/.
② 朝阳区2014年旅游业运行情况 [EB/OL]. http://news.gaotie.cn/lvyou/2015-01-29/215419.html.
③④ 朝阳区2014年国民经济和社会发展统计公报 [EB/OL]. http://www.bjchy.gov.cn/affair/tjxx/bulletin/8a24fe834d795a5e014d944620bf0492.html.
⑤ 数据来源:北京市朝阳区统计局. 北京市朝阳国民经济和社会发展统计公报(2005—2010年).

零售业和交通运输业与中超赛事的产业关联度分别排在第四和第五位，关联度分别为 0.6998、0.6948。其原因在于北京国安主场的中超赛事所带来的巨大客流所带来的消费，促进了工人体育馆的周边零售业的发展。巨大的人流对朝阳区的交通运输业提出了更高的要求，同时，不断完善周边的交通基础设施将更有利于中超赛事的发展。

房地产业与中超赛事的产业关联度不太高，关联度为 0.6056，但增长速度较快，到 2012 年，房地产业全年实现增加值 375.7 亿元，比上年增长 11.3%，占第三产业增加值的 11.6%。由于北京市朝阳区基础设施的完备及交通线路的便捷性，所以，北京市朝阳区的房地产业的发展将越来越迅速。2014 年，朝阳区房地产业全年实现增加值 408.3 亿元，比上年下降 0.7%，占全区 GDP 的 9.41%。未来房地产市场与赛事的关联度如何变化，值得关注。

4.6　实证结果对比分析

根据上海 F1 赛事与中超北京国安主场赛事的实证结果，通过分析赛事产业链与三次产业的关联性及其与第三产业内各产业的关联效应，可以得出以下结论。

从实证结果来看，对赛事产业与三次产业的关联效应进行分析可以看出，第三产业与赛事产业链的关联度最高，即意味着赛事产业链对第三产业的影响最大。赛事产业链对第三产业的影响表现在对支撑赛事活动的服务业的影响，尤其是对旅游、餐饮住宿、零售业及房地产业等产业的影响。赛事产业链与第二产业的关联度排序第二，主要是促进场馆及基础配套设施建设。而赛事产业链与第一产业的关联度较低，赛事产业链一般对第一产业的影响也比较有限，即对第一产业的需求较小。因此，赛事产业链对三次产业结构的作用主要可以概括为与第三产业的关联性较大，与第二产业的关联性次之，与第一产业的关联度相对最低。

我们可以从下面两个方面来分析原因：首先，赛事产业对建筑业、基础配套设施的影响是一次性的，即体育场馆及配套设施大部分是在赛事准备期间一次性投入的,而且,在后期多次比赛中可以重复使用,对第二产业的促进作用有限。其次,赛事产业对经济增长的冲击主要是来自于大量的客源所带来的可持续的需求,尤其是服务业的需求,所以,赛事产业对第三产业的影响最大而且较为深远。从长期来看,建立起以赛场为中心的商业圈以及经济规划圈是促进城市发展的一大思路。

根据两个赛事与下游产业的关联性的实证对比分析(见表4.11),可知赛事产业链与旅游业及餐饮住宿业的关联性最大。上海F1赛事产业链与餐饮住宿业及旅游业的关联性最大,北京国安的中超赛事产业链与旅游业的关联度最大,与餐饮住宿业的关联度排在第三。体育赛事举办的时间虽然短暂,但是,体育赛事所带来的巨大人流能够给举办地带来可观的经济收益。从实证结果来看,交通运输产业与赛事产业的关联度较强,在所分析的指标中排在中间,赛事产业链对交通运输产业的发展具有一定的促进作用。而零售业、金融业及房地产业与赛事产业链的关联度排序较后,说明赛事产业链对这些产业的影响需要一定的时间才能够显现出来。另外,有些大型赛事能够促进一些特定产业的发展,如赛车产业与汽车产业的发展是息息相关的,如上海F1赛事对上海嘉定的汽车产业影响较大,实证结果显示,在7个指标中其排序在第4位,说明自F1赛事落户上海嘉定后,上海嘉定汽车产业呈现出蓬勃发展的状态,对上海嘉定区的经济增长贡献率很高。

表4.11　　F1赛事和中超赛事与下游产业的关联度排序的对比

	旅游业	餐饮住宿业	交通运输业	金融业	零售业	房地产业	汽车产业
F1赛事的关联度排序	1	2	3	5	6	7	4
中超的关联度排序	1	3	5	2	4	6	—

根据上海F1赛事与北京国安赛事的对比分析结果,我们可进一步分析原因:

第一,从两个实证的结果可知,赛事产业对下游产业影响最大的产业当属旅游业,这与前文的阐述吻合。对于上海F1赛事而言,这类大型国际赛事的举办吸引大量国内外赛车车迷集聚上海嘉定,这些车迷在观看比赛后会预留更多的时间停留在上海旅游,可以带来城市旅游业的瞬间的"高峰"；同时，伴随城市形象的不断提升，从长期来看，F1 赛事对城市旅游业的影响可能越来越大。对北京国安主场的中超联赛而言，一年举办十几场比赛，现场观众主要是国内的观众且以本地居民为主，因此，其对北京朝阳区旅游业与餐饮住宿业的影响的冲击性比上海 F1 赛事的要小一些；但是，其举办时间长且频率高，所以，其对北京市朝阳区的旅游业的影响时间较长。餐饮住宿是这些观赛游客的必要消费，以满足他们的最基本的生活要求，所以，餐饮住宿业亦是赛事产业链关联度非常高的产业。

第二，大量客源的逗留，对城市的交通运输业提出了更高的要求，促使城市完善其道路、交通工具、航空等服务，进一步加强了城市交通运输的承受力，增加了交通运输业的收益。所以，在赛事产业的发展过程中，应不断完善交通运输产业，以最大限度地满足赛事的交通需求。F1 赛事落户嘉定后，上海市嘉定区不仅开通了东西走向的道路，上海轨道 11 号线也开通运营了，这极大提高了上海嘉定区的客流运输和疏散力。

第三，赛事产业对金融、零售业及房地产业的影响较小，主要是因为这些影响多是通过间接作用产生的。赛事的举办为城市的形象加分，带来了更多的经济投资，也促进了房地产业的发展。但其具体作用需要更长的时间加以验证。今后，应当注重与赛事产业关联度较高的下游产业的发展，达到赛事产业与相关产业互相促进发展。大型赛事的举办对提升地区的综合实力，尤其是赛场周围的交通条件的改善、整体环境的优化，使得赛场周围的地价得到提升是可以预期的。

4.7 结论与建议

4.7.1 研究结论

本书在赛事产业及赛事产业链的相关研究的基础上，阐述了赛事产业链对城市经济增长及各相关产业的影响，引出了本书研究的重点，即如何通过其他相关产业的相互协同来指引赛事产业的发展，使其进一步地推动经济的发展。我们进而对国内外相关研究进行了梳理，发现国内外从赛事产业与城市发展的互动关系角度研究赛事产业的较多，而从产业链视角对赛事产业进行研究的较少，且多数研究停留在初步的描述与估算，而从产业关联的角度来分析赛事产业链的基本多从定性角度进行分析，缺少定量分析与实证分析。因此，本书构建了赛事产业链，并从产业关联效应的角度来分析赛事产业对经济增长的影响，尝试运用灰色关联模型分析出与赛事产业相关度较强的产业，从而促进体育赛事产业与其他产业的融合发展。此外，具体选取了上海嘉定F1赛事和北京国安中超联赛作为研究对象，并对实证结果进行对比分析，最后，根据实证结果提出了赛事产业发展的相关对策建议。

第一，在产业链相关理论基础之上，分析赛事产业的上游、中游及下游的相关产业，构建赛事产业链，并总结了赛事产业链的特点，即赛事产业链具有一定的地域性、下游产业体现的价值性强、赛事产业链的创新性、赛事产业链的拓展延伸性。赛事产业的上游产业包括赛事策划、组织及宣传机构；中游产业包括赛事的运作及为实施环节提供支撑的产业，如建筑业、场馆租赁企业等；下游产业包括为赛事活动的进行提供支撑的服务业，如旅游业、餐饮住宿业、零售业及交通运输业等。

第二，从理论层面分析赛事产业链的综合效应，包括经济增长效应、社会效应及关联效应。经济增长效应主要包括赛事产业的直接经济效应、吸引社会的经济投资、增加就业岗位、促进技术进步；赛事产业链的社会效应主要表现在塑造城市形象、促进文化产业的发展、带动城市转型等方面；而赛事产业链的关联效应也是本章实证分析的重点，主要包括对三次产业结构调整的影响及与下游产业的关联度分析。

第三，从实证层面上着重分析赛事产业链的关联效应，以F1赛事和北京中超联赛为例，对比两个实证结果，与三次产业的关联度分析显示，赛事产业链与第三产业的关联度最高，其次是第二产业，最后是第三产业。而分析赛事产业链与下游产业的关联度可知，与赛事产业链关联度较高的产业有旅游业、餐饮住宿业，今后应加强赛事与旅游业及餐饮住宿业的互动发展，使其发展更加融合。交通运输业、零售业与赛事产业的关联度较高，赛事产业的举办带来的大量的人流与消费促进了交通运输业与零售业的发展。而现阶段金融业、房地产业与赛事产业的关联度较低，赛事产业主要是通过间接的作用促进金融业与房地产业的发展，如基础设施的改善及城市品牌的建立对房地产业的发展具有促进作用。最后，根据实证结果提出了赛事产业与相关产业融合发展的对策建议。

4.7.2 对策建议

体育产业已经成为国民经济新的增长点，而体育赛事产业作为体育产业的核心内容，为城市的经济发展带来巨大的推动作用。大型体育赛事的举办不仅优化了举办地的产业结构，而且带动了城市内部各相关产业的发展，对城市的基础设施、服务水平、旅游开发、招商引资等有较大的提升作用。本章从赛事产业链的视角分析了赛事产业与其他相关产业的产业关联度，并分析出赛事产业对相关产业的发展具有不同程度的促进作用。本章构建了赛事产业链，分析赛事产业链的经济增长效应、社会效应以及关联效应。最后，通过赛事产业来提升城市形象，并促进赛事与城市发展的融合发展。

第一，发挥政府的宏观调控职能，促进赛事产业的发展。现阶段，国内各城市举办的各类体育赛事，都与各级政府的主导和支持分不开。众所周知，体育赛事需要顺利进行，其前期投入相当大，而其收入却是不可确定的。体育赛事在一定程度上具有一定的公益性，体育赛事的申办和承办等方面需要政府的大力支持。作为体育赛事的主要利益方，政府应通过其行政手段调动社会资源和力量，建立赛事的专门管理机构，并制订体育赛事筹划的整个计划。由于体育赛事是一项涉及多方的复杂工程，政府应当加强对赛事举办城市在赛事申办和办赛过程的指导。并且，在赛事举办的过程中，各政府部门应当根据赛事举办的需求，协调好各个组织部门的职能，尤其是在城市基础服务、安保及环境治理等方面为赛事举办提供必要的行政支持。

另外，对于某些常年定期举办的赛事，政府应从各方面来正确引导赛事产业的持续快速发展。首先，应通过相关的政策及法规积极支持大型体育赛事的举办，协调各部门力量来满足体育赛事举办的需求。其次，对于赛事承办机构，应当提供适当的政府公共资源。政府可能无偿提供的公共资源包括以下几类：首先是体育赛事必须使用的公共资源，如赛事期间需要的安保，以及需要交通运输局维持相关路段的交通运输；其次是由于赛事的特殊性而使用的公共资源。再次，政府应积极培育市场运营主体，创造良好环境和条件，积极培养出一批体育经纪公司，尤其是具有国际知名度的专业的经纪公司。最后，通过鼓励和引导各种专业监管机构，构建大型体育赛事项目的评级体系。

第二，培育体育中介机构，完善赛事产业链的各个环节。在欧美等发达国家的体育产业的市场发展过程中，体育中介机构体现的作用越来越大。美国能够成为体育产业的强国，主要在于其能够合理配置市场资源。我国亦应注重赛事产业的社会效应与经济效应的协调发展，优化赛事产业结构，重点发展下游服务业。此外，应当鼓励社会资本对体育赛事、体育中介机构的投资，尤其是对具有承办国际体育赛事能力的专业机构的投资。体育中介机构的存在，使得体育资源以及各种投资资本能够得到更加合理的应用，在很大程度上促进了赛事产业的发展。因此，应制定相关的制度规范，完善对体育中介机构的培养和管理，从而使得体育中介机构能够快速、健康地发展。这样才能使得赛事产业链的上游环节，及赛事的承办方的功能得到充分发挥，进而促进、完善赛事产业链的中游环节运作。通过体育中介机构，还可以合理调配赛事的实施运作企业，即提供场馆、配套设施的企业。

第三，把握赛事举办的机遇，发展城市旅游业。在上文的分析中，F1赛事和中超赛事与旅游业的产业关联度排序皆在第一位。体育赛事举办之前的宣传，吸引了大量的社会关注，这使人们对赛事举办地亲近感大大提升。比赛期间，大量游客在赛事举办城市的停留，由此增加的对举办地餐饮、酒店及零售等的消费需求，无疑给举办城市带来了丰厚的旅游收入。旅游目的地是一种旅游资源，游客同样会对旅游目的地进行选择。选择的过程其实就是游客购买旅游目的地产品的过程，包括对旅游目的地形象的认定以及对目的地产品情感上的投入。通过城市旅游品牌的促销活动，引起消费者的关注，使赛事举办地对消费者产生情感吸引力，可促进举办地旅游业的发展。

第四，促进交通运输业的发展，加快赛事的配套产业的建设。由于有些大型体育赛事的组织运营有严格的规范，尤其是一些高规格赛事，需要高质量的城市服务体系与之配套。

赛事产业促进高质量的城市服务体系的构建，进一步又促进了房地产业的发展。除了旅游业和餐饮住宿业之外，交通运输业和零售业也是赛事产业关联度较高的产业，这些产业在赛事产业链中是关键的环节，应该将有限的市场资源配置到这几个产业中，为赛事产业提供有力的支撑。此外，赛事举办期间，大量的参赛者与观众聚集在举办地，从而加大了对提供赛事服务的相关产业的需求，尤其是吃、住、行等方面的需求。所以，赛事举办地应以赛事场馆为中心，完善商业服务以及基础交通运输服务，为赛事活动提供更加周全的服务。零售业的发展应该结合体育场馆与城市商圈的地理位置综合考虑，尽可能缩小赛事产业的配套产业的半径，以更加便利地为观众提供服务。

第五，改善地区产业结构，大力扶植与赛事产业相关联的产业。大型单项赛事的举办对与其相关度较大的某些特殊行业有着极大的促进作用，如作为世界级别赛事的上海F1赛事，政府应当积极合理分配资源，借助赛事的举办，促进相关汽车、汽配行业的发展。上海F1赛事对上海的影响不仅仅停留在引入世界顶级赛事的层面，更多的是通过F1赛事带动上海及周边地区的经济发展。尤其是F1赛事的到来，使得上海国际汽车城引起了世人瞩目，而且科技含量极高的F1赛车，刺激和引导了嘉定汽车产业制造技术的升级，从而增加投资，加快了国际汽车城的建设。当初上海市政府将上海国际赛车场建立在上海嘉定区，旨在其附近的国际汽车城可以借助赛车赛事来促进其发展，获得与世界各大汽车制造商及销售商接触的机会，从而使得上海乃至长三角地区逐渐向建设最有潜力的汽车区域和亚太汽车工业中心的目标迈进。因此，借助F1赛事，上海市政府应继续贯彻落实"高起点建设汽车产业基地，发展汽车贸易，推进上海国际汽车城建设"的要求，不断将汽车产业及其配套产业做大、做强，为我国的汽车工业未来的飞跃创造良好的条件。

第 5 章　赛事产业链与城市发展的耦合机制

5.1　体育赛事与城市发展耦合的相关理论

5.1.1　体育赛事概念的界定及分类

在对体育赛事与城市发展关系的研究中，国外学者倾向于将体育赛事纳入特殊事件的研究范畴，并形成专门的研究理论。Damd C. Watt 在其著作中将特殊事件描述为："在特定的时间为迎合某些特殊的需要而发生的一次性事件。"[①] Johnny Allen 将特殊事件描述为："'特殊事件'是用来描述某项为取得某项独特的社会、文化或团体的目标，有意识地以标志特殊的场合举办特别的仪式、表达、表演或庆典。"[②] 叶庆晖认为："体育赛事是一种特殊事件，主要提供竞赛产品及与其相关的服务产品。能够满足不同参与者共同的经历需求，以期达到不同参与者的多重目标与目的，能够对举办城市的经济、文化、社会自然环境等多方面产生冲击影响，能够为举办城市带来社会效益、经济效益和综合效益。"[③] 黄海燕、张林等人认为："体育赛事是一项提供体育竞赛产品及相关服务的特殊事件，举办体育赛事的层次

---

① DAMD C. WATT. Event management in leisure and tourism [M]. Addison Wesley Longman Limited, 1998.
② JOHNNY A. 大型活动项目管理 [M]. 王增东, 杨磊, 译. 北京：机械工业出版社, 2002.
③ 叶庆晖. 体育赛事运作研究 [D]. 北京：北京体育大学, 2003.

受城市公共资源的制约，反过来体育赛事的举办又将影响城市的资源。"①

总结国内外对体育赛事概念的界定，我们认为，体育赛事大致应包括以下几个要素：第一，体育赛事以竞技体育为载体，提供竞赛产品及相关服务的商业性产品。第二，体育赛事具有很强的外部效应，对举办地的社会、政治、经济、文化等方面具有很强的影响作用。第三，体育赛事是一种特殊事件。

按照规模、水平与类别，体育赛事一般可分为三类：超大型赛事、大型赛事和一般（规模）赛事。根据理论研究的需要，还可以有针对性地对体育赛事进行分类。如根据参赛队员来自的地理位置，可以将体育赛事分为：世界级体育赛事、洲际体育赛事、国家级体育赛事、省市甚至更小范围的体育赛事。根据体育赛事具体的竞技内容，可以分类为：综合性运动会（如奥运会等）和单项运动会（如羽毛球公开赛等）。本书的研究对象主要指大型体育赛事，规模大和影响大，它的举办需要经国家体育部门、省市人民政府等相关部门批准。另外，地方政府举办的具有一定规模（参赛运动员达到200人以上或观众达到1500人以上）的国际性、全国及全省性综合、单项体育比赛也是大型赛事。

5.1.2 城市发展理论概述

城市发展一般可以视为城市在一定地域内的地位与作用及吸引力、辐射力的变化增长过程，也是满足城市人口不断增长的多层次需要的过程。城市发展的动因是工业化基础上的经济发展以及城市的规模效益和聚集效益。具体来说，城市发展包括量的扩张和质的提高：前者表现为城市数量的增加和规模的扩大，即城市化水平的提高；后者则表现为城市功能的加强、现代化水平的提高。从空间角度来理解，城市发展是存在于一个国家或地区的一个社区居民集聚的形式；从经济角度来理解，城市的第二、第三产业是整个国家经济整体最重要的组成部分。②

---

① 黄海燕，张林. 上海大型单项体育赛事运营中政府作用之研究 [J]. 体育科学，2007（2）：21-25.

② 邓伟志. 社会学辞典 [M]. 上海：上海辞书出版社，2009.

作为文化的一个重要组成部分，体育也在城市发展和复兴中受到重视。美国纽约、英国伦敦、法国巴黎、西班牙巴塞罗那、澳大利亚墨尔本等国际性大都市，本身也是世界体育名城。而包括英国的曼彻斯特、荷兰的鹿特丹在内的一些国际知名城市，正将体育作为城市复兴的重要途径。与此同时，国内的一些知名城市，也开始将体育作为推动城市更好发展的重要推手。如2010年，北京提出以国际体育中心城市为建设目标，为此，提出了坚持奥运场馆的综合开发与利用、精心培育一批具有国际影响力的体育品牌赛事、加速体育与相关产业的发展、着力推动群众体育的社会化、营造建设国际体育中心城市的群众氛围和大力推进体育的体制改革、为建设国际体育中心城市提供制度保障等具体措施。2007年，上海市体育发展"十一五"规划中，第一次提出把上海市建成国际体育知名城市的设想。2015年出台的《上海市人民政府关于加快发展体育产业促进体育消费的实施意见》明确了上海体育产业未来10年的发展目标，居首位的便是建设全球著名的体育城市，这份文件认为"体育赛事是建设全球著名体育城市的关键支撑，是体育产业和现代服务业的重要内容，是城市软实力和综合竞争力的重要体现，是提升上海城市能级和核心竞争力的重要载体"。未来上海将从体育赛事规划布局、体育赛事品质提升、体育赛事市场培育、体育赛事效益释放、体育赛事扶持保障和体育赛事国际合作等方面展开行动。

总之，在传统的地域经济、技术、政治、生产、人口、信息、交通、文化等元素之外，体育也日益成为促进城市快速发展的重要因素，并不断地对周围地域产生强有力的资源辐射，因此，体育赋予了城市发展更多新的动能。

5.2　体育赛事对城市发展影响评估的方法

体育赛事需要运动员、媒体、商家、政府等的广泛参与。体育赛事的举办不仅仅影响着城市的经济，对社会、文化、环境、政治也产生很强的作用。分析体育赛事对城市发展的综合影响，能够对体育赛事的影响进行全面的分析，有助于为政府部门制定政策提供帮助。

加拿大 Nova Scotia 省政府在大型体育赛事的申办支持政策中指出，大型体育赛事对城市的积极影响不仅仅限于增加就业岗位、带动旅游酒店等服务业的发展、改进公共基础设施服务、吸引更多资本注入、增加财政收入等，更提高了城市的整体地位，提升了城市的品牌形象，促使城市文化等精神文明的发展，也促使当地居民对城市产生自豪感和自信力。

Matos 则全面地对重大体育赛事的多维影响（Multidimensional Impacts）进行了探究。[①] 他采用罗列的方式指出，大型赛事对城市的经济方面、基础设施方面、赋税方面、旅游业和酒店、基础设施、人才吸引方面、资本注入方面、环境方面、科技创新方面、制度机制创新方面、区域土地利用结构、制度创新、社会结构等诸多社会因素造成影响。

戚拥军、张兆国等认为，体育赛事会给举办地区的物质和精神文化方面带来一系列的积极影响，如直接的经济效益、城市形象和知名度的提升等，他们将此称之为"溢出效应"。因此，他们希望政府能够通过各种途径对城市所举办的大型体育赛事进行补贴，以支持赛事的顺利开展。[②]

田静、徐成立建立了体育赛事对城市发展影响的评价指标体系，运用评价指标体系评估体育赛事对广州城市发展的影响。从宏观评估结果看，大型体育赛事对广州经济发展的影响不明显；从微观评估结果看，大型体育赛事对广州城市发展的影响表现在人均铺装道路面积和人均拥有公共体育设施面积的扩大，以及对城市旅游事业的促进，但该影响具有阶段性特征。[③]

黄海燕利用三重底线评估框架，对体育赛事的经济、社会、环境三方面的综合影响进行了事前评估研究，并建立了体育赛事综合影响事前评估指标体系。其中，社会影响的权重系数最高（0.3565），经济影响的权重系数次之（0.3513），环境影响的权重系数最低（0.2922）。这说明，在对我

[①] MATO B. Evaluation of the economic impact of sport in developed countries and in Croatia [J]. Kinesiology, 1997 (29): 71-71.

[②] 戚拥军，张兆国. 体育项目补贴国际经验借鉴与启示 [J]. 地方财政研究，2006 (7): 53-56.

[③] 田静，徐成立. 大型体育赛事影响城市发展评价指标体系的建立及实证分析 [J]. 上海体育学院学报，2011 (5): 7-12.

国体育赛事进行综合评估时，要充分关注社会因素的影响。从二级指标的权重看，在经济影响方面，要着重考量"提升城市形象和知名度"和"赛事对其他关联产业的带动作用"，在社会影响方面，要意识到体育赛事对当地带来的消极影响，在环境影响方面，要更加关注体育赛事的举办对改善当地社会综合环境的作用。①

综上所述，体育赛事与城市发展关系的研究正逐步变得深入、全面。最初，学者主要是针对体育赛事对城市发展的经济影响进行定量分析，认为体育赛事的举办能够促进举办城市经济的发展、提供就业岗位、改变产业结构等。随着研究的深入进行，学者们开始逐步关注体育赛事对城市发展其他领域的影响，认为体育赛事的举办能够提升城市品牌、城市科技竞争力、政府管理竞争力。同时，体育赛事的举办会对自然环境造成影响，并且，体育赛事的举办需要政府巨大的物力、财力支持，盲目地举办体育赛事可能会给政府带来巨大的负担。与此同时，在体育赛事与城市发展研究方法的选择上也倾向于对体育赛事对城市发展的综合影响进行研究，即由前期仅仅通过投入产出模型法、GDP模型法等研究体育赛事对举办城市的经济影响，且主要侧重于体育赛事带来的积极影响的研究，转变为开始关注体育赛事对举办城市经济及其他领域的综合影响研究，通过构建评价指标体系等方法对体育赛事的综合影响进行研究，从而能够更加全面地对体育赛事与城市发展的关系进行研究。

然而，体育赛事对城市发展的影响不仅仅包括积极的方面，在很多情况下，体育赛事也会对城市发展带来巨大的负面影响，而目前对于体育赛事的负面影响还没有引起政府及学者的重视。在当前各级政府对争夺体育赛事举办权的热潮中，体育赛事的负面影响更显得突出。上述的研究容易误导体育赛事与城市发展的关系，认为体育赛事的举办必定会为举办城市带来巨大的积极影响。而现实情况是，很多政府在花费大量的人力、物力举办体育赛事时，该赛事对城市的品牌、就业、GDP等方面的积极影响却有限，甚至给当地的财政、交通、环境带来巨大的消极

---

① 黄海燕. 体育赛事综合影响事情评估研究 [D]. 上海：上海体育学院，2009.

影响。因而，如何选择与城市发展匹配的体育赛事、体育赛事与城市如何协调发展正变得迫切重要。本章在前人研究的基础上，借鉴物理学中耦合的概念，从耦合理论的视角研究体育赛事对城市发展的影响，以期为各级政府选择举办体育赛事提供参考，并为体育赛事与城市发展关系的研究提供借鉴。

5.3 体育赛事与城市发展耦合协调发展作用机理

5.3.1 体育赛事与举办城市的耦合

耦合最初是物理学中的概念，是指两个或两个以上的实体相互依赖于彼此的一个量度。耦合的概念和理论被其他学科广泛引用和借鉴，并产生了系统耦合的概念。系统耦合就是指两个以上具有同质的系统具有相互亲和的趋势。当条件成熟的时候，它们可以融合成一个更高级的、新的结构功能体，即产生一个新的系统。[①] 系统耦合概念对本章所要研究的两个主体（体育赛事、城市发展）的关系同样适用，即体育赛事与城市发展之间是相互作用、相互影响的系统，当二者关系发展到某个层次时，通过物质的循环、要素的交换及能量的流动等交互耦合，进而形成一个新的复合系统。

前文已述，体育赛事与主办城市的耦合是指体育赛事与主办城市互促共进、协调发展，其组成要素相互作用、相互影响，最终促进产业结构与赛事组织结构、城市空间结构及功能结构的优化，从而在区域经济体系中形成体育赛事空间布局与城市空间布局一体化的过程。体育赛事与举办城市的耦合度，简言之，是指这两大系统相互匹配协同的程度。二者耦合程度高，则意味着有助于二者的一体化发展，进而获得更多的溢出效应；反

[①] 马俊杰，程金香，等. 生态工业园区建设中的耦合问题及其实施途径研究 [J]. 地理科学进展，2004（6）：482–486.

之则亦反。

体育赛事与举办城市耦合的概念主要是从地域的综合性、一体化来概括的。从耦合的内涵上看，体育赛事与举办城市这两个系统的耦合不仅是指这两大系统的耦合，而且也是指这两个系统的构成要素之间的耦合。通过体育赛事与城市发展的分工协作、优势互补，可以促进资源优化配置、赛事的产业结构升级、城市的合理布局。随着耦合程度的提高，两大系统的构成要素将有机融合成一个地域性的动态开放平台。体育赛事与举办城市的耦合，能够构成由体育赛事产业链和城市链交叉融合的立体网络。这一网络由体育赛事网络、举办城市网络及网络资源组成。通过这个立体网络，可以促进城市空间布局分散化、产业布局集中化及城市效率最大化，另外，使不同的城市承担不同的城市功能和经济功能，能够在更大的区域范围内配置更多资源和要素，获得单个赛事和单个城市无法达到的溢出效益。在一定区域内，赛事发展与城市扩张的时空协调性与协同性是体育赛事与举办城市的耦合所强调的。而关于体育赛事与举办城市耦合发展的因素包括自然资源与社会资源，如政府政策、人文凝聚力、地方的社会习惯或者地方文化等诸多因素。

5.3.2 城市系统和赛事系统耦合机制分析

系统在相变点处的内部变量可分为两类，即快、慢驰豫变量。慢驰豫变量是决定系统相变进程的根本变量，也就是系统的序参变量。[①] 系统能够由无序转为有序机理的关键就在于系统内部序参变量之间的协同作用，它控制着系统相变的规律与特征，耦合度就是这种协同作用的度量。因此，可以将体育赛事与举办城市空间这两大系统通过各自构成要素相互影响的程度定义为体育赛事与城市发展耦合度，耦合度的大小代表着对区域经济系统的贡献程度与作用强度。

体育赛事与城市发展的耦合关联，就是体育赛事在准备、举办的过程中，体育赛事与城市发展间相互作用、相互影响的非线性关系总和。体育

---

① 王琦. 产业集群与区域经济空间耦合机理研究 [D]. 长春：东北师范大学，2008.

赛事与城市发展相互影响的过程，既包括两大系统之间的信息交换，还包括两大系统内部要素之间的相互影响。本节根据耦合发展的概念，将整个区域运动系统分为体育赛事与城市发展两大系统。根据两大系统的内涵及发展特点，体育赛事评价系统主要包括经济、生活、人口、生态环境四个方面。城市发展评价系统主要包括综合经济实力、基础服务设施、对外开放程度、人力资源与市民素质、政府管理水平五个方面。二者之间相互交叉，例如，体育赛事系统中的经济要素的发展将对城市发展系统中的要素起到刺激的作用，另外，城市发展评价系统内的要素，例如，对外开放程度、政府管理水平的发展又将进一步促进体育赛事系统内要素的发展。从实践的发展过程来看，其耦合关联作用主要表现在两个方面：一方面，举办体育赛事能使得城市在增加基础设施投资、生态环境保护、增加就业、促进经济增长的过程中促进城市的发展。另一方面，城市通过资源与区位的结合、结构与网络系统的互动、政策与环境相辅相成等为体育赛事的举办提供必要的条件，也对体育赛事的举办进行约束。因此，我们构建图5.1说明城市发展与赛事系统的相互关系。其中，城市发展系统和赛事系统作

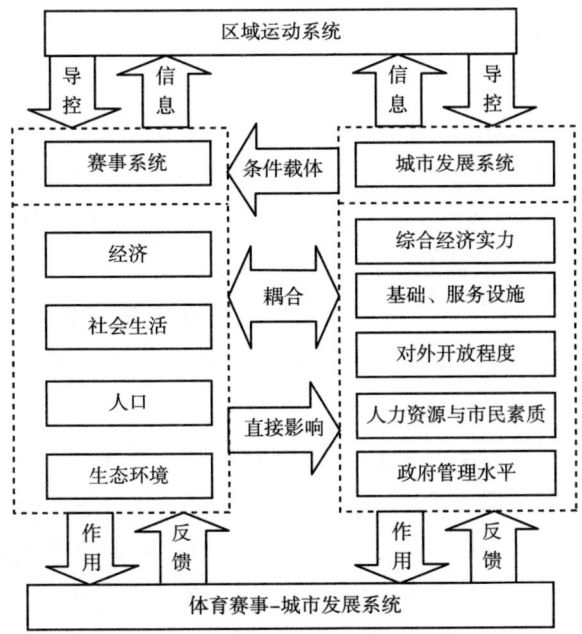

图 5.1　赛事与城市发展耦合模型图

为对立统一的两个矛盾体，二者相互影响：从积极方面看，城市为赛事的举办和发展提供了重要的物质、文化等保障，赛事对于提升城市品牌、促进社会和谐、改善产业结构等方面有重要的作用。从消极方面看，举办赛事要消耗大量资源，"寅吃卯粮"、不惜代价地举办赛事将最终阻碍城市的可持续发展，城市发展如面临困境，也就无法为赛事提供良好的支撑平台。因此，赛事和城市之间的耦合作用尤为必要。只有二者之间协调共存，才能相互促进，进而推动整个系统朝利好的方向发展。城市赛事协调发展就是要充分利用并促进二者之间的积极作用关系，实现良性循环。

5.3.3 体育赛事与城市发展耦合协调发展的作用机理

（1）体育赛事对城市发展的影响

A. 增加经济收入。体育赛事的举办对城市经济收入起到巨大的推动作用。大量的游客在赛事的举办期间进入城市，必然带来食宿、交通、文化等方面的需求，为各行业带来巨大的利润。这些利润的一部分发生乘数效应，形成资金流动的链条，为城市的经济增收作出贡献。

美国的夏洛特市有一处类似的赛车运动产业集聚地，是美国赛车联合会（NASCAR）的发源地，被称为"纳斯卡山谷"。山谷蜚声美国赛车界，经常举办各类重大赛事，是众多赛车手向往的重要赛事基地，聚集了几乎覆盖全美的赛车队，因而，也逐渐发展成为一个赛车业集聚区。在赛事的拉动下，当地的相关产业发展速度突飞猛进，自赛车的设计、研发、改进，零部件的生产、加工、改造，赛前车辆的检修、检测、维护，赛车手的衣食住行到车队的队服、标志性物品、纪念品等领域，无一不全备。

北卡罗来纳州立大学夏洛特分校的著名教授约翰·康诺顿为代表的研究团队专门对此地的赛车产业进行了调查研究，发现赛车业为北卡罗来纳州的发展作出了令人难以置信的贡献，如在 2005 年为全州提供了 27 万多个就业机会，使员工总薪酬增加了 27 亿美元，为全州 GDP 作出了 58 亿美元的贡献（见图 5.2）。

第5章 赛事产业链与城市发展的耦合机制

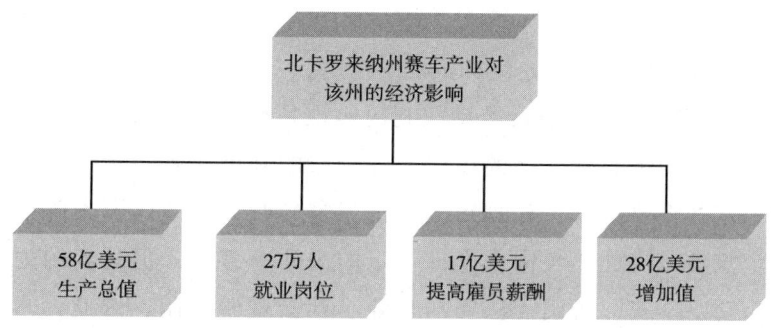

图 5.2　2005 年"纳斯卡山谷"赛车产业经济影响力

资料来源：Jone Connaughton. The economic impacts and occupational analysis of the North Carolina motorsports industry, workpaper, 2006。

B. 增加外汇收入。一个国家拥有充足的外汇储备，说明它的经济实力不容小觑，经济发展水平处于领先地位，国际支付能力较强。在国际上，通常是通过国际贸易来获取外汇收入，但国与国居民之间发生的旅游、保险等也为国家产生外汇收入，这称为无形贸易外汇收入或是非贸易外汇收入。现在，大型体育赛事已经越来越国际化，同时，大型赛事的举办会吸引来自世界各地的赛车爱好者来当地观赛、旅游及消费等。大型国际体育赛事观众在举办城市的各种支出包括衣食住行，购买纪念品、门票等行为，都可以为城市所在国带来丰厚的外汇收入，也就是上文中所说的无形外汇收入。对于仍处于发展中的国家而言，因为商品在国际市场上竞争力较低，所以，旅游出口相比贸易出口来说，对创汇率有更大的作用。因为，旅游业本身具有无污染或者污染较低的特征，且无需目的地国家支付运输等费用，更不受进出口税收等政策的制约，大力发展国际赛事无形中为赛事所在国的旅游业发展带来了巨大的推动作用，进而对国家的外汇收入、贸易逆顺差都产生重大的影响。体育赛事与旅游业有着天然的联系，体育赛事的发展，必然为城市的发展带来重要益处。

2001—2007 年间，北京市体育赛事外汇收入迅猛增长。2001 年，体育赛事外汇收入为 8.22 亿美元，同时期的贸易出口额为 288.78 亿美元。2004 年，北京体育赛事的旅游外汇收入较 2001 年增长了一倍至 17.63 亿美元，同时期的贸易出口额达到 874.98 亿美元。2008 年，北京体育赛事的旅游外汇收入较2004年又增长了一倍至38.80亿美元。① 由此可知，体育赛事对于增加外汇收入、繁荣我国经济有积极的作用。

C. 增加就业机会。居民劳动权利的实现是衡量国家经济发展水平的重要指标，更直接影响着社会的稳定和各阶层的和谐相处，是维持个人生存和国家稳定的重要因素。根据市场经济发展特征，人才、资本等生产资本必然发生流动，因此，各国都允许一定的失业率存在。但过高的失业率会导致社会动荡不安、居民无法安居乐业、社会进步受阻，因此，体育赛事为举办城市带来的众多就业岗位越来越受到重视。体育赛事属于服务业，对劳动力的需求量大。体育赛事的举办既需要普通的劳动力（如北京奥运会赛场中从事简单工作的工作人员），但更需要具有高技术、高水平的劳动力以支撑高水平体育赛事的顺利开展。另外，体育赛事可以带动其他行业的发展，使其他行业对劳动力的需求量增大，如上文所述的带动当地旅游业的发展，则从事旅游业工作的劳动力必然增加。我国学者顾海兵等人对北京奥运会对北京城市经济影响进行了研究，认为2001—2008年的7年时间里，北京市的人均GDP增长了5%，就业增长了0.87%，其中，2008年的经济影响最大。② 事实上，体育赛事成为各城市吸收社会就业的一个重要渠道。

D. 提升城市知名度和国际影响力。随着国际交流的增加和居民文化娱乐交流需求的剧增，大型国际体育赛事的举办日益增多。国际上，各大城市也争相举办国际赛事，4年一度的奥运会举办就是最好的实例。城市通过奥运会的举办可以向全世界充分展示自己的优势和魅力，提升城市的国际知名度并产生一定的品牌效应。其他国际体育赛事同样有此功能，使全世界居民对举办城市有了全新的认识，城市的文化价值也得到提升。同时，各个城市为了向全世界展示自身形象，必然会对城市进行整改修缮，如改善城市的交通条件，完善城市的公共基础服务设施，大力宣扬城市的文化底蕴，加大对城市古建筑和历史文化遗产的保护和管理，提高城市居民的整体素质等。城市在逐渐完善自我的同时，也为自己争取其他国际赛

---

① 数据来源：《北京统计年鉴（2001—2010）》。
② 顾海兵，等. 奥运会直接投资对北京经济的拉动作用 [M]. 北京：北京出版社，2003.

事的举办权增添了筹码,城市发展和国际体育赛事的举办相互促进、共同发展。

E. 带动相关产业的发展。体育赛事产业与超过 30 个的行业相关,作为综合性的产业具有很强的关联带动作用。体育赛事的发展对其他产业的发展也有一定的推动作用,同时,还能够优化城市产业结构。其产业带动作用具体表现在:首先,体育赛事产业能够直接促进旅游住宿业及餐饮业的发展。其次,体育赛事产业还可以促进交通运输业的发展,通过刺激旅游业的兴起,进而增加了交通运输业的需求量,也对交通运输业的技术提升提出了更高的要求。再次,体育赛事产业对建筑工程及其相关行业具有促进作用。举办体育赛事的前期准备工作,需要兴建体育场馆、扩建道路或者机场等配套工程,这些为建筑业及其相关产业的发展提供了大量的机会。最后,体育赛事产业对城市艺术品生产工艺、博物馆等展览业、农副业等的发展具有带动作用。体育赛事需要大量的消费活动,包括农副业如食品、果品及饮料等的消费。另外,观众对当地特产及纪念品的需求,可以促进工艺、美术及商业的发展。

(2) 城市发展对体育赛事的影响

A. 经济的发展催生赛事需求。体育赛事活动的产生需要一定的社会经济条件,从根本上说,大型体育赛事的出现是生产力和经济发展的结果。体育赛事活动是一种自我发展层次的需求,在经济水平落后的情况下,人们只能为生存去从事一些简单劳动,没有闲暇时间进行体育赛事活动。只有当人们的经济生活条件到达了一定的水平以后,对于体育赛事的消费才应运而生。当人均 GDP 达到 3000 美元时居民不再仅仅满足于娱乐性的旅游,开始追求更高层次的休闲生态旅游,此时旅游的主要目的则是休闲,目的地主要自然山水风光、城市周边的生态旅游度假村等,甚至出现国际旅游的现象;当人均 GDP 达到 5000 美元时居民开始追求成熟的度假旅游,旅游形态转变为一地滞留型和第二家园式的休闲度假日,注重旅游对生活品位的影响,更加注意旅游地人文地理环境和旅游基础设施的品位,单次旅游的时间也大大增加。[①] 2012 年,我国 GDP 总量达到 6094 亿美元,现阶

---

① 赖声伟. 旅游产业与区域经济的耦合协调度研究 [D]. 曲阜:曲阜师范大学,2011.

段我国居民旅游主要以休闲旅游和度假旅游的形态为主。近年来，休闲旅游和度假旅游越来越多地借助了体育元素，以体育活动为主要内容的主题旅游变得越来越受欢迎。体育主题旅游包括赛事"观赛旅游"和"运动体验旅游"两种。到目的地城市观看奥运会、各类世锦赛等属于赛事"观赛旅游"；而亲身去体验体育赛事，如冬季去哈尔滨参与滑雪、到瑞士参加滑雪、到沙漠地区参加汽车越野比赛等都是运动体验型旅游。因此，城市应在认定自身地理位置、文化底蕴、环境、气候、风土民情的基础上准确定位自己的发展规划，将体育赛事与休闲、生态旅游相结合，打造属于自己的城市品牌和形象以吸引更多游客的到来。这一城市发展模式也逐渐成为后工业化时代诸多城市的共同选择。

B. 为体育赛事的举办注入资金。一场大型体育赛事的举办需要城市的各个部门协作联动、共同完成，更需要新的场馆、食宿交通等行业的支持，需要城市在原有的基础上兴建新的基础服务设施。城市在体育赛事举办前期必须投入大量资金，建设各类公共基础设施。当然，这需要城市自身已达到一定的发展阶段，有雄厚的经济实力支撑体育赛事的举办。以北京2008年奥运会为例，一般来说，主办奥运会的直接投资额及相关基础设施的建设费用会超过几百亿美元，由于基础设施发展的原因，经济发展水平越低的国家举办奥运会的投资越高。北京举办奥运会的直接投资额达到了1323亿元。① 可见，大型体育赛事的举办需要城市注入大量的资金支持，才能保证赛事能够顺利进行。

C. 为体育赛事产业发展提供先进的科学技术。现代体育赛事由于遍布世界各个国家和地区，已成为一种跨越洲际的国际性活动。正因为这一跨越地域的特点，在举办体育赛事的经济活动时，需要利用各种现代科技手段对赛事需求进行调查预测、设计赛事产品、传递赛事信息、企业管理和营销服务等。先进的科技对提升体育赛事的公平性具有重要的作用，使为赛事服务的工作效率在保障高质量的基础上得到大幅提高，赛事产业生产率得到提升。同时还节约了社会资源，最终达到促进赛事发展水平、提高宏观效益的目标。科技发展战略为体育赛事产业增长方式的转变和其长

---

① 资料来源：http://jlcyfz.ccut.edu.cn/ReadNews.

期发展战略提供了根本的保障,体育赛事快速发展和需求的新态势也呼吁体育赛事产业的高技术化。体育赛事将越来越需要赛事信息系统(SIS)、地理信息系统(GIS)、遥感、全球定位系统、信息网络等高新技术的保障。而这一切的发展和需求都有赖于一国或地区科技水平和科技成果转变率的提高,以及体育赛事产业与科技产业、产品的协调发展。科技水平的提高及其在体育赛事中的广泛运用,还将对体育赛事可进入性的加强、赛事产品质量和层次的提升、赛事资源的合理开发和利用发挥重要的作用。

D. 有助于确立赛事产业的优势地位。体育赛事的成功举办需要举办城市提供多方面的支持,包括财政投资、政策扶持等。举办城市在为体育赛事提供支持的同时,也为当地赛事产业的发展提供了良好的环境。首先,大型体育赛事的举办需要相关配套产业的支持,从而产生了对赛事产品的需求,促进赛事产业的发展。其次,政府为举办体育赛事,需要提高相关的政策支持,包括税收优惠计划、减少审批项目数等措施,使得当地的赛事产业有着更有利的发展环境。再次,政府能够通过赞助体育赛事、丰富赛事商品形式来宣传赛事产业,进而提升当地赛事产业的知名度。城市经济社会快速的发展使城市拥有雄厚的财力、卓越的人才队伍等都有利于体育赛事的举办。城市的发展能使政府拥有更多的资源为体育赛事提供支持,包括环境的治理、交通设施的改善等体育赛事成功举办的必备条件。有了更好的城市条件配合作为支撑,必将提高体育赛事的整体层次,形成赛事产业的区位竞争优势。

5.3.4 体育赛事-城市发展耦合系统运行机制

"机制"指有机体的比较稳定的构成方式及其相互作用规律。在本节主要指研究耦合系统中的各种主要因素以及这些因素之间是如何互动影响、共同发展,进而对整个体育赛事-城市发展耦合系统的发展运行产生影响。对此机制的研究是为了探究城市与体育赛事之间的发展推进过程,进而对此系统运行的本质进行分析。此研究主要是明确城市与体育赛事互动的推动力及这些推动力产生的原因、方法、途径,并明确这些动力之间的相互作用关系,这些相互作用关系又是如何对耦合系统的运行产生新的动力和作用。

(1) 耦合运行机制理论的基本假设

A. 耦合系统可以假设为一个大系统,其中,又包含众多相互影响并对大系统产生影响的子系统。不仅仅是这些子系统之间存在相互影响关系,它们与整个大系统外部也有一定的关系,可以进行信息、物质等交换活动。

B. 耦合系统内部的各个子系统之间的关系并不具有规律性,呈非线性关联,同时,系统内、外部之间也存在着一定的非线性关系。

(2) 耦合运行的一般规律

系统科学中将耦合熵它作为系统无序性的量度,一般认为高熵对应着无序程度的增加,低熵对应着有序程度的增加。[①] 在耦合系统中,耦合熵越大,系统的非耦合性(无序状态)越强;耦合熵越小,系统的耦合性(有序状态)越强。

普里戈金的耗散结构理论认为,一个大系统的总熵由系统在完全封闭状态下的自发运动导致的熵和在系统与外界进行物质、能量和信息交流的过程中所产生的熵流构成,前者是一个始终单调递增的值,而后者可正可负,或者为零。[②] 本节使用 dS 代表耦合大系统总的熵增加,d_eS 表示耦合大系统内与外界存在的熵流所带来的耦合熵的增加和减少;d_iS 则表示耦合大系统内不可逆过程导致的熵变量,因此,恒有 $d_iS \geq 0$。综上,根据普里戈金的系统熵的平衡方程,可以得到:

$$dS = d_iS + d_eS$$

即耦合熵的总增量等于耦合系统不可逆的熵增加和熵流带来的熵增或熵减的算术和。

从系统论的角度来看,在耦合系统发展的形成阶段,它的内部的无序程度很高,大系统的耦合程度很低甚至处于无耦合的状态,两系统之间开始艰难的适应过程。也就是说,此时耦合熵 S 处于一个高熵的状态。如果这一时期耦合系统所属的区域处于一个相对封闭的系统,那么,根据熵的

[①] 成思危. 复杂性科学探索 [M]. 北京:民主与建设出版社,1999.
[②] 沈小峰,等. 耗散结构论 [M]. 上海:上海人民出版社,1987.

性质,知道熵在系统内是一个不可逆的过程,也就是始终有 $d_iS \geq 0$ 存在。另外,由于系统的封闭性,这时不会有熵流的存在,而根据 $dS = d_iS + d_eS$ 可知,当 d_eS 不存在时,有 $dS = d_iS \geq 0$,随着熵的不断增加,系统会越来越无序,最终形成完全无序的定态。但正如耗散结构理论所言,由于系统的开放性,它在熵增的同时,会通过与外界的物质、能量和信息的交流,形成负熵流,当 $d_iS < d_eS$ 时,会出现 $dS < 0$,也就是说,总的熵增加为负,这样就会使得耦合熵 S 开始减小,使系统由无序状态趋向于新的有序状态,并最终在远离平衡态的区域形成动态稳定的有序结构,这实际上也就是自组织的过程。系统耦合发展有其自身的发展规律,具体如图 5.3 所示。

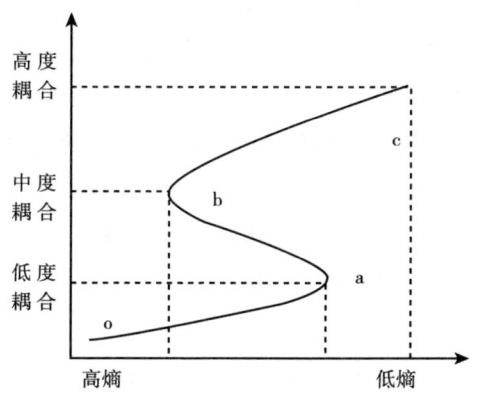

图 5.3　系统耦合运行轨迹

由图 5.3 可知,系统在 o 点移动 a 点之前虽然并未进入有序状态,但是开始出现有序的结构,即形成真正的远离平衡的有序状态,图 5.3 中的 a 点是这一变化的一个重要的临界点。系统的演变在 o 推移到 a 附近时进入了耗散理论中的阈值区域,也称为临界值,对系统性质的发展变化起根本性作用。在阈值附近,系统内部的关联作用产生相干运动,此时的非线性方程具有多重解的可能性。当 oa 向前继续推移直至超过 a 时,尽管系统在熵减机制的作用下能够趋于一个新的有序状态。但同时可以发现,在阈值附近,一个微小的涨落则可能导致原有有序的系统失稳,进入新的无序状态。当 oa 向前推进越过 a 后,系统未必由于这一微小的涨落而进入无序的平衡态,系统在这一微小涨落被放大的情形下会突跃到 b，并从 b 点开始进入一个新的演化过程。正是在阈值附近的这一突变过程使得耦合系统得以继续存在，并借由 b 点的突跃进入到新一轮的发展演化。在现实中，真正意义上的耦合系统也正是缘于系统的这一突变，也即城市由于系统实现的高度耦合进入到可持续发展轨道。

这一突变导致了耦合系统的状态变量出现了间断性的跳越，这一间断性过程实际也是质变的过程，从前面的分析可知，耦合系统的形成初期其系统的状态变化主要是量上的变化，但耦合系统的运行过程则是一个质变的过程。在这一质变过程中，系统内由低度耦合实现了高度耦合，并使这一耦合系统实现了涌现。这充分证明耦合系统的演化，不是简单的连续性演化过程，而是连续性和间断性相结合的演化过程，在其演化的大部分时间是一个连续性的渐进过程，但在每个关键点又会出现间断性的突变演化过程。

以上推论可以得到：理论上来说耦合系统的运行路径是可以被主观引导的，即在图 5.3 系统运行到阈值附近时加入适当的外部力量干预，人为触发突变的产生。但应该注意到的是，这一外部力量干预的结果并不唯一，由于这一微涨落被放大后，其结果具有多重可能性，而且以目前的实践水平而言很难控制这一选择机制的结果。

5.3.5 体育赛事-城市发展耦合系统运行过程

按照上述系统论的观点，可以将体育赛事-城市发展耦合系统的运行过程分为形成阶段（萌芽阶段）及发展阶段（低度耦合阶段、中度耦合阶段、高度耦合阶段）。在形成阶段，体育赛事-城市发展耦合大系统是处于一个远离平衡的无序状态，即此时这一系统内各耦合因子及其子系统与外界环境正处于一种无序的混乱状态。由于这一时期系统内部尚未建立起有序的耦合组织，且在这一阶段与外界环境的有利交互作用也尚未形成，体育赛事与城市发展处于一种相互适应阶段。体育赛事-城市发展耦合系统发展到一定时期后，随着系统内要素之间的作用增强，系统内部开始出现有序的组织形式。随着大系统耦合程度的不断提高，体育赛事与城市发展的相互作用逐步增强，由几乎没有相互作用演变到体育赛事与城市发展相互促进、互为支撑。

(1) 形成阶段

系统在体育赛事-城市发展耦合大系统的形成阶段是处于一个远离平衡的无序状态,即此时这一系统内各耦合因子及其子系统与外界环境正处于一种无序的混乱状态。由于这一时期系统内部尚未建立起有序的耦合组织,且在这一阶段与外界环境的有利交互作用也尚未形成,因此,这一状态下的耦合熵 S 相当高,而且,此时系统总的熵是增加的,即 dS>0。这主要是由于此时的熵流 d_eS 为正,正值说明了体育赛事-城市发展耦合系统所在区域的各种外界影响因素对系统不仅没有产生有利影响,甚至还产生了不利的影响,主要体现在体育赛事市场体系的不完善和市场开放度较低上。因此,由于不规范的竞争行为和缺乏相应的政府行为规制,过度竞争现象难免发生,此时,两个外在环境影响因素即市场需求和政府支持则带来了正的熵流,即 $d_eS>0$。从上文分析可知,大系统自身带来熵增加,即 $d_iS \geqslant 0$,根据普里戈金平衡方程综合可知,此时 dS>0,即意味着系统此时处于一个高熵的状态。

(2) 发展阶段

随着系统耦合度的不断提高,耦合系统开始与外界形成有利的互动关系,产生了负熵流,即有 $d_eS<0$,此时,各种外部影响因素开始对体育赛事-城市发展耦合系统产生积极影响,但从初期来讲,这种影响的力量还很小,一般不足以抵消系统内部的熵产生,所以,此时的 dS>0 仍然存在,即总熵 S 还在增加,只是增长放慢。随着负熵流的不断增大,也就是说,与外界的有利交换作用的强化,开始出现了 $d_iS<d_eS$,此时的总熵增加变为负增长,所以,总熵 S 开始缓慢减小,这样就进入了体育赛事-城市发展耦合系统耦合运行的突变过程。

体育赛事-城市发展耦合系统发展到一定时期后,随着系统内耦合因子的作用增强,系统内部开始出现有序的组织形式,此时,体育赛事与城市发展的耦合值不断上升,二者之间开始相互促进发展。当然,如果出现无序的组织形式,则耦合系统在形成初期就会终结,在实践中表现为耦合过程没有完成,也就是体育赛事与城市发展不匹配,无法与城市发展形成耦合系统。具体过程如图 5.4 所示。

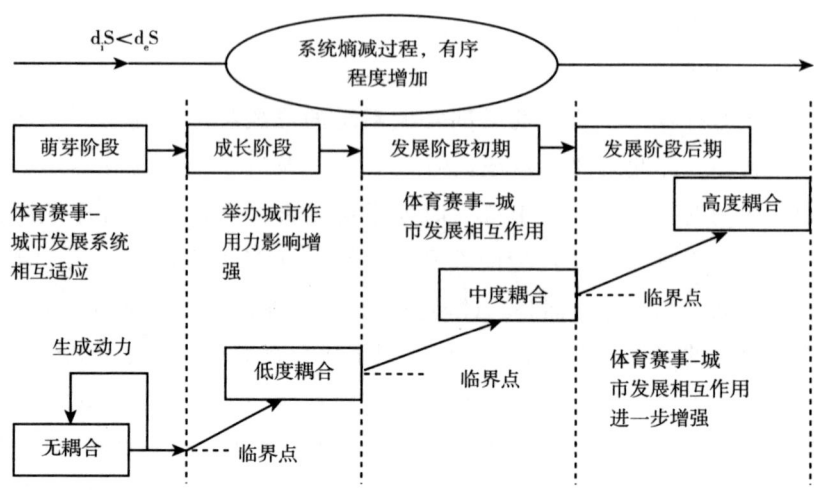

图 5.4 体育赛事－城市发展耦合系统运行过程

5.3.6 体育赛事与城市发展耦合度及耦合协调度模型

（1）耦合度模型的构建及评价标准

耦合是指体育赛事与城市发展两大系统不是独立存在的，而是系统内部各要素之间互相关联、相互作用，进而紧密联系在一起的一个复合有机体。在明确体育赛事与城市发展相互促进、互为支撑的基础上，以复杂适应系统分析的思路，通过构建体育赛事－城市发展耦合的评价指标体系，可以定量地分析体育赛事与城市发展相互耦合的主要因素及耦合关联程度。

A. 功效函数。设变量 u_i（$i=1, 2, \cdots, m$）是体育赛事－城市发展系统序参量，u_{ij} 为第 i 个序参量的第 j 个指标，其值为 x_{ij}（$1, 2, \cdots, n$）。α_{ij}、β_{ij} 是系统稳定临界点上序参量的上、下限值。超过序参量的上、下限值，系统将发生突变，成为一个新的系统。因而，体育赛事－城市发展对系统有序的功效系数 u_{ij} 可表示为：

$$u_{ij} = (X_{ij} - \beta_{ij})/(\alpha_{ij} - \beta_{ij}) \quad ① \quad u_{ij} 具有正功效$$

$$u_{ij} = (\alpha_{ij} - X_{ij})/(\alpha_{ij} - \beta_{ij}) \quad ② \quad u_{ij} 具有负功效$$

其中，u_{ij} 为变量 X_{ij} 对系统的功效贡献大小。上式构造的功效系数具有

第5章 赛事产业链与城市发展的耦合机制

如下特点：u_{ij}反映了各指标达到目标的满意程度，u_{ij}趋近0为最不满意，u_{ij}趋近1为最满意，所以，$0 \leq u_{ij} \leq 1$。由于体育赛事与城市发展处于两个相互作用的子系统，对子系统内各个序参量的有序程度的"总贡献"可通过集成方法来实现。在实际部门中，一般采用几何平均法和线性加权和法。

$$u_{ij} = \sum_{j=1}^{m} \lambda_{ij} u_{ij} \qquad \sum_{j=1}^{j=m} \lambda_{ij} = 1$$

其中，u_{ij}为子系统对总系统有序度的贡献，λ_{ij}为各个序参量的权重，具体可以利用层次分析法予以确定。

B. 耦合度模型。借鉴物理学中的容量耦合概念及容量耦合系数模型，推广得到多个系统相互作用耦合度模型，即：

$$C_n = \left\{ (u_1 \cdot u_2 \cdots u_n) / \left[\prod (u_i + u_j) \right] \right\}^{1/n}$$

本节研究的对象是体育赛事与城市发展的耦合关系，只包括两个系统，因此，可赋值n=2，体育赛事与城市发展的耦合度函数可以表示为：

$$C = \left\{ (u_1 \cdot u_2) / \left[\prod (u_1 + u_2)(u_1 + u_2) \right] \right\}^{1/2}$$

体育赛事与城市发展的耦合度是指体育赛事系统与城市发展系统之间、上述两大系统的各组成要素之间的相互支撑程度、匹配程度、协调程度和协同程度，是对耦合自洽能力和水平的综合反映。体育赛事与城市发展的耦合度高，可以加速体育赛事与城市发展的一体化，并推动所在举办城市区域竞争力的提高和整体实力的增强，获得更高的溢出效益；体育赛事与城市发展的耦合度低，就会使体育赛事与城市发展的各自发育和发展缓慢，得不到体育赛事与城市发展共同发展的溢出效益，甚至对所在举办城市区域经济发展产生负面影响。

显然，耦合度值$C \in (0, 1)$。当$C=1$时，耦合度最大，系统之间或系统内部要素之间达到良性共振耦合，系统将趋向新的有序结构（整个系统实现良性涌现）；本节参考王琦[①]的研究观点：当$C=0$时，耦合度极小，系

---

① 王琦. 产业集群与区域经济空间耦合机理研究［D］. 长春：东北师范大学，2008.

统之间或系统内部要素之间处于无关状态，系统将向无序发展（整个系统呈现负涌现）。当 $0 < C \leqslant 0.3$ 时，体育赛事与城市发展处于较低水平的耦合阶段，此时，体育赛事水平发展较低，体育赛事的办赛层次对城市发展的影响作用较低，对城市经济发展的带动作用有限。当 $0.3 < C \leqslant 0.5$ 时，体育赛事与城市发展处于成长阶段，该阶段体育赛事的发展刚刚起步，体育赛事呈现出快速发展的趋势，它的发展急需大量的资金、资源和人力资源作为条件支撑。当 $0.5 < C \leqslant 0.8$ 时，体育赛事与城市发展进入发展阶段初期，此时体育赛事处于稳定发展阶段，体育赛事与城市发展之间互相支撑，体育赛事促进城市发展，城市发展进一步支撑体育赛事的发展，体育赛事与城市发展开始良性耦合。当 $0.8 < C \leqslant 1.0$ 时，体育赛事处于发展阶段后期，其质的方面也明显提高，体育赛事与城市发展相得益彰、互相促进，它们共同步入高水平耦合阶段。当然，由于政策及突变因素影响，体育赛事与城市发展有可能退化到以前的耦合阶段。具体如表 5.1 所示。

表 5.1　　　　　体育赛事与城市发展耦合度评价标准

序号	耦合度	耦合发展阶段	特征
1	0—0.3	萌芽阶段	体育赛事对城市发展影响微弱
2	0.3—0.5	成长阶段	体育赛事需城市发展提供支撑
3	0.5—0.8	发展阶段初期	体育赛事与城市发展开始相互促进
4	0.8—1.0	发展阶段后期	体育赛事与城市发展相得益彰

资料来源：王琦．产业集群与区域经济空间耦合机理研究［D］．长春：东北师范大学，2008。

（2）耦合协调度模型的构建及评价标准

耦合度作为反映体育赛事与城市发展耦合程度的重要指标，它对体育赛事与城市发展耦合作用的强度以及作用的时序区间、预警二者发展秩序等具有十分重要的作用。然而，在有些情况下，耦合度很难反映出体育赛事与城市发展的整体"功效"与"协同"效应，特别是在多区域空间对比研究的情况下，由于各个城市对于耦合度计算的上、下限一般取自各个地区的基准年数和发展规划数，缺乏统一的标准，单纯依靠耦合度判别有可能误导系统的耦合水平。例如，有些城市的基准年数或者发展规划数较低，在计算耦合度指标时，系统序参量的下限取值偏低，进而使得耦合值在与基准年数或者发展规划数定得较高的城市相比，耦合值偏高。为此，应构造体育赛事与城市发展耦合协调度模型,耦合协调度主要反映体育赛事与城市发展交互发展的耦合程度,对于使用耦合度指标衡量系统的关系起到补充的作用,以便比较不同城市间体育赛事与城市发展的耦合发展关系。耦合协调度模型主要反映体育赛事与城市发展交互耦合的协调程度,其算法可表示为:

$$D = (C \times T)^{\frac{1}{2}}$$
$$T = aU_1 + bU_2$$

上式中,D 为耦合协调度;C 为耦合度;T 为体育赛事与城市发展的综合调和指数,它反映体育赛事与城市发展的整体协同效应或贡献;a、b 为待定系数。在实际应用中,最好使 $T \in (0, 1)$,这样可以保证 $D \in [0, 1]$,以便于使用。

$U_1 > U_2$ 则表明体育赛事的发展更快,体育赛事对城市发展的贡献超过了城市发展对体育赛事的贡献,我们称之为城市发展滞后型;相反,$U_1 < U_2$ 则表示体育赛事对城市发展的贡献落后于城市发展对体育赛事的贡献,我们称之为体育赛事滞后型。体育赛事与城市发展耦合协调度指数及其对应的协调程度,具体评价标准见表 5.2。

表 5.2　　体育赛事与城市发展耦合协调度评价标准

序号	协调度	协调等级
1	0—0.0999	极度失调
2	0.1—0.1999	严重失调
3	0.2—0.2999	中度失调
4	0.3—0.3999	轻度失调
5	0.4—0.4999	濒临失调
6	0.5—0.5999	勉强协调
7	0.6—0.6999	初级协调
8	0.7—0.7999	中级协调
9	0.8—0.8999	良好协调
10	0.9—1.0	优质协调

资料来源:廖重斌. 环境与经济协调发展的定量评判及其分类体系[J]. 热带地理,1999(2):171—177。

显然，可以对耦合协调度大致进行划分，耦合协调度值 $D \in [0, 1]$。根据系统耦合度值的变化可分为以下六种类型：

A. 当 $D = 0$ 时，体育赛事与城市发展耦合协调度极小，系统之间或系统内部要素之间处于无关状态，系统将向无序发展。

B. 当 $D \in (0, 0.3]$ 时，体育赛事与城市发展处于较低水平的耦合协调阶段，此时，区域经济发展水平很低，体育赛事发展较快，体育赛事在拉动城市发展的同时，又被落后的、不和谐的城市发展条件所制约。在这种情况下，必须大力提升城市的发展水平，促进体育赛事与城市发展协调发展。

C. 当 $D \in (0.3, 0.5]$ 时，该阶段城市发展已经越过了它的发展拐点，城市发展条件得到改善，逐渐进入健康、快速发展的时期，此时，由于体育赛事的发展水平有限，不能继续进一步发展和改善。

D. 当 $D \in (0.5, 0.8]$ 时，体育赛事与城市发展逐渐进入磨合阶段，此时，城市发展又越过另一个门槛，体育赛事与城市发展进入一个良性发展时期。

E. 当 $D \in (0.8, 1]$ 时，体育赛事与城市发展系统处于高水平的耦合阶段，系统步入良性循环阶段。城市发展水平在量、质两个方面得到很大发展，体育赛事与城市发展相得益彰，互相促进。

F. 当 $D = 1$ 时，体育赛事与城市发展协调度最大，系统之间或系统内部要素之间达到良好共振耦合，系统将趋向新的有序结构。

可以看出，体育赛事与城市发展之间相互协调、相互促进，两者逐渐从低层次的和谐向更高层次的和谐演进。在演进的过程中，体育赛事内部也逐渐由不和谐向和谐迈进。同时，在体育赛事的反向作用下，城市发展也逐渐迎合体育赛事的变化而逐步达到和谐。

5.4 中国网球公开赛与北京城市发展耦合实证分析

5.4.1 北京市体育赛事发展历程简要回顾

中华人民共和国成立后，作为首都，北京经济、文化进入快速发展时期，体育竞技活动作为社会文化的一部分也获得了快速的发展。1959年，我国在北京举办了第1届全国运动会。1961年，北京举办了第26届世界乒乓球锦标赛，是中华人民共和国成立以来第一次举办国际性的体育赛事。为此，北京市新建了北京工人体育场，当时，建筑面积达到4.17万平方米、可容纳1.5万名观众。在20世纪60年代后期，受当时政治、社会环境的影响，北京市的体育发展面临着巨大的冲击，暂缓了发展步伐。

1978年，我国实施改革开放的政策，积极加强国内外的政治、文化交流，时代的进步促使北京体育赛事发展的宏观环境得到了极大的改善。体育赛事的发展也为我国加强对外沟通提供了平台。进入20世纪80年代后，我国对体育发展的机制进行了深层次的改革，竞技体育的发展不仅仅追求竞技成绩的提高，还要求增强体育赛事与城市经济的联系。在这一发展时期，我国运动员训练水平获得了提高，城市逐步增加对体育赛事的支持力度，另外，体育赛事在支持城市社会文化的发展方面作用日益显著，体育赛事与城市互动发展明显。

20世纪90年代以来，体育赛事在人们生活中的作用进一步增强，体育赛事在城市经济社会中的地位开始逐步提升，北京在这段时间分别举办了亚洲运动会、奥运会等国际赛事，提高了北京的城市知名度和国际影响力。2001年北京申奥成功，伴随着奥运会的7年筹备期，北京的社会经济也同步高速、高质量的增长。北京市对体育赛事的支持也进一步加大，北京体育赛事的层次快速提升，体育基础设施建设提速，逐步可以承接重大国际体育赛事。

在2008年北京奥运会成功举办后，北京市体育产业的发展迈上了新的高度，同时，北京也进入了一个新的发展阶段。2004年制定的《北京城市总体规划（2004年至2020年）》明确了北京城市未来发展的目标定位，初步建成现代国际城市的基本框架，到2050年成为世界城市，这为北京体育赛事带来新的历史发展机遇。北京体育赛事也将由此进入一个新的发展时期。

5.4.2 北京市体育赛事发展现状

近年来，北京市经济、社会获得了极大的发展，同时，对体育赛事的需求也进一步加大。2008年北京市成功举办了夏季奥运会。参加北京奥运会的各国代表团都对北京所做出的工作表示了高度的认同，国际奥委会主席罗格在闭幕式上对北京市的组织工作的评价为"无与伦比"。改革开放以后，北京市体育文化活动丰富多彩，规模各异，积累了丰富的办赛经验，包括体育赛事的前期策划、交通及环境方面的管理等经验，这些都是2008年北京成功举办奥运会的关键因素。数据显示，1950—2009年列入北京市体育竞赛计划的赛事约4081项次，其中，国际性赛事498项。①

在成功获得夏季奥林匹克运动会的申办资格后，北京作为国际体育城市的地位获得了进一步的上升。北京开始逐步部署国际、国内大型体育赛事，基本上形成了以职业联赛、各项目单项比赛、单项商业比赛和综合性比赛组成的格局。拥有像北京国际马拉松赛、世界斯诺克中国公开赛、中国网球公开赛、北京国际长跑节等具有较大影响力的体育赛事。这些体育赛事每年定期在北京举行，为体育赛事与城市发展关系的长期跟踪研究提供了良好的素材。这都为北京成功申报2022年冬季奥运会提供了良好的前期准备。

其中，中国网球公开赛由国家体育总局与北京市政府主办，该项赛事拥有国际女子职业网球协会（WTA）、国际男子职业网球协会（ATP）和国际网球联合会（ITF）的赛事举办权。北京于2004年开始获得该项赛事的举办权，之后每年定期举办，经过十多年的努力，中国网球公开赛已成为亚洲地区最具有影响力、级别最高的综合性网球赛事。2009年，中网女子赛事进一步提升办赛层次，成为WTA全球巡回赛事系列中最顶级的皇冠明珠赛事，中网男子赛事升级为ATP全球巡回赛500分赛事之一。自2009年起，中国网球公开赛每年定期在北京奥运会网球比赛场馆——国家网球中心举行，进而实现了顶级网球赛事与顶级场馆的结合。国家网球中心位于北京奥林匹克公园内。整个项目占地面积16.68公顷；总建筑面积26514平方米，共设置17片比赛场地。新建的"钻石球场"作为中央场地，也是决赛场地，可容纳观众15000人，"莲花球场"可容纳观众10000人。其中，"钻石球场"采用了可开合球馆的设计，代表了亚洲网球综合场馆的最高水平。越来越多世界级顶尖运动

---

① 宋忠良．国际体育中心城市评价指标体系理论与实证研究［D］．福州：福建师范大学，2012．

第 5 章　赛事产业链与城市发展的耦合机制

员参加"中网",让 ATP500[①] 赛事 WTA 皇冠级赛事有了与之匹配的梦幻阵容。与之相对应,"中网"达到了 3000 小时的国际国内转播时间、覆盖超过 60 个国家(地区)13 亿的电视观众,并拥有"中网网动中国""中网嘉年华"等活动品牌以及北京奔驰、中国人寿、ROLEX 等众多国际知名企业在内的商业伙伴群。中国网球公开赛的发展在加快推动北京网球产业发展,进而实现"亚洲网球之都"的目标中发挥着越来越重要的作用。

5.4.3　体育赛事与城市发展耦合度及耦合协调度

对体育赛事与城市发展的耦合度进行定量计算,我们分为三步。第一步是找出相关变量参数,即确定体育赛事与城市发展之间相互影响和作用最大的若干个因素。第二步是计算这些因素的功效系数。第三步是在此基础上设计耦合度函数模型。

(1) 指标体系设计的原则及方法

体育赛事与城市发展耦合关系研究是一项复杂而系统的工程。不仅体育赛事与城市发展二个系统之间存在着错综的关系,而且在二者内部也存在着复杂关系,二者之间以及内部要素之间存在着相互影响、相互制约的关系。因此,在指标体系的设置上要能够充分地反映出二者及内部各要素之间的相互关系,应遵循以下原则:

A. 科学性原则。科学性原则是评价指标的首要原则。所选指标都应建立在科学、准确的基础之上,在选取指标的过程中,要注意指标概念的清晰性、指标体系的层次性以及指标内部的存在机制,从而更好地反映耦合协调目标的实现程度。

B. 完备性原则。指标体系本身是一个有机整体,包括总量指标、效率指标以及过程指标等。评价体系不仅要从各个方面反映出被评价系统的主要特征和状态,同时还能够综合地反映出该系统发展的趋势。

[①] ATP 是 Association of Tennis Professional 的缩写,译为职业男子网球协会。ATP 按照级别分为大满贯赛事、ATP1000、ATP500、ATP250;它们之间主要的区别是取得冠军的选手所获积分不同,其中,大满贯赛事冠军积分为 2000 分,ATP1000、500、250 系列赛冠军积分分别为 1000 分、500 分、250 分。

C. 系统性原则。体育赛事与城市发展是一个各指标应相互独立又相互联系的复杂的有机整体，因此，指标体系的建立必须遵循系统性原则。系统性要求在选取指标时，综合考虑指标体系内在的关联性，力求全面反映两个系统内的各个方面。同时，由于构成要素较多，为了便于评价，宜按照层次的高低和作用的大小，对指标体系进行分层。

D. 可操作性原则。在选取指标的过程中，要注意指标的量化及数据可获得的难易程度。尽量利用现有的统计资料中那些具有代表性且容易计算的综合指标，使得在信息不完备的情况下对体育赛事与城市发展作出最真实和客观的评价。

评价指标的选取是实证分析的重要组成部分，首先，要遵循上述的科学性、完备性、系统性、可操作性等设置原则，然后，综合考虑体育赛事与城市发展两大子系统的组成要素之间的耦合性，采用理论分析法、频度统计法和专家咨询法等多种方法对两大子系统的指标进行逐个筛选。

(2) 体育赛事与城市发展定量分析相关参数值的确定

根据上述章节对体育赛事与城市发展之间关系的分析可知，一方面，体育赛事影响城市发展；另一方面，城市发展为体育赛事的举办提供支撑。根据系统间的不同特征，指标体系包括两个部分，即体育赛事评价指标体系与城市发展评价指标体系。根据对耦合度影响的大小，经过筛选，体育赛事评价指标体系主要包括以下因素：

A. 经济指标。经济影响是体育赛事对城市发展最直接的影响。城市举办体育赛事，一方面，通过增加基础设施的投资、相关设施的建设促进经济的发展，另一方面，体育赛事的举办能够吸引大量的观众，这种聚集效应将带动城市经济的发展。经济指标主要包括：体育产业对GDP的贡献率、地均固定资产投资增长率、城市市政建设投资增长率、新增就业岗位率、地均GDP、政府税收增长率。

B. 社会生活指标。申办大型体育赛事对城市的条件要求越来越高，城市为了获得体育赛事的举办权、保障体育赛事的顺利进行，必须相应地提高城市的社会生活指标。主要包括以下因素：城市旅游人数增加值、人均铺路面积、人均拥有公共汽车。

C. 人口指标。主要包括以下因素：城市化率，第三产业从业人口数，

第5章 赛事产业链与城市发展的耦合机制

居民娱乐、教育文化服务支出比重。

D. 生态环境指标。主要包括以下因素：市区绿化覆盖率、人均公共绿地面积、环境治理投资占GDP的比值、城市污水处理率。

考虑到数据的方便性和可得性，体育赛事评价指标体系参考了田静、徐成立等人的设计①，并进行了适当的调整。主要包括经济、社会生活、人口、生态环境4个一级指标和政府税收增长率、人均铺路面积、城市化率、第三产业人口比例等16个二级指标。具体见表5.3。

表5.3 体育赛事评价指标体系表

一级指标			二级指标		
编号	权重	名称	编号	权重	名称
U_{11}	0.3	经济	U_{111}	0.25	体育产业对GDP贡献率（%）
			U_{112}	0.15	地均固定资产投资增长率（%）
			U_{113}	0.1	政府税收增长率（%）
			U_{114}	0.15	新增就业岗位率（%）
			U_{115}	0.15	地均GDP（亿元）
			U_{116}	0.2	第三产业对GDP贡献率（%）
U_{12}	0.3	社会生活	U_{121}	0.25	人均拥有公共汽车（辆）
			U_{122}	0.25	人均铺路面积（平方米）
			U_{123}	0.5	接待国外旅游人数增加数（万人）
U_{13}	0.2	人口	U_{131}	0.4	城市化率（%）
			U_{132}	0.3	城镇居民娱乐、教育文化服务支出占可支配收入比重（%）
			U_{133}	0.3	第三产业从业人口比重（%）
U_{14}	0.2	生态环境	U_{141}	0.3	市区绿化覆盖率（%）
			U_{142}	0.2	城市生活污水处理率（%）
			U_{143}	0.3	环境治理投资占GDP比值（%）
			U_{144}	0.2	人均公共绿地面积（平方米）

通过对国内外体育赛事领域的专家、地方体育局领导、城市规划专家

---

① 田静，徐成立. 大型体育赛事影响城市发展评价指标体系的建立及实证分析[J]. 上海体育学院学报，2011（5）.

等 15 人，进行了前后 2 轮的专家文件调查，调查问卷全部收回，有效问卷率 100%。对第 2 轮专家问卷调查结果的处理，采用了数量统计法定量选取代表性的指标，确定依据是：a. 指标的变异系数小于 0.25；b. 专家的评价结果得到一致性检验，即 $P<0.01$ 或 $P<0.05$；c. 所选取指标的平均分在 3.5 分以上（达到总分的 70%）。

指标体系权重的确定采用了层次分析法，主要步骤是：a. 建立体育赛事评价指标体系层次结构模型；b. 逐层构造体育赛事评价指标体系的两两判断矩阵；c. 层次单一排序及其一致性检验。其中，两两判断矩阵是指对所列的每一层次纵横两列指标，进行重要程度的两两比较。

城市发展是指一个城市在一定区域范围内经济、社会、科技、环境等方面能力的集中体现。它反映了城市的生产能力、生活质量的提高及社会全面进步。城市发展是一个复杂的多元系统，它由许多子系统组成，主要包括经济、市场、市民素质、人才、科技和文化、政府管理、基础设施、制度等子系统。城市竞争力系统的构成是复杂的，其众多的要素以不同的方式存在，又处在不同的维度和层次上，它们共同构成城市发展水平、决定城市的价值收益。但当对城市发展指标体系进行设立时，其应是可把握、可测量和可比较的。通过对指标选取的科学性、可操作性、可计量性和可比性等原则的把握，城市发展评价指标体系参考了魏强的设计，[①] 并进行了调整。本节选择综合经济实力、基础设施与服务设施、对外开放程度、人力资源与市民素质、政府管理水平等 5 个方面共 18 个原始指标或生成统计指标，组成城市发展评价指标体。第一，城市综合经济实力。它是城市发展的基础，不仅反映了城市经济发展的现状水平和所处的阶段，而且也预示着未来城市参与整个区域竞争的所具备的能力，主要包括经济总量指标、经济增长速度指标、经济结构指标等。第二，基础设施与服务设施，它是一个城市经济发展的载体，也是参与区域竞争的基本前提和保证，是真正属于城市的不可移动因素，[②] 主要包括通信系统、交通系统等方面指标。第三，对外开放程度，反映了城市经济的活力及对外交流的程度，同时，对外开放也是城市发展的必备条件，

---

① 魏强. 城市竞争力评价指标体系研究及数量分析 [D]. 厦门：厦门大学，2009.
② 倪鹏飞. 中国城市竞争力与基础设施关系的实证研究 [J]. 中国工业经济，2002（5）：15-19.

对外开放能够增强城市间的交流，拓展城市经济发展的道路，提升城市发展的质量。一般来说，对外开放程度主要包括经济外向度、吸引外资的能力、国际旅游等指标。第四，人力资源与市民素质。人才是一个地区发展的根本，是一个地区科技创新力、生产力的最终推动者，是城市竞争力不可或缺的重要因素。主要包括高等教育程度、文化素质、健康素质等指标。第五，政府管理水平。政府对经济实行有效的宏观调控是市场经济的重要手段之一。它反映城市政府重新分配资源的能力，从而直接关系到城市宏观经济的运行效率和质量。政府管理水平的高低直接影响到城市竞争力的强弱。其主要包括政府行政形象和管理绩效等方面的指标，由于行政形象属于软指标，难以量化，故本节主要从管理绩效方面设计指标。具体见表5.4。当然，像政府制度、政府服务等方面的因素对城市竞争力的构成也起到十分重要的作用，但由于这些因素难以量化和客观比较，没有纳入指标体系中。

表 5.4　　　　　　　　城市发展评价指标体系

一级指标			二级指标		
编号	权重	名称	编号	权重	名称
U_{21}	0.3	综合经济实力	U_{211}	0.15	GDP（亿元）
			U_{212}	0.25	人均地方财政收入（亿元）
			U_{213}	0.1	人均社会消费品零售总额（万元）
			U_{214}	0.2	工业生产总值（亿元）
			U_{215}	0.1	非农业人口比重（%）
			U_{216}	0.2	第二、三产业产值占GDP比值（%）
U_{22}	0.2	基础设施与服务设施	U_{221}	0.3	邮电业务收入总计（亿元）
			U_{222}	0.3	公路通车里程数（公里）
			U_{223}	0.4	发电量（亿千瓦时）
U_{23}	0.2	对外开放程度	U_{231}	0.35	实际利用外商直接投资金额（亿美元）
			U_{232}	0.45	入境国际旅游人数（人次）
			U_{233}	0.2	货运周转量（亿吨公里）
U_{24}	0.1	人力资源与市民素质	U_{241}	0.5	每万人拥有高等学校在校生数（人）
			U_{242}	0.3	专利授权量（万件）
			U_{243}	0.2	每万人拥有床位数（张）
U_{25}	0.2	政府管理水平	U_{251}	0.2	城镇非私营单位年末从业人数（万人）
			U_{252}	0.55	居民家庭总收入（万元）
			U_{253}	0.25	城镇在岗职工平均货币工资（万元）

5.4.4 体育赛事与城市发展的定量分析

尽管体育赛事与城市发展分别属于两个不同的系统,然而,正如前文分析,体育赛事能够影响并带动城市发展,城市发展能更好地为举办体育赛事提供支撑,它们及其子系统、要素之间形成相互作用、相互影响的复杂关系。本节借鉴物理学中耦合的概念,分别构建了体育赛事与城市发展指标体系,然后,根据二者之间的关系建立了耦合度及耦合协调度模型。在对中国网球公开赛进行定量分析时,本节选择举办过或者已被批准具有WTA网球公开赛举办资格的城市北京、上海、深圳、武汉作为样本进行研究。根据耦合度模型分别取该四个城市指标的最大值、最小值作为基础计算序参量的上下限。[①]

设变量 u_i(i = 1, 2, …, m)是体育赛事 – 城市发展系统序参量,u_{ij} 为第 i 个序参量的第 j 个指标,其值为 x_{ij}(1, 2, …, n)。α_{ij}、β_{ij} 是系统稳定临界点上序参量的上、下限值(见表5.5和表5.6)。

根据功效函数的计算公式 $u_{ij} = (X_{ij} - \beta_{ij})/(\alpha_{ij} - \beta_{ij})$,选择北京、上海、深圳、武汉四个城市中二级指标的最小值作为序参量下限,四个城市中二级指标的最大值作为序参量的上限,分别计算每个二级指标的功效序数,可以得到体育赛事评价系统的 U_{11}、U_{12}、U_{13}、U_{14}、分别为 0.6165、0.2025、0.618、0.61。根据计算得到的二级指标功效系数分别与权重系数加成,可以得到 U_1 的功效系数为 0.4913。按照相同的计算方法,城市发展评价系统的二级指标 U_{21}、U_{22}、U_{23}、U_{24}、U_{25} 分别为 0.6835、0.892、0.314、0.455、0.808。U_2 的功效系数为 0.65335。将上述计算结果代入耦合度公式:

$$C = \left\{ (u_1 \cdot u_2) / \left[\prod (u_1 + u_2)(u_1 + u_2) \right] \right\}^{1/2}$$

计算得出,体育赛事 – 城市发展系统的耦合度值为 0.49496。

在体育赛事与经济发展协调过程中,体育赛事是城市发展的重要诱

---

① 郭凤城. 城市群的耦合与区域经济发展 [D]. 长春:吉林大学,2008.

表 5.5 体育赛事评价指标体系参数数值

一级指标			二级指标			实际值	序参量上限	序参量下限	功效系数
编号	权重	名称	编号	权重	名称				
U_{11}	0.3	经济	U_{111}	0.25	体育产业对 GDP 贡献率（%）	0.79	0.81	0.52	0.93
			U_{112}	0.15	地均固定资产投资率（%）	0.36	1.06	0.30	0.08
			U_{113}	0.1	政府税收增长率（%）	26.8	78.7	17.2	0.16
			U_{114}	0.15	新增就业岗位率（%）	4.90	4.90	1.24	1
			U_{115}	0.15	地均 GDP（亿元）	0.99	5.65	0.80	0.04
			U_{116}	0.2	第三产业对 GDP 贡献率（%）	76.1	76.1	48.9	1
U_{12}	0.3	社会生活	U_{121}	0.25	人均拥有公共汽车（辆）	0.0011	0.0014	0.0007	0.57
			U_{122}	0.25	人均铺路面积（平方米）	4.54	18.44	4.54	0
			U_{123}	0.5	接待国外旅游人数增加数（万人）	30.3	83.94	23.12	0.12
U_{13}	0.2	人口	U_{131}	0.4	城市化率（%）	0.66	0.84	0.25	0.69
			U_{132}	0.3	城镇居民娱乐、教育文化服务支出占可支配收入比重（%）	10.05	22.65	7.92	0.14
			U_{133}	0.3	第三产业从业人口比重（%）	74	74	49.8	1
U_{14}	0.2	生态环境	U_{141}	0.3	市区绿化覆盖率（%）	45.6	45.6	37.6	1
			U_{142}	0.2	城市生活污水处理率（%）	81.7	97.38	50.87	0.66
			U_{143}	0.3	环境治理投资占 GDP 比值（%）	2.56	6.3	2.56	0
			U_{144}	0.2	人均公共绿地面积（平方米）	15.30	16.50	5.97	0.89

资料来源：《2012 年武汉市统计年鉴》《2012 年北京市统计年鉴》《2012 年上海市统计年鉴》《2012 年深圳市统计年鉴》。

表 5.6 城市发展评价指标体系参数数值

一级指标			二级指标			实际值	序参量上限	序参量下限	功效系数
编号	名称	权重	编号	名称	权重				
U_{21}	综合经济实力	0.3	U_{211}	GDP（亿元）	0.15	16252.9	19195.7	2261.17	0.83
			U_{212}	人均地方财政收入（亿元）	0.25	2.16	2.16	1.38	1
			U_{213}	人均社会消费品零售总额（万元）	0.1	3.41	3.41	2.90	1
			U_{214}	工业生产总值（亿元）	0.2	3048.8	33834.4	3048.8	0
			U_{215}	非农业人口比重	0.1	86	100	66	0.59
			U_{216}	第二、三产业产值占 GDP 比值（%）	0.2	99.2	99.9	97.1	0.75
U_{22}	基础设施与服务设施	0.2	U_{221}	邮电业务收入总计（亿元）	0.3	487.9	487.9	109.47	1
			U_{222}	公路通车里程数（公里）	0.3	21347	21347	2840	1
			U_{223}	发电量（亿千瓦时）	0.4	853.6	1025.6	383.7	0.73
U_{23}	对外开放程度	0.2	U_{231}	实际利用外商直接投资金额（亿美元）	0.35	70.5	126	37.6	0.37
			U_{232}	入境国际旅游人数（万人次）	0.45	520.4	1104.5	115.9	0.41
			U_{233}	货运周转量（亿吨公里）	0.2	855.3	20367	855.3	0
U_{24}	人力资源与市民素质	0.1	U_{241}	每万人拥有高等学校在校生数（人）	0.5	286.7	1291.3	66.8	0.18
			U_{242}	专利授权量（万件）	0.3	4.1	4.8	1.2	0.81
			U_{243}	每万人拥有床位数（张）	0.2	43.4	56.4	23	0.61
U_{25}	政府管理水平	0.2	U_{251}	城镇非私营单位年末从业人数（万人）	0.2	195.8	195.8	163	1
			U_{252}	居民家庭总收入（元/人·月）	0.55	3093.6	3362.3	2228.1	0.76
			U_{253}	城镇在岗职工平均货币工资（万元）	0.25	7.6	8.7	4.6	0.76

资料来源：《2012 年武汉市统计年鉴》《2012 年北京市统计年鉴》《2012 年上海市统计年鉴》《2012 年深圳市统计年鉴》。

导剂，但二者的相互协调促进显然未必是对称的。更为直接地说，体育赛事的高速、健康、稳定发展一定能够促进城市的发展，但城市发展是更多的要素相互综合的结果，体育赛事也不是唯一的动力，所以，我们参考专家的反馈意见，赋予 a＝0.6、b＝0.4。① 在这种赋值的情况下，一方面，表明了体育赛事与城市发展是相互影响的关系，而另一方面，取值情况的不一样，说明了二者的影响效果不一样。因此，将数据分别代入 $T = aU_1 + bU_2$、$D = (C \times T)^{\frac{1}{2}}$ 模型进行计算，可得体育赛事－城市发展系统耦合协调度值为 0.5246。

图 5.5 中，横轴表示体育赛事－城市发展耦合系统由于与外界环境存在着正熵流而出现的熵增趋势，纵轴表示体育赛事－城市发展耦合系统的耦合度由低到高的变化，S 曲线是体育赛事－城市发展耦合系统的一个状态特征。

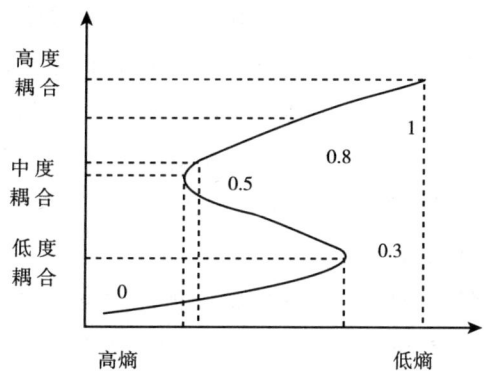

图 5.5 体育赛事－城市发展耦合系统发展水平

5.4.5 中国网球公开赛与北京城市耦合发展实证结果分析

（1）耦合度指标

耦合度作为反映体育赛事与城市发展耦合程度的重要指标，它对体育赛事与城市发展耦合作用的强度以及作用的时序区间，预警两者发展秩序

---

① 生延超，钟志平. 旅游产业与区域经济的耦合协调度研究——以湖南省为例［J］. 旅游学刊，2009（8）：36－39.

等具有十分重要的意义,是度量系统或者要素之间协调状况优劣程度的定量指标。通过本处的计算,中国网球公开赛与北京城市发展的耦合度为 0.49496,处于 $0.3<C\leq0.5$ 区间,从上段分析可知,中国网球公开赛与城市发展处于成长阶段,该阶段体育赛事处于发展的初期阶段,体育赛事对于城市发展的影响效果有限,同时,体育赛事呈现出快速发展的趋势,它的发展急需北京的城市发展为中国网球公开赛提供大量的资金、资源和人力资本。中国网球公开赛发展方式属于政府行为的计划型,二者的关系正在进行调整。从两大系统的功效系数上看,$U_1<U_2$,表明中国网球公开赛对北京城市发展的贡献落后与北京城市发展水平对中国网球公开赛的贡献,因此,可以称为中国网球公开赛发展滞后型。从两大系统耦合指标体系上分析,在体育赛事评价指标体系中,中国网球公开赛的影响力还需进一步提高,地均固定资产投资率、地均 GDP、人均铺装道路、环境治理占 GDP 比重等指标的功效系数较低甚至为 0,进而影响了两大系统的协调耦合发展。耦合度模型能够很好地反映两大系统间相互协调的程度,但却无法反映两者整体协调发展水平的高低。为了更好地反映两者的协调水平,本节引入耦合协调度模型对二者作进一步的分析。

(2) 耦合协调度指标

通过前文的计算,中国网球公开赛与北京城市发展的耦合协调度值为 0.5246,处于 0.5—0.5999 阶段,参考体育赛事与城市发展耦合协调度评价标准,二者的协调程度处于勉强协调阶段。前文对体育赛事-城市发展耦合发展机制的分析,表明系统耦合发展到一定时期后,系统内耦合因子的相互作用增强,系统内部开始和外界不断地进行信息、能量和物质的交换过程,进而使得系统进一步向有序发展。中国网球公开赛-北京城市发展耦合系统与外界环境的影响因素之间的良性互动关系不断强化,负熵流的绝对值 d_eS 不断增大,耦合熵从高熵走向低熵。0.5246 与系统 0.5 的阈值非常接近,从理论上来讲,是可以对体育赛事-城市发展耦合系统的发展路径进行主观引导的,即在当前时期对系统给予适当的外部力量干预,例如,提供政策支持、增加政府资金投入等,从而促使系统耦合度的进一步上升。然而,现实的状况也可能因外部力量的干预反而影响了系统自然的发展,而且,目前看来很难控制这种发展机制。因而,政府很难控制系统耦合的发展趋势，而只能是通过城市发展的运行规律，寻找相匹配的体育赛事，或按城市发展的特点与赛事发展规律来制定体育赛事的发展模式，期望促使体育赛事与城市发展更协调有序地发展。然而，现在很多政府部门认不清自身城市的资源条件及体育赛事的发展特点，盲目争夺对体育赛事的举办权，并不一定能让举办城市获得好的溢出效果。因而，城市在选择体育赛事时，应参考体育赛事与城市发展的耦合协调度，选择体育赛事与城市发展能够相互促进的模式发展，并在体育赛事与城市发展实现初步耦合的基础上，通过对相关影响因素的干预，来创造有利于体育赛事－城市发展耦合系统实现高度耦合的环境，从而实现系统涌现，并推动城市发展进入可持续发展轨道。

综合以上研究结果，可以认为中国网球公开赛－北京城市发展耦合系统属于"勉强协调发展－中国网球公开赛发展滞后"的类型。在今后的耦合发展模式中，要优先强调中国网球公开赛的发展，城市要创造有利条件以提高中国网球公开赛的办赛规模与办赛层次，进而让中国网球公开赛更大程度地促进北京的城市发展。

在今后的发展过程中，北京市政府部门及相关部门应加强配合，努力提升中国网球公开赛的办赛层次，可以从以下方面加强北京城市发展与中国网球公开赛的耦合关系：

第一，提升中国网球公开赛的办赛层次。2009 年，"中网"女子赛事升级为 WTA 全球巡回赛事系列中最顶级的皇冠明珠赛事，"中网"男子赛事升级为 ATP 全球巡回赛 500 分赛事之一。并且自 2009 年起，"中网"移师北京奥运会网球比赛场馆——国家网球中心，中国网球公开赛有了最好的场馆设施保障，为提升"中网"的办赛层次提供了良好的基础。然而，中国网球公开赛－北京城市发展的耦合属于勉强协调中国网球公开赛发展滞后型的发展阶段，"中网"的办赛层次与北京的城市发展要求存在一定的差距。在"中网"的男子赛事中，办赛层次仅为 ATP500 赛事，很难吸引到世界一流的男子网球选手稳定参赛，极大地影响了整个中网综合赛事水平及竞技水平。体育主管部门应以此为突破口，加大对中国网球公开赛的投资力度及相关政策支持，尤其是提升男子赛事的层次，尽量向"中网"的女子赛事水平看齐，成为 ATP 赛事系列中最顶级的男子皇冠明珠赛事，推动中国网球公开赛-北京城市发展更高耦合度的协调发展,提升中国网球公开赛对北京城市发展的影响。

第二,推进中国网球公开赛管理体系改革。目前,我国体育赛事的举办依然是由政府部门的主导完成,北京市定期举办中国网球公开赛的过程中,在继续增加对赛事支持的同时,有必要创新发展中国网球公开赛的管理体制,逐步完成赛事的市场化改革,政府部门更多地发挥组织、协调的作用。加快相关法律法规、政策的完善,在安全、税收、宣传等方面给予中国网球公开赛政策扶持,为中国网球公开赛向更高层次、更具影响力的发展创造条件。同时,对于具有较大潜力、能够为中国网球公开赛提供技术保障的科技项目,由北京体育产业部门负责给予一定产业经济的扶持。场馆与赛事相互促进,顶尖的场馆为赛事提供巨大的宣传效应,吸引市民更加关注赛事,通过举办中国网球公开赛反过来实现场馆的良性循环,实现中国网球公开赛与场馆的协调耦合发展。

第三,完善中国网球公开赛市场化运作模式。中国网球公开赛的举办,要注意吸收和借鉴国际四大网球公开赛及国际发达城市类似赛事举办和培育方面的经验,加强与国际知名体育赛事公司的合作,建立政府监管、企业承办的运作模式,提高赛事举办的运行模式,提高中国网球公开赛举办的市场化水平。

培育专业化的赛事推广和运营机构。推动体育赛事项目与大型企业集团合作,构建赛事商业化运作模式,扶持和成立更多具有较大规模,较强实力的体育中介组织。中国网球公开赛一直由体育中介组织运作,在市场化经营方面日渐成熟。政府部门应持续增加对赛事的支持力度,坚持市场化运作,在总结并创新赛事发展经验的基础上,逐步拓展国内外地市转播时数、覆盖观众人群,增加赞助商、特许产品经营等营销渠道。另外,进一步优化中国网球公开赛举办环境,降低赛事的举办成本。

第6章 赛事对城市经济的影响
——以马拉松赛事为例

6.1 研究背景及意义

6.1.1 研究背景

由于马拉松赛事能够给举办城市带来各方面的积极影响，越来越多的城市选择申办城市马拉松赛事。随着中国经济的发展进入转型期，许多城市选择举办马拉松赛事，希望通过马拉松赛事促进相关产业的发展，城市马拉松赛事成为我国发展最为快速的大型体育赛事。

中国马拉松运动发展速度很快，尤其近几年来，举办的马拉松赛事和参与人数明显增多。2019年3月，中国田协发布了2018年中国马拉松大数据指出，2018年全国举办800人以上马拉松及相关赛事共1581场，其中，中国田径协会认证赛事339场，全国马拉松累计参赛583万人次，285个地级市举办马拉松比赛，截至目前，中国共有17个马拉松获标牌赛事。2018年，中国马拉松年度消费额达到178亿元，全年赛事带动总消费额达288亿元，年度产业总产出达746亿元，比上年同期增长7%。在马拉松带动的消费方面，2018年，"全马"报名费平均为130元，"半马"则为102元。跑者平均消费在装备和报名参赛这两个环节，分别为41%、42%，另外，则为训练花费16%。马拉松已经成为城市体育的一张重要名片，其引发的话题也不断出现，比如：安全保障不到位导致参赛选手猝死；移动厕所准备不足导致选手随地大小便等影响城市文明的现象发生；举办方运营不当导致赛事停赛并难以可持续举办；办赛成本和参赛成本日益增加；遍地开花的马拉松比赛也引发了审美疲劳和扰民等指责声音……这些情况的出现使得我们认清城市在举办马拉松赛事存在许多问题,马拉松赛事对城市经济的发展积极影响究竟有多大?以及如何通过举办马拉松赛事,推动城市经济发展,提升城市的形象和影响力,这些问题值得我们进一步研究。马拉松赛事的参与性十分广泛,其具有很大的社会影响力。马拉松赛事的举办需要投入大量的资金改善交通设施等固定投资项目,同时,赛事前、后的固定投资项目也能够得到有效的利用,服务于城市转型升级发展的需要。这也是马拉松比赛近年在全国蓬勃开展的一个重要原因。

基于上述分析,本章接下来将利用双重差分模型来研究马拉松赛事对举办城市经济发展的影响到底如何,以及针对不同发展程度与自然禀赋的城市,马拉松赛事对城市发展的影响有何差别。

6.1.2 意义

(1) 理论意义

马拉松赛事的巨大价值逐渐被全世界普遍重视,马拉松赛事与城市经济发展的关系也逐步引起学术界的关注,成为体育经济学等相关学科的研究热点。从各类研究来看,国内学者较为注重马拉松赛事对城市经济发展影响的研究,大都认为举办马拉松赛事能够促进举办城市的经济发展,增加就业并带动相关产业的发展。但现有的关于此方面研究多注重定性描述,对某一赛事对城市经济发展的影响作案例分析。本章对于举办马拉松赛事与举办城市经济发展之间的关系,将进行普遍意义上的定量分析以及实证研究,以期为今后对城市马拉松赛事进一步的研究提供一定的参考。

(2) 现实意义

目前,越来越多的城市马拉松赛事涌现出来,城市更加重视大型体育赛事对城市经济、形象、文化以及交通等方面带来的好处。现实情况中,马拉松赛事的举办对城市经济发展的影响到底如何,带着这个问题,本章对城市经济增长作理论与实证分析,以期得到更加详细可靠的结论,并提出可行的建议,这对于举办马拉松赛事城市的经济以及相关产业的更好发展有着重要的实践意义。

6.2 马拉松赛事概述

6.2.1 马拉松赛事概念

马拉松赛事以马拉松运动为依托而举办,其中,专业马拉松比赛参赛者较少,只有少数专业的马拉松运动员。而为了迎合更多数非专业运动员的马拉松爱好者的参赛需求,很多马拉松赛事中设置了业余组的比赛。业余组的比赛中,参赛者们更多的是为了增强体质以及娱乐的目的而参赛,这种比赛模式满足了更多马拉松爱好者的需求,同时,这样的模式也充分发挥了马拉松赛事大众化的特点,使得马拉松赛事不仅是一项严谨专业的体育赛事,同时,也是群众能够广泛参与的一项大型健身活动。这样的体育赛事也正顺应了国家提出的全民健身号召,有助于全民健身运动的开展。

6.2.2 马拉松赛事的特征

(1) 聚集性

城市马拉松赛事作为大型的体育赛事,具有很强的聚集性。具体包括两方面的内容:一方面,马拉松赛事的举办,经过了长期的宣传,而举办时间多只有短短的一天,在短时间内聚集到的参赛者、游客们等数以万计。就在这短短的比赛过程中,是对城市关注度最高的时候,举办方给全世界展示着本地的人情风貌、文化底蕴、科技水平等方方面面的内容。另一方面,马拉松赛事的举办需要大量资金的投入,不少企业会充分利用这一机会进行投资赞助,打响本企业的名声,因此,马拉松赛事的举办对于投资也有着很大的聚集性。

通过观察郑开开封马拉松(以下简称郑开马拉松)历年参赛人数,可以看出,从 2007 年到 2014 年,该赛事已经成功举办 8 届。参赛人群规模逐年增加，2008年以后，每年都有数万人参与马拉松赛事。从表6.1可以充分看出马拉松赛事对于爱好者具有很强的聚集性。

表6.1 郑开马拉松历年参赛人数

年份	2007	2008	2009	2010	2011	2012	2013	2014	2015
人数	5600	8792	16894	20000	26000	36000	39000	47000	49000

注：2015年至今，为了提升赛事品质，开始控制参赛规模，人数上限为49000人。
资料来源：郑开马拉松网站。

（2）参与性

马拉松参赛者中包含了各行各业的人群，其中，不乏具有专业水平的专业马拉松运动员，但数量较少，大部分参赛者还是普通大众。在业余参赛者中，大多是以家庭、团体为单位参赛，年龄从几岁的小孩到退休的老人家，大家不为比赛而比赛，目的在于参与其中，享受比赛过程。另外，参赛者中包含着世界各地不同种族、不同肤色的人群，作为马拉松爱好者，很多人会不远万里去参加一场马拉松比赛。

（3）外部性

马拉松赛事的举办具有很强的外部性。首先，马拉松赛事的举办对赛道有着特殊的要求，一般都会选择城市中比较具有代表性的路段。出于对城市发展的考虑，马拉松赛事的赛事路线每年都会作出相应改变，将赛事路线的重点放在能反映城市现阶段发展状况的区域上，最大限度地利用马拉松这一宣传工具对城市的面貌进行传播，提升城市品牌和知名度。其次，马拉松赛事举办期间，城市里聚集了大量的参赛者、参赛者家属及旅游者们，对举办城市的服务业及观光旅游业是很大的考验，对于这些行业的发展有着不可忽视的促进作用。

（4）整合性

马拉松赛事的举办并非一场简单的体育赛事，由于马拉松赛事的受众群体大，同时比赛场地也大，一场马拉松赛事的成功举办，往往会涉及城市的很多部门。在这些部门中，除了组织比赛的部门外，主要包括后勤安全保障的相关部门，如交通、医疗、物流等部门，其他还包括媒体、绿化等部门。城市只有集合了所有这些相关部门，共同参与赛事，才能保障马拉松赛事的安全进行。不难理解，马拉松赛事的举办是对城市资源整合能力的考验，同时，也是城市提高自身资源整合能力的契机。这种资源整合性主要体现在，这些分散的互不归属的部门通过马拉松这一赛事的举办，能够为办好马拉松赛事而共同合作，大大提升了不同部门的资源协调能力。

综合以上几个马拉松赛事的特点，本章认为，马拉松赛事与一般体育赛事的区别主要在于以下几个方面：首先，参与人数众多，聚集效果明显。由于参赛群体不仅有本地区居民，很多参赛者来自其他地区，对于城市形象的提升有着不可忽视的促进作用。其次，庞大的参赛人群给城市的服务、旅游等行业带来了巨大的影响，促进了城市的经济发展。最后，经济外部性与资源整合性。城市要对基础设施建设进行规划，使得城市更好地展现城市特色与魅力。而城市的基础设施又是城市经济发展的基础，基础设施的改善能够从根本上提升城市经济的发展；马拉松赛事的资源整合性涉及各个赛事相关部门以及相关行业，这些行业因马拉松赛事对城市产生的投资与消费需求增加而得到发展。因而，马拉松赛事可能从根本上提升城市形象，带动城市的经济发展，提升城市的竞争力和影响力。

6.3 我国马拉松赛事的发展历史与现状

6.3.1 我国马拉松发展历程

历史资料显示，在我国最早出现类似于马拉松的比赛是在元朝，这一比赛源于元朝禁卫军的训练项目，比赛路程长达66.6公里，相较于现代马拉松还要长许多。① 新中国首次现代化的马拉松赛事是在1959年的首届全运

---

① 史料记载，公元1287年元世祖忽必烈训练了一支善于奔跑的禁军，为了检验他们的训练成果，每年都会举办一次名为"贵由赤"的赛跑。这个比赛按照当时的距离计算单位是180里，元朝的1里约等于370米，换算成现代距离来说就是66.6公里，比马拉松比赛还要多24公里，http://www.sohu.com/a/125797596_314192/.

会上，距今已有 60 年。① 我国首次城市马拉松赛事的出现是在 1981 年，经过国家体育总局以及北京市政府的批准，北京国际马拉松正式确立，每年如期举行。比赛确立的第二年，北京国际马拉松被国际组织正式承认。②

我国城市马拉松赛事的发展主要可分为三个阶段：第一阶段，首个城市马拉松赛事——北京马拉松赛事举办之后，我国一些发达城市开始申请举办本城市的马拉松赛事。第二阶段，21 世纪初的几年间，随着中国经济的发展，对于马拉松赛事的需求越来越大，发展程度较好的城市如厦门、重庆等开始举行城市马拉松比赛，这一阶段的马拉松赛事互相借鉴、学习先进的运作经验，在运作上更加成熟，赛事的影响力逐渐扩大。第三阶段，2010 年以后，中国的城市马拉松进入了高速发展阶段，城市马拉松赛事的数量激增，甚至出现了"马拉松是否过热"的争议。这一阶段赛事数量出现了井喷式增长，也说明了中国对于城市马拉松的需求正在不断增大，现阶段中国的城市高质量马拉松赛事还远远不够满足这种需求。

马拉松赛事之所以能够在中国得到如此迅速的发展，主要基于以下几种原因：首先，马拉松赛事以马拉松运动为依托，属于最基本的体育项目，除了体能上的要求，没有任何特殊的体育技巧，普通大众都能参与其中。这一特点使得马拉松的受众群体广泛，在举行马拉松赛事的同时，又能够促进全民健身运动的开展。其次，马拉松赛事对于场地设施的要求不高，城市的交通道路都能够满足，而中国处于高速发展阶段，政府也愿意通过举办马拉松赛事，在提高市民身体素质的同时，改善城市的基础设施建设。最后，马拉松赛事的举办时间较短，每次只有一天甚至更短的时间用于比赛，在这集中的几天内，城市借助马拉松赛事向全世界展示着城市本身的人情风貌、历史文化，有利于城市形象的提升。

6.3.2 我国马拉松的发展现状

自 1981 年首次在北京举办马拉松比赛以来，以马拉松为标志的我国路

---

① 媒体报道，现代中国有记录的最早的马拉松赛事举办于 1910 年的南京，http：//www.sohu.com/a/109562303_381581.

② 谭华. 体育史 [M]. 北京：高等教育出版社，2005：97.

跑运动发展迅速，特别是自 2014 年体育领域实施"放、管、服"的改革政策之后，马拉松比赛发展可谓日新月异，赛事数量剧增，各地城市马拉松赛事相互学习先进的运作经验，马拉松比赛的运作也日益规范，赛事的规模与日俱增，影响力也逐渐提高。近年各城市开始举办马拉松的时间见表 6.2，2014 年、2016 年和 2018 年国内若干主要城市马拉松参赛人数见表 6.3、表 6.4、表 6.5。

表 6.2　　　　主要城市开始马拉松的时间（截至 2014 年）

城市	时间	城市	时间	城市	时间	城市	时间
北京	1981	郑州	2007	兰州	2011	珠海	2009
上海	1996	石家庄	2009	潍坊	2013	丹东	2006
广州	2012	苏州	2010	常州	2013	和龙	2012
深圳	2013	无锡	2012	鄂尔多斯	2012	天津	2012
重庆	2011	太原	2010	扬州	2006	杭州	2012
大连	1987	合肥	2014	衡水	2012		
厦门	2003	南宁	2006	东营	2008		
西安	1993	昆明	2012	儋州	2010		
长春	2011	贵阳	2014	邯郸	2012		
福州	2011	海口	2007	营口	2008		

资料来源：各城市马拉松官方网站。

表 6.3　　　　　　2014 年主要城市马拉松参赛人数

举办城市	参赛人数	举办城市	参赛人数	举办城市	参赛人数	举办城市	参赛人数
北京	30000	郑州	47000	兰州	40606	珠海	25000
上海	35000	昆明	10000	儋州	11238	和龙	10293
广州	20000	厦门	77080	南宁	13161	天津	16000
深圳	16000	无锡	20000	东营	10815	杭州	30000
重庆	30000	太原	30167	扬州	35000		
大连	14980	合肥	10000	衡水	15000		

资料来源：各城市马拉松官方网站。

表 6.4　　　　　　　　2016 年主要城市马拉松参赛人数

举办城市	参赛人数	举办城市	参赛人数	举办城市	参赛人数	举办城市	参赛人数
北京	30000	郑州	49000	兰州	40000	珠海	
上海	38000	昆明	16000	儋州	15000	和龙	10000
广州	30000	厦门	50000	南宁	20000	天津	18259
深圳	30000	无锡	25000	东营	30000	杭州	32000
重庆	30000	太原	30000	扬州	35000		
大连	30000	合肥	26000	衡水	16000		

注：2017 年起继北京马拉松之后，厦门成为全国第二个仅设全程项目的专业化马拉松，规模为 3 万人，并提前于 2016 年 11 月在海沧正式创办专业化半程马拉松赛，规模为 1.8 万人，形成"一城双赛"格局。2017 年天津马拉松对接全运会。

表 6.5　　　　　　　　2018 年主要城市马拉松参赛人数

举办城市	参赛人数	举办城市	参赛人数	举办城市	参赛人数	举办城市	参赛人数
北京	30000	郑州	22000	兰州	42000	珠海	12000
上海	38000	昆明	20000	儋州	16000	和龙	10000
广州	30000	厦门	30000	南宁	26000	天津	20000
深圳	30000	无锡	20000	东营	31976	杭州	35000
重庆	30000	太原	30000	扬州	35000		
大连	30000	合肥	30000	衡水	18000		

通过对表 6.3、表 6.4 和表 6.5 的分析可以发现，即使在一些知名城市，马拉松比赛出于提升赛事品质的考虑，开始限制参赛运动员的情况下，近年来，各地马拉松参赛人数还是呈现出明显的逐年递增趋势。

城市马拉松作为一项能够推动城市经济发展的体育赛事，各个举办城市的举办模式与运营模式不尽相同，各具特色，其中，以北京马拉松、厦门马拉松的运营模式最令人印象深刻。2011 年的北京国际马拉松是由体育管理公司组织运营，该公司将公益事业带入马拉松赛事，以"为慈善而跑"的名义打响了慈善马拉松赛事的第一枪。从此，马拉松不再仅仅是跑步的比赛，对参赛者心灵更是一次"长途的"升华，一定程度上，北京国际马拉松改变了部分人的生活方式与精神面貌。

厦门马拉松提出，将马拉松融入生活，变成生活的一部分，"跑步爱上一座城"成为厦门马拉松的宣言，这一宣言正在不断地进入人们的生活，更进入人们的心里,人们的生活因此而改变——既拥有健康的生活方式,同时,也兼有时尚的人生格局。

厦门马拉松办赛十几年来,取得的成就举世瞩目。由于办赛方独特的运营模式,厦门马拉松的名气与影响力与日俱增,享誉世界各地,多年来连续被认定为"国际田联路跑金牌赛事"。厦门马拉松赛事所取得的成就,不仅仅在于运营模式的成功,同时,也有赖于举办方对赛事的组织与规划、城市各个部门的通力合作。厦门马拉松赛事的成功举办,给厦门带来了超高的人气,同时,也为厦门相关产业的发展提供了大量的需求与投资,为厦门的社会经济发展注入了新的活力。

从有关数据可知,近年来,每年都有近50个国家的马拉松爱好者们来到厦门参赛,人数更是多达数万,尤其是2014年参赛人数近8万。厦门马拉松对于厦门城市经济发展的影响较大,以2014年厦门马拉松为例,厦门企业因马拉松增加的经济收入多达2亿元,其中,主要的经济收入是酒店住宿业、旅游业,以及参赛者与后勤人员带来的其他各方面的经济收入。赛事举行期间,厦门一日游一天增加的收入近7000万元,各个酒店更是人满为患,百货商场的收入都比平时高出30%以上。[①]

随着厦门马拉松赛事规模与影响力的不断提升,越来越多的大型企业愿意将资金投入马拉松赛事。借助厦门马拉松的优质形象,赞助企业自身品牌也得到了很好的宣传效果。

2014年以来,中国城市马拉松赛事发展迅速,赛事数量每年都有至少一倍的增加,举办规模也逐年扩大。另外,2014年以来,我国城市马拉松赛事发展迅速,质量也在不断提高,金银牌赛事数量猛增,具体见表6.6到表6.9。

表6.6　　2014—2016年国内马拉松赛标牌发展情况(1)

地点	2014年参赛规模			2015年参赛规模			2016年参赛规模		
	金牌	银牌	铜牌	金牌	银牌	铜牌	金牌	银牌	铜牌
扬州	35000			35000			35000		
北京	30000			30000			30000		
雷公山	31005			33000			56000		

---

① 陈尔洁. 中国马拉松赛事对城市发展影响的研究[D]. 北京:北京体育大学,2014.

续表

地点	2014年参赛规模			2015年参赛规模			2016年参赛规模		
	金牌	银牌	铜牌	金牌	银牌	铜牌	金牌	银牌	铜牌
厦门				43064			50000		
重庆				33000			30000		
东营				30000			31000		
兰州				40000			40000		
太原				40000			30000		
衡水				15000			15000		
杭州				30000			30000		
上海				35000			35000		
广州				30000			30000		
深圳					15000		30000		
无锡					30000		30000		
六盘水					22000		27000		
大连					15000			30000	
营口					15000			15000	
和龙					10000			10000	
昆明						13166		20000	

资料来源：中国马拉松官方网站。

表 6.7　2014—2016 年国内马拉松赛标牌发展情况（2）

地点	2014年参赛规模			2015年参赛规模			2016年参赛规模		
	金牌	银牌	铜牌	金牌	银牌	铜牌	金牌	银牌	铜牌
苏州					30000			30000	
郑州								50000	
秦皇岛					19000			20000	
昭通					12000			12000	
海口					1000			3500	
凉山					20000			20000	
合肥					20000			25000	
南宁								18000	
贵阳					20000				25000
安顺					12000				8500
儋州					11000				

续表

地点	2014年参赛规模			2015年参赛规模			2016年参赛规模		
	金牌	银牌	铜牌	金牌	银牌	铜牌	金牌	银牌	铜牌
宁波									10000
沈阳									15000
盘锦									10000
南京									21000
长沙									20000
台州									10000

资料来源：中国马拉松官方网站。

表6.8　2017—2018年国内马拉松标牌赛事情况（1）

地点	2017年参赛规模			2018年参赛规模		
	金牌	银牌	铜牌	金牌	银牌	铜牌
扬州	35000			35000		
北京	30000			30000		
厦门	30000			30000		
重庆	30000			30000		
兰州	40000			42000		
太原	30000			30000		
衡水	16000			18000		
杭州	35000			35000		
上海	38000			38000		
广州	30000			30000		
深圳	30000			30000		
无锡	30000			20000		
六盘水	30000			30000		
大连	30000			30000		
营口	15000			17000		
和龙	10000			10000		
昆明	16000			20000		
东营	34437			31976		
郑州	20000			22000		

资料来源：中国马拉松官方网站。

表 6.9　　　　　　2017—2018 年国内马拉松标牌赛事情况（2）

地点	2017 年参赛规模			2018 年参赛规模		
	金牌	银牌	铜牌	金牌	银牌	铜牌
苏州	30000			30000		
秦皇岛	25000			27000		
昭通		12000			13000	
合肥	30000			30000		
南宁	20000			20000		
贵阳		25000			25000	
安顺			8500			8500
宁波		10000				10000
沈阳	20000			20000		
盘锦			10000		10000	
南京		21000				28000
长沙	20000			24000		
台州	10000			15000		
南昌	25000			25000		

资料来源：中国马拉松官方网站。

由表 6.6 到表 6.9 可以看出，中国具有金牌赛事的城市从 2014 年的 3 个增加到 2016 年的 15 个，具有银牌赛事的城市从 2014 年的 0 个增加到 2016 年的 12 个，具有铜牌赛事的城市从 2014 年的 0 增加到 2016 年的 8 个。到了 2018 年，中国田径协会的金、银、铜牌赛事更是分别达到了 68 个、61 个和 96 个，如图 6.1 所示。值得一提的是，各地马拉松赛事也在纷纷寻求与国际接轨，其中，获得国际田联标牌的马拉松赛事数量达到 14 场，包括金标赛事 8 场、银标赛事 4 场、铜标赛事 2 场，占国际田联 114 场的标牌赛事总量的 12.28%，在全球各国（地区）中排名首位。而在 2008 年这一数字仅为 2 场。①

---

① 新华社体育，见 https://baijiahao.baidu.com/s? id = 1627711430021413138&wfr = spider&for = pc。

第 6 章 赛事对城市经济的影响——以马拉松赛事为例

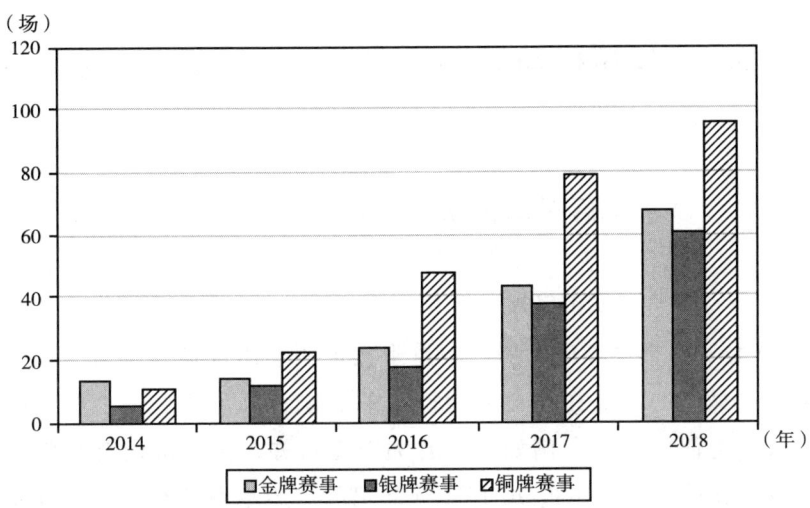

图 6.1　2014—2018 年我国马拉松标牌赛事①

国内城市马拉松赛事近两年来发展迅速,马拉松赛事,举办层次与质量更是得到大幅度的提高。组织者的办赛水平和宣传效果也不断提升,这些都在马拉松举办城市形成了巨大的消费市场,相关资料显示,在大众经常参与的体育运动中,跑步以 43% 的参与度名列前茅。2018 年,马拉松的年度总产值达到 746 亿元,跑者人均消费金额 12287 元,其中,42% 用于报名参赛,包括报名费、交通费、住宿和当地消费等费用。41% 的消费用于购买装备,包括跑鞋、服装、智能穿戴设备等。另有 16% 的消费用于日常训练开销,包括培训费、营养补给等。所有消费中,用于知识付费的部分占 1%,主要包括书籍购买、在线课程等内容。可以说,近十多年来席卷华夏大地的马拉松赛事的举办极大地增加了城市的经济和社会效益。以马拉松为代表的路跑运动,已经成为中国人民最喜爱的健身运动方式之一,马拉松赛事的广阔市场前景,使其成为全民健身的重要平台。

---

① 为鼓励各地大力开展马拉松运动,中国田径协会取消了按申报数量比例进行金、银、铜牌赛事评选的规定,符合条件并经协会及相关专家核定的赛事单位均可获得相关级别赛事称号。此外,出于推动赛事稳步发展、逐步成熟的目的,协会取消铜牌赛事直升金牌赛事的规定,改为铜、银、金牌赛事逐级申请核定。各级别赛事的要求各不相同。

6.4　马拉松与城市经济发展影响机制分析

6.4.1　城市发展对马拉松的影响

(1) 体育赛事与城市发展的关系

A. 体育赛事推动城市发展。大量事实证明,体育赛事作为一种特殊事件,对举办城市的发展往往会产生巨大的影响,既包括经济上的影响,也有社会文化方面的影响。例如,从有关数据可知,悉尼奥运会当年为悉尼带来直接经济收入达到了近70亿澳元。另外,悉尼奥运会作为一项特殊的旅游资源,给当地的旅游业带来了新的发展动力。2008年北京奥运会的举办,对北京城市的经济发展影响巨大,促进了各相关行业的发展。奥运会为北京市GDP带来了近1800亿元的增长,同时,直接增加财政收入400多亿元,带来新的就业岗位140多万个,人均收入也增长了约13000元。另外,奥运会举办前4年,奥运会的直接投资给北京市带来的影响最为巨大,平均每年带动北京市经济增长5%之多,北京城市的发展层次得到了很大的提升。

B. 城市发展需要体育赛事。城市的发展水平不仅仅是经济水平的高低,同时,也包含着多方面因素,如环境、安全、交通、文明程度等。随着经济的发展,城市之间的竞争更多地体现在城市的社会文化属性上,一个城市拥有更丰富的内涵,相对于缺乏这些属性的城市更加具有竞争力。体育赛事作为一种特殊事件,深深地影响着城市的社会文化属性,对于城市竞争力的提升有很大的促进作用。体育赛事之所以能够影响城市竞争力,其原因在于:首先,体育赛事能够给城市提供体育竞赛产品与服务,满足人们在体育休闲方面的需求。其次,不同城市的体育赛事往往都具有当地特色,结合了当地的文化习俗,创造了多层次的文化内涵,满足了人们多方面的文化需求。最后,体育赛事给城市的形象宣传提供了一个良好的渠道,借助这一渠道,城市形象能够得到较好的改善与提升。因此,城市发展需要高质量的体育赛事。

（2）城市经济发展水平决定赛事举办规模与水平

体育赛事促进城市发展的同时，城市的发展水平也决定着体育赛事的举办规模与水平。无论是对于产业还是体育赛事这种特殊事件来说，发展的基础都是资源要素，也就是用于生产产品与提供服务的资源。在体育赛事发展的概念里，所需要的资源要素无非两种，即劳动与资本。城市本身的资源为体育赛事的发展源源不断地提供这两种资源要素，而正是这两种资源要素决定了体育赛事的举办规模与水平，故而可以说，城市的经济发展水平决定着赛事举办规模与水平。

体育赛事被比喻为"文化产业里的重工业"，资本密集度较高。比如，北京奥运会与广州亚运会等大型国际赛事，直接的投资往往都在千亿元级别，可见体育赛事对于资本的需求巨大。是其他文化产业完全无法比拟的。之所以体育赛事需要如此大的资本投入，原因是多方面的。首先，专业的体育竞赛运动员基本都由国家培养，每一位运动员在时间上与金钱上都耗费巨大。其次，比赛场馆、城市交通及其他设施都需要长期投资建设，所耗费的资源更是巨大。最后，体育赛事的体育产品需要进行生产与销售，这也需要不小的资金耗费与人力耗费。另外，体育赛事对于劳动的需求也很巨大，主要原因在于：一场体育赛事要成功举办，赛事组织部门并不能独立完成，往往还需要城市各个部门的通力合作，以及大量的志愿者等后勤队伍来保障。因此，一个城市除非具有很强的经济实力和社会资源调动能力，否则不可能办好大型的体育赛事。

城市马拉松赛事虽然不能与奥运会等国际体育赛事相比，对于城市自身的要求相对较低，但其作为城市举办的大型体育赛事，为了能够取得更好的举办效果，以及从中获得更多的经济社会利益，城市的经济实力依然非常重要。如果城市没有足够的经济实力，结局往往可能是"赔本赚吆喝"，虽然耗费巨大举办了马拉松赛事，但并未达到预期的目标。

6.4.2 马拉松赛事的集聚与扩散效应分析

经济集聚是指消费与投资等经济行为不断由集聚地周边向集聚地集中

的现象。这种现象产生于经济系统内部,而这个经济系统往往具有垄断性质,并且具备规模报酬递增的特点。① 扩散效应是指某一地区的主导产业将其优势传递给该地区的其他相关联的产业,带动整个地区的产业发展,从而促进该地区的经济发展。②

马拉松赛事兼具集聚效应与扩散效应。其中,集聚效应是指马拉松举办期间所吸引到的赞助商与合作商的资本投资,以及赛事吸引到的大量人群所带来的消费需求的增长。扩散效应是指马拉松赛事的举办,促进了相关产业发展,使得相关产业的水平提升了一个层次,这种提升将在马拉松赛事举办后逐渐显现出来。具体见图6.2。

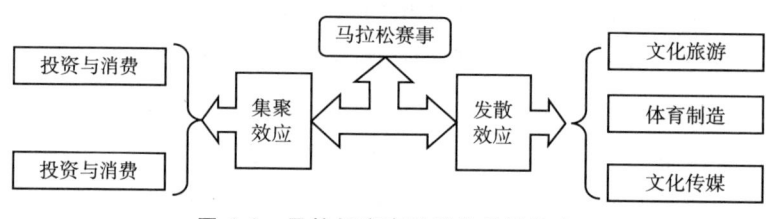

图 6.2 马拉松赛事的聚集扩散效应

(1) 马拉松赛事的集聚效应

A. 投资。马拉松赛事作为一种文化产业,它的举办能够带来多方面的影响。企业投资马拉松赛事,无论对马拉松赛事本身还是企业自身,都有着巨大的效用,双方都能够获得丰厚的回报。这种双赢的方式使得马拉松赛事的举办越来越引起企业的投资兴趣。

筹备和举办赛事期间,政府为办好马拉松赛事、达到促进城市经济发展与提高知名度的目的,往往会发布各项优惠政策来吸引资金投资与赞助。随着城市经济的不断发展、人们的生活日益改善,人们对于体育休闲的需求不断增加,马拉松作为一项具有广泛受众群体的体育赛事,其市场潜力巨大,吸引着众多投资者与赞助商。投资者从赛事运营中获取利益,赞助商通过赞助赛事以提高企业知名度并扩大企业的发展。因此,通过举办马

---

① FUJITA M, MORI T. Transport dvelopment and the evolution of economic geography [J]. Portuguese Economic Journal, 2005, 4 (2): 129 – 156.
② [美] 罗斯托. 从起飞进入持续增长的经济学 [M]. 贺力平, 等译. 成都: 四川人民出版社, 1998: 16 – 45.

拉松赛事，大量的投资进入了举办城市，使得城市的投资市场更加活跃。

B. 消费。马拉松赛事举办虽然只有一天，但其前期准备往往长达一年，这一期间，进行大量的投资与广泛的宣传、新建场馆的建成、基础设施的修缮以及旅游景点的开发等，将会吸引各地跑步爱好者前来参赛、不同文化习俗的游客前来参观游玩。马拉松赛事能在短时间内聚集大量的人，极大地刺激着城市的消费与投资需求，而消费作为经济增长的主要因素之一，只有消费不断增加，城市的经济才能够得到持续发展。因而，马拉松赛事的举办，提高了城市的消费需求。

（2）马拉松赛事的扩散效应

城市的发展是一个长期且持续的过程，而马拉松赛事虽然短暂，与赛事的集聚效应相比，更为重要的是马拉松赛事的扩散效应。对于城市发展来说，马拉松赛事的集聚效应只有短期的作用，而扩散效应给城市的经济发展的影响是长期的。通过举办马拉松赛事以及赛事的相关配套活动，相关产业的发展水平得到了提升，赛事后期这些产业的提升效果会逐渐显现出来。

A. 文化旅游。随着生活的富足，人们对于旅游有了更高层次的需求。这种需求是更深层次地去享受当地文化与历史底蕴等。马拉松赛事作为宣传城市魅力的体育赛事，其不仅提升了城市的形象与影响力，同时，也为当地的旅游业做了一个很大的宣传。另外，当地旅游企业也多利用马拉松这一宣传契机，完善自身旅游设施的建设，深化旅游文化底蕴，借此提高旅游景点的名气，增加旅游收入。

B. 体育制造。随着人民生活水平的提升，马拉松赛事作为一个绿色、健康的娱乐方式，代表一种健康的生活娱乐方式，越来越多的跑步爱好者将加入其中。马拉松赛事的举办激发了城市人群对于体育运动健身的需求，需求的增加将会吸引投资进入体育产业，尤其是推动体育用品制造业与健身培训等体育行业的发展。

C. 广告传媒。马拉松赛事举办前期，需要长时间进行宣传，以此吸引参赛者与游客前来，对于当地的广告传媒行业提出了更高的要求。同时，也需要大量的广告传媒企业对马拉松赛事进行宣传。企业为了获得更多的利润，也会积极提升企业管理水平，提高服务质量。马拉松的举办将直接提升当地广告传媒业的服务质量与宣传水平，促进广告传媒业的发展。行业整体水平的提升将在赛后持续得到彰显,促进城市的经济发展。

D. 交通运输。由于马拉松赛事对于交通路况等要求较高,举办马拉松赛事之前,举办方为提高参赛者与游客的体验,多对比赛要用到的特定的道路以及周边的基础设施建设进行改善,城市交通运输因此得到提高。

6.4.3 马拉松促进城市发展的社会与经济效益分析

城市的发展需要体育赛事来展示城市的发展成果与特色魅力;同时,城市文化方面的发展也需要体育赛事来增添色彩。马拉松作为一项受众群体广泛的大型体育赛事,深受人们的喜爱,已经成为很多城市提升自身竞争力的主要方式之一。马拉松赛事无疑会对城市产生很大的影响,这种影响是多方面的,既包括政治、经济方面的影响,也包括社会、文化等方面的影响。总体来说,马拉松赛事对举办城市的影响可以分为社会与经济两个大方面的影响。其中,社会方面的影响可分为城市形象与基础设施建设等方面的影响,经济方面的影响可分为直接经济收入、投资、消费、体育产业与旅游业等方面的影响。

(1) 马拉松对城市社会效益的影响机制

A. 促进城市品牌与形象的提升。城市品牌是一个虚拟化的概念,但是又真实存在,城市会根据自身战略来建立城市形象,通过一些宣传手段传递给人们,城市品牌也由此而形成。城市品牌具有多方面的内涵,其中,既包含了城市的独特文化,又包含着城市的发展战略与方向。树立良好的城市形象,可以使人们对该城市产生向往之情。随着社会的发展与进步,体育赛事作为文化产业的一种,在人们的生活中有着不可替代的地位,与社会文化、艺术、历史底蕴一样,塑造着城市的形象。举办体育赛事,对于城市的整体面貌有着很大的改善作用,赛事举办期间,广大媒体的关注与报道,展示了城市的魅力与形象。具体包括城市环境的绿化与美化以及市民整体素质的提升等方面。[1]

---

[1] 沈建华,肖锋. 大型体育赛事对城市形象的塑造 [J]. 沈阳体育学院学报, 2004 (6): 745 - 746.

B. 促进城市基础设施的建设。城市的基础设施建设对于城市来说是一种基础保障，对于城市居民而言，城市的基础设施建设决定着他们的生活质量与生活方式。对于一些大型的重大体育赛事来说，往往需要进行大量的投资来保障赛事的成功举行，最重要的环节之一就是对于基础设施的建设与完善。其中，既包含了各类体育场馆的建设，还包括了赛事相应的配套服务设施的建设。另外，基础设施建设还包括了城市的交通设施、旅游设施等其他为生活服务的城市公共设施。北京奥运会筹办期间，北京市在基础设施建设方面的投资巨大，每年平均高达700多亿元，总投资近3000亿元。同比北京奥运会筹办期间的前几年，交通运输上的投资是前几年的4倍以上。① 显然，大型的重大体育赛事对于城市的基础设施建设有很大的改善作用。

（2）马拉松对城市经济效益的影响机制

A. 给举办城市带来直接的经济收益。体育赛事作为文化产业的一种，在人们的生活中有着不可替代的地位。大型体育赛事的举办，促进了城市的经济发展。其中，直接经济收益包含着多方面的收益项目，如门票、赛事纪念品、广告费以及其他赛事所提供的服务与产品收入等。体育赛事所带来的直接经济收益巨大，其中充满了无限商机，如果利用好这一商机，可以发掘出源源不断的经济收益。

在北京获得奥运会主办权之后，北京市充分利用奥运会这一契机。在筹备举办北京奥运会的几年间，北京奥运会给北京的经济增长带来了新的发展动力，每年为北京的经济发展贡献2%以上。上海的大师杯网球赛同样为上海的经济发展贡献不俗，2005年以后，大师杯网球赛开始走向盈利，当年的总价值近5亿元，其中，赛事的直接收入就有1亿多元，赛事带动传媒行业的收入多达2亿多元，带动赛事产品与服务等相关产业增加经济收益近1.5亿元。② 另外，有资料显示，上海大师杯网球赛在2007年盈利模式继续走强，对上海当年经济发展的推动作用十分明显，单直接经济收益一项就高达近8亿元。③

---

① 陈剑. 奥运经济：北京的创新与发展 [J]. 北京社会科学，2008（1）：16－21.
② 网球经济4.49亿元，2005年上海大师杯总价值惊人. 中国新闻周刊 [N]. 2006－11－28.
③ 上海别大师往事不如烟. 东南快报 [N]. 2008－11－18：A37.

有研究指出，2008 年北京马拉松拉动了相关产业的发展，其中，旅游业最低为 102 万元、交通运输业最高为 1803 万元。可见，马拉松赛事的成功举办，对城市相关产业具有很大的拉动作用，促进了城市的经济发展。① 具体见表 6.10 所示。

表 6.10　　　　2008 年北京马拉松对相关产业的拉动　　　　单位：万元

行业	旅游业	零售业	餐饮业	体育产业	住宿业	交通运输业
拉动产值	102	697	708	849	868	1803

B. 吸引社会资源加大对城市的投资。体育赛事所具有的巨大媒体效应，吸引着众多企业对该赛事进行投资，企业利用体育赛事这一宣传平台，来提升企业自身形象，打响企业品牌。

由于其巨大的媒体效应以及巨大的参与关注群体，马拉松赛事的举办充满了巨大商机，也有助于吸引社会资金流向举办城市，形成更加活跃的投资市场。

C. 拉动城市消费需求。一个地区的经济发展主要包括三方面的原因：投资的增加、消费的增加、净出口的增加。这三个要素是经济发展的基础，其中，消费这一要素更是重中之重。对于一个国家或城市来说，如果消费不足，即使有更多的资金也无法进行投资，那么这个国家或城市将不能持续健康的发展。只有消费需求充足，资金才能源源不断地进行投资，国家或城市才能获得持续健康的经济发展。需求这一要素是多方面的，既包括人们生存生活的基本物质需求，还包括更高层次的精神文化需求。随着人们生活的不断富足，人们对于体育产品与服务的需求在不断增加。体育赛事作为文化产业的一种，为人们提供了多方面的商品与服务，满足了人们多方面的精神文化需求，同时，也刺激着人们对体育休闲等方面的需求。马拉松赛事的举办，吸引了大量的人群，包括参赛者、家属以及其他的旅游者。根据 2016 年厦门市旅游局公布的数据测算，厦门国际马拉松赛在 2016 年给厦门带来了大约价值 168.5 亿元的旅

---

① 靳英华，原玉杰. 北京国际马拉松赛的社会效益和经济效益分析 [J]. 北京体育大学学报，2008，11.

游市场。①

D. 增加城市工作岗位。大型体育赛事的举行，通常情况下会涉及许多行业，无论是馆场设施的建设，还是赛事中的志愿服务，无论是体育赛事所用物品的制造，还是文化旅游的服务，这些都增加了许多就业机会。尤其是对于大型的国际体育赛事而言，它的申办将会吸引大量资金投入该城市的发展中去，各相关行业因此得到发展，无疑会为城市务工者提供更多的就业岗位。同时，就业岗位的增加，也使得我国的劳动力市场供求关系更加平衡，一定程度上缓解了劳动力过多的问题。这些相关行业包括了与体育赛事相关性较大的体育制造、体育服务、文化旅游等行业，这些行业的发展，直接为举办城市增加了大量的岗位需求。另外，体育赛事筹备期间，需要进行大规模的基础设施建设，而基础设施建设属于劳动密集行业，这一期间所增加的岗位需求巨大，也有助于解决城市劳动力市场的供求紧张。此外，作为大型体育赛事，由于赛事安全性的特殊需要，马拉松赛事需要大量的后勤人员保障赛事的顺利进行。因此，马拉松赛事在城市就业方面的促进作用明显，提供了更多的就业机会。有关美国马拉松的资料显示，2013年和2014年，美国跑友为赛事举办地创造了2.54亿美元的经济收入，创造了1816个全职工作岗位以及8600万美元的工作岗位工资支出。②

虽然同美国市场相比，我国的马拉松市场刚刚位于起步阶段，但以我国目前社会经济发展的速度，美国马拉松市场的现状很可能就是我国马拉松市场的未来，我国马拉松在就业方面的作用无疑也将更得到彰显，其对解决我国城市人口的就业问题无疑意义深远。

E. 促进旅游业发展。城市旅游业的发展需要以下几个条件。首先要有完善的硬件设施及其浓厚的历史文化，其次要有突出城市特点和优势的软件——现代城市的宣传及管理等。而现代马拉松赛事的举行关系到城市的诸多方面，可以通过广告等手段对体育赛事进行包装宣传，通过各种各样的媒介手段挖掘出体育赛事的价值。与此同时，各个城市也会展现出各自

---

① https：//www.iyiou.com/p/51125.html.
② 为什么政府要倾全城之力打造城市马拉松［EB/OL］.（2017-07-27）. http：//www.iyiou.com/p/51125.html.

的招牌和文化，让参加体育比赛的运动员、观众等感受一下举办城市的美好人文和自然环境，刺激消费以及未来的二次旅游消费。如芝加哥马拉松是世界六大马拉松大满贯赛事之一，目前，每年参赛人数约 40000 名，其中，23% 的选手是因为马拉松比赛才来到芝加哥。同时，在比赛期间，观众的人数高达 170 万，赛事还会为 195 个慈善组织捐款，每年的捐款总额高达 2000 万美元。[①]

体育旅游管理的提升很重要，需要体育赛事举办上更认真、程序上更负责。大型的体育比赛一般都会涉及赞助商和与会者，他们会签订协议，该协议中包括对赛事接待的服务质量、服务内容等的要求，而对这些体育赛事的相关要求比较高，大部分与国际相关行业标准接近甚至是高于它们，这样管理水平和服务质量将会逐渐提升，最终接轨国际标准。举办城市的酒店是跑友们除了参赛外的最大刚需，所以几乎所有国际知名马拉松赛事都有专门酒店系统的供应商或赞助商，可以满足跑友的需求，也能形成对当地旅游最直接的拉动。

6.4.4 研究假说

通过本章的理论机制分析，为更好地分析马拉松比赛对城市的经济影响，我们提出以下假说，并在下一节进行检验。

假说 1：举办马拉松赛事能够推动地区经济发展。

由于地区与地区之间禀赋不同，政治条件与经济条件不同，虽说马拉松比赛已经在国内许多城市举办，但办赛需要的人力物力也非常巨大，且大多城市举办马拉松的目的是为了促进城市经济发展，其途径大致包括：第一，刺激当地的投资需求，吸引资金进入该城市，以促进城市经济发展。第二，刺激当地消费需求，增加现相关产业收入，提升相关产业的发展水平，以促进经济发展。第三，宣传城市形象，推动旅游业的发展以及吸引更多资金前来投资。第四，通过马拉松赛事的举办改善城市基础设施建设，促进城市的经济发展。而基础设施建设又需要大量资金的投入，经济发达

---

① https://www.sohu.com/a/161083070_115533.

的地区相对来说更容易办到。这从国内举办马拉松赛事呈现东多西少的趋势可见一斑。

假说2：相对于发达程度较低的地区，举办马拉松比赛对于发达地区推动作用更大。

马拉松推动城市经济发展的关键点在于刺激当地的投资与消费需求，而对于发展程度较高的城市来说，由于拥有更为充沛的社会资源支撑，能够举办层次更高、质量更好的比赛，对于比赛的宣传、运营管理与后期利用更有经验，更可能成功举办马拉松赛事，并充分利用比赛达到促进城市经济发展的效果。另外，发达地区城市本身已有的较高知名度也使其更能吸引国际游客以及外来资金的投入。

假说3：马拉松赛事对于城市的经济发展具有滞后性的促进作用。

马拉松赛事对城市经济发展当期的影响主要在于举办期间对城市消费需求、投资需求的拉动。马拉松赛事无疑促进了相关产业发展，由于基础设施等投资的滞后效应，相关产业的提升对于经济发展的促进作用并不完全在举办马拉松当年显现，即使到了赛后，这些产业由于马拉松赛事而得到的提升仍然可能继续推动城市经济发展。故而，马拉松赛事对于城市经济发展的推动作用既表现在举办赛事当期，又有一定的滞后性。

6.5　马拉松影响举办城市经济的实证分析

6.5.1　模型、方法与数据

（1）估计方法介绍

为了检验举办城市马拉松对地区经济发展的作用，可以通过比较地区经济增长在开始举办赛事之前和举办赛事之后的差异，以此来判断举办马拉松赛事对城市经济增长的作用（单差法）。当然，这种单差法得出的结论可能是不准确的。因为在开始举办赛事的前后，还有很多其他因素会影响地区经济增长。此外，同一时期那些未举办马拉松的城市也可能得以发展，这些因素无疑都会对地区经济发展产生重要的影响，影响评价结果。而运用单差法仅通过单一前后或纵向对比并不能将这种差异考虑在内，从而可能高估举办马拉松赛事对经济发展的作用。相比较而言，倍差法在一定程度上可以排除一些干扰因素的影响，该方法主要是将"有无差异"和"前后差异"结合起来。因此，本节研究马拉松赛事对城市经济发展的影响，采用了更为科学的双重差分方法进行评价。

在本节选择的 59 个地级市样本中，2006—2014 年间，有 35 个城市先后开始举办马拉松比赛，这使我们可以通过良好的"准自然实验"来使用双重差分方法。具体来说，在我们的样本中，有 35 个地级市举办马拉松比赛，这 35 个地级市就构成了处理组，其余没有举办的地级市自然就构成了对照组。同时，在 2006 年到 2014 年间，各地区开始举办马拉松赛事在时间上也存在差异。根据地方开始举办马拉松赛事的时间，我们设置 Events 变量，地区在开始举办马拉松赛事前 Events = 0，之后 Events = 1。这样我们可以构造以下双向固定效应计量模型来实现双重差分，检验举办马拉松赛事对地区经济增长的净效应：

$$Y_{it} = \beta_0 + \beta_1 Events_{it} + \beta_3 X_{it} + \gamma_t + \mu_i + \varepsilon_{it} \tag{6.1}$$

其中，Y_{it} 为被解释变量，本节选取了实际 GDP 指标来衡量举办马拉松比赛对地区经济发展的作用，下标 i 表示城市中的第 i 个市，下标 t 表示时间第 t 年，γ_t 表示样本时间段内的时间固定效应，μ_i 代表各地级市的个体固定效应。X_{it} 为其他控制变量，包括外商直接投资水平、地区第三产业发展水平、城市化水平等。对于上述模型，系数 β_1 的估计值是我们关心的重点，它度量了举办马拉松比赛对地区经济发展的净影响。如果举办马拉松比赛确实推动了地区经济发展，那么 β_1 的系数应该显著为正。

（2）数据、变量和描述性统计

本节研究的重点是举办马拉松赛事对地区经济发展的作用，并对马拉松赛事推动经济发展的地区差异性进行详细分析。除此之外，考虑到其他经济因素也会影响地区经济发展，本节还引入了其他控制变量，详细的变量设置见表 6.11。

表 6.11　　　　　　　主要变量及其计算方式

变量名称	变量含义	计算方法
gdp	地区 GDP	地区实际 GDP
Events	马拉松比赛	虚拟变量（0，1）
fdi	外商直接投资水平	（地区实际利用外商投资/地区 GDP）×100
urban	城市化水平	（市区人口/地区年末总人口）×100
service	第三产业发展水平	（地区第三产业产值/地区 GDP）×100

A. 被解释变量。为了找出衡量地区经济发展的指标，本节参考了大量文献，决定用地区的实际 GDP 来衡量，用作本节的因变量。其中，考虑到数据的可比性，本节计算了以 2006 年为基年的各年实际 GDP。本节选取的数据之所以从 2006 年开始，主要是因为《中国城市统计年鉴》中包含的数据是地级市实际 GDP 增长率，并且用可比价格来计算。本节所用的所有原始数据均来自《中国城市统计年鉴》。

B. 核心解释变量，即举办马拉松赛事虚拟变量（Events）。由于本节的数据时段为 2006—2014 年，因此，我们根据中国马拉松官方网站公布的截至 2014 年举办马拉松赛事城市名单，对各地级市进行赋值。如果某一城市在当年开始举办或已经举办马拉松比赛，则赋值为 1，否则赋值为 0。此外，为了验证假说 2，我们还根据国家 2014 年发布的城市发展水平划分，搜集了经济发达城市（fadacity）、副省级省会级城市（fushengji）和地级市省会城市（dijisheng）三类城市名单，根据名单对样本市分别赋值，在 2006—2014 年间，该城市为以上三类城市的则分别赋值为 1，否则赋值为 0。

C. 控制变量。为了排除其他因素的影响，本节选取了一些控制变量。在城市的发展和转型时期，外商直接投资构成了各个地区经济增长的重要源泉，因此，本节通过计算"地区实际利用外商直接投资/地区国内生产总值"来捕捉外商直接投资水平（fdi）的作用。在这中间，本节用每年中间汇率进行换算，需要注意的是，地区实际利用投资额的数据以美元为单位。此外，中国的经济发展伴随着城镇化的迅速推进和地区产业结构的变动,各地的城镇化进程和产业发展会对地区经济发展产生影响。[①] 因此,本节采用城市化率和地区第三产业发展水平两个指标来反映结构变化的影响,其中,城市化率(urban)用"非农人口/地区总人口"计算,地区第三产业发展水平(service)用地区"第三产业产值/地区生产总值"计算(见表 6.11)。

本节所用数据样本为中国 59 个城市 2006—2014 年的面板数据。本节选取 2006—2014 年数据主要有两个原因。一方面,由于数据主要是来自《中国城市统计年鉴》,2006 年以前的数据不够全面,有很多缺失,考虑到数据可得性,本节选择了从 2006 年开始。另一方面,大部分城市马拉松都是在 2006 年以后开始举办的,2006 年以前只有少数几个城市马拉松比赛。为了更加有效地评估举办马拉松比赛对地区经济增长的作用,本节将样本区间选在 2006—2014 年。本节的所有原始数据都是从《中国城市统计年鉴》及各省和各市历年的统计年鉴中获得的。表 6.12 为各个变量的描述性统计结果。

表 6.12　　　　　　　　　主要变量描述性统计

变量名称	最大值	最小值	均值	标准差
gdp	23.5677	0.0715	4.097	3.7197
Events	1	0	0.3465	0.4763
fdi	194	0	46.8629	39.9418
service	77.95	11.2	44.0186	10.4517
urban	100	18.01	61.4818	17.6328

6.5.2　实证分析

(1) 马拉松与地区经济发展总体实证

本节首先估计举办马拉松比赛对地区经济增长的直接影响,以检验假说 1。本节运用双重差分方法来评估马拉松对地区经济增长的净效应。

[①] 石磊,高帆. 地区经济差距:一个基于经济结构转化的实证研究 [J]. 管理世界,2006 (5).

第 6 章 赛事对城市经济的影响——以马拉松赛事为例

从我们的样本可见，那些基础设施更好、制度更为健全、其他各类配套条件能够得到保障的城市往往先举办马拉松赛事。因此，在举办和未举办马拉松的城市之间，本身的发展趋势是不一致的。使用双重差分模型的一个基本前提是，处理组如果未受到政策干预，其时间效应或趋势效应与控制组一样（故可以用后者来控制时间效应），这就是所谓的平行趋势或共同趋势假定。在做正式回归之前，考虑到样本之间城市级别以及其他因素可能会导致样本之间不符合共同趋势假定，故首先要做平行趋势检验。通过文献得知，可以设定虚拟变量 d1、d2、d3、d4，将处理组中首次举办马拉松的前一年赋值 d1 = 1、前两年赋值 d2 = 1、前三年赋值 d3 = 1、前四年以上赋值 d4 = 1；举办马拉松城市为处理组，赋值 fenzu = 1，否则 fenzu = 0，将 d1、d2、d3、d4 与 fenzu 的交互项代入，进行平行趋势检验，如果交互项均不显著，说明样本具有共同趋势，即可以认为处理组时间效应与控制组一样，反之，不具有共同趋势，处理组时间效应与控制组不一样，此时，双重差分模型无法排除时间效应的不同，从而导致估计结果有偏而不符合真实情况，因此，不能直接使用一般双重差分模型。结果见表 6.13。

表 6.13　　马拉松赛事推动经济增长：平行趋势检验

被解释变量 解释变量	gdp (1)	gdp (2)
Events	2.644 *** (0.791)	2.597 *** (0.788)
d1 × fenzu	2.823 *** (0.698)	2.803 *** (0.686)
d2 × fenzu	2.930 *** (0.726)	0.924 *** (0.711)
d3 × fenzu	2.855 *** (0.749)	2.839 *** (0.737)
d4 × fenzu	3.108 *** (0.787)	3.030 *** (0.781)
fdi		0.00182 (0.00634)

续表

被解释变量 解释变量	gdp (1)	gdp (2)
service		0.0368 (0.0526)
urban		8.18e-05 (0.0485)
时间效应	控制	控制
地区效应	控制	控制
Constant	9.896*** (0.767)	7.122 (5.836)
N	531	531
R-sq	0.9329	0.9334

注：(1) 括号中为标准误；(2) *、**、*** 分别表示 10%、5%、1% 的显著性。

通过观察表 6.13，d1、d2、d3、d4 与 fenzu 的交互项的 p 值均显著，说明样本不具有共同趋势。为了解决这个问题，大致有以下几种解决途径：①画时间趋势图。②加入更多的控制变量。③假设线性时间趋势。④三重差分。其中，第三种方法在具体回归时，可以将时间虚拟变量去掉，将时间虚拟变量与地区虚拟变量的交叉项代入模型进行回归。因此，本节采用第三种方法进行回归，回归结果见表 6.14。

表 6.14　　　　马拉松对地区经济：基本回归结果

被解释变量 解释变量	gdp (1)	gdp (2)
Events	0.195** (0.0784)	0.200*** (0.0769)
fdi		-0.000239 (0.00168)
Service		-0.0108 (0.0146)

续表

被解释变量 解释变量	gdp (1)	gdp (2)
urban		-0.00320 (0.00902)
时间效应	控制	控制
地区效应	控制	控制
Constant	-3347*** (0.0784)	-3361*** (22.49)
N	531	531
R-sq	0.9978	0.9978

注：(1) 括号中为标准误；(2) *、**、*** 分别表示 10%、5%、1% 的显著性。

表 6.14 中，第 1 列是没有加入其他控制变量时的估计结果，第 2 列是加入其他控制变量的结果。其中，不加入控制变量时，回归结果不能排除一些其他影响因素，导致结果可能是有偏差的，故要加入控制变量再次做回归。从该表中可以发现，无论是否加入其他控制变量，在以地区 GDP 为被解释变量时，本节重点关注的 Events 的回归系数均显著为正，这表明举办马拉松赛事对地区经济发展有着显著的推动作用。表 6.14 的结果基本上验证了本书的假说 1，马拉松赛事的举办确实对地区经济发展有着显著的促进作用。从短期看，马拉松赛事的举办对城市投资与消费需求产生了极大的刺激作用，从经济学理性人假设与企业利益最大化原理的角度来看，相关的企业必定会抓住这一机会来宣传自己、发展自己，为城市带来了巨大的直接经济收益。从长期看，举办马拉松为城市改善了基础设施建设与环境、提升了城市知名度，这些因素为城市的经济发展奠定了基础，更加便于招商引资，使得城市实现更多资金流入。另外，城市知名度的提高对旅游业的促进作用尤其明显，同时，旅游业的兴旺发达也会更进一步地提升城市知名度，这是一个相互作用的过程。同时，马拉松的举办也激发着广大群众的体育意识与体育需求，对于体育产业的发展提供了巨大的市场。从以上分析来看，马拉松的举办不仅是一场城市本身的营销，更是对城市旅游业、体育产业等行业的营销。

(2) 稳健性分析

考虑到影响经济发展的因素有很多，为了确认实证结果的正确性、是否符合真实情况，本节需要进行稳健性检验。在这里，本节借鉴了已有研究的反事实检验①，其文献中通过改变政策执行时间进行反事实检验，这样做的目的是为了排除其他干扰经济发展的政策影响。除了举办马拉松赛事以外，一些其他政策或随机性因素也可能导致地区经济发展产生差异，而这种差异与马拉松的举办没有直接关联，但是这种差异对经济发展的影响有可能导致前文的实证研究结果不够准确，进而最终导致前文的结论不成立。为了排除这类因素的影响，我们假想各地区开始举办马拉松赛事的年份统一提前两年或三年，如果此时马拉松变量的系数显著为正，则说明经济发展很可能来自于其他政策变革或者随机性因素，而不是马拉松赛事的举办。如果此时马拉松变量并不显著为正，则说明前文实证结果中经济发展的增量贡献来自于马拉松赛事的举办。检验结果见表 6.15。

表 6.15　　马拉松赛事推动经济增长：反事实检验

被解释变量 解释变量	gdp (1)	gdp (2)	gdp (3)	gdp (4)
L2. event	0.0268 (0.175)	0.0590 (0.176)		
L3. event			-0.0112 (0.174)	0.0348 (0.175)
fdi		-0.00191 (0.00307)		-0.00188 (0.00308)
service		0.0555*** (0.0214)		0.0553*** (0.0215)
urban		-0.00917 (0.0204)		-0.00954 (0.0204)
时间效应	控制	控制	控制	控制

① 刘瑞明，赵仁杰. 国家高新区推动了地区经济发展吗？——基于双重差分方法的验证 [J]. 管理世界，2015（8）：30-38.

续表

被解释变量 解释变量	gdp (1)	gdp (2)	gdp (3)	gdp (4)
地区效应	控制	控制	控制	控制
Constant	12.53*** (0.408)	9.238*** (2.471)	12.56*** (0.405)	9.295*** (2.474)
N	531	531	531	531
R-sq	0.9238	0.925	0.9238	0.925

注：(1) 括号中为标准误；(2) *、**、*** 分别表示10%、5%、1%的显著性。

在表6.15中，第1列和2列表示马拉松举办时间提前两年开始举办马拉松赛事的情况，第3列和4列表示假想马拉松举办时间提前三年开始举办马拉松赛事的情况。表中各项检验表明，无论是提前两年还是三年，假想的马拉松举办时间均不显著，也就是说假想的提前举办赛事的情况下，即排除了马拉松这一因素后，并没有其他影响经济发展的因素使得城市经济显著增长。这一结果说明，经济发展的增量贡献并非来自于其他因素，经济发展的增量贡献不是由其他因素导致的，而正是马拉松赛事的举办导致了经济发展的增量贡献，即马拉松赛事的举办真实地推动了城市经济发展，这验证了前文的结论是正确的。除了构建反事实检验验证共同趋势外，我们还按照传统的处理方式，采用"单差法"检验马拉松赛事对地区经济增长的作用，回归结果见表6.16。

表6.16　　　　马拉松赛事推动经济增长：单差法检验

被解释变量 解释变量	gdp (1)	gdp (2)
Events	2.262*** (0.238)	1.168*** (0.216)
fdi		-0.00423 (0.00391)
service		0.189*** (0.0242)

续表

被解释变量 解释变量	gdp (1)	gdp (2)
urban		0.199 *** (0.0206)
时间效应	否	否
地区效应	控制	控制
Constant	12.25 *** (0.602)	-17.79 *** (2.264)
N	531	531
R-sq	0.8234	0.8764

注：(1) 括号中为标准误；(2) *、**、*** 分别表示10%、5%、1%的显著性。

从表6.16可以看到，在控制了其他变量和地区效应以后，Events的估计系数均显著为正。但观察Events的系数可以发现，利用单差法得到的Events系数远高于前文中使用双重差分方法得到的系数，这一对比结果说明，利用传统的单差法虽然也在一定程度上能够说明部分问题，但是这种方法显然是高估了马拉松赛事对城市经济发展的作用，不够准确。这个结论反向验证了本节采用双重差分方法得出的结论更为可信。

(3) 马拉松与地区经济发展分地区实证

为了进一步地研究马拉松赛事对于不同发展程度城市的经济发展的影响有何差别，本节将进一步进行检验，将城市按照发展程度的不同来分类，以此进行研究，对于不同发展程度城市，马拉松赛事对其经济发展的影响是怎样的。

根据假说2，初始的资源要素水平和经济发展程度差异会导致马拉松对地区经济发展的作用不尽相同，马拉松对地区经济发展的推动作用是边际递增的，因此，初始条件越好的地区从举办马拉松赛事中获得的收益将高于相对落后的地区。我们观察到，在中国现阶段城市形成和发展的历史背景下，一个城市的各类条件都和城市的等级有关系，城市的等级越高其基础设施越好、各项保障越健全，从而越有可能举办马拉松比赛。因此，我们从城市等级入手来考察不同等级城市举办马拉松对其经济影响的差异。我们将样本城市划分为经济发达城市、副省会级城市和地级市省会城市3个类别。根据2014年国家发布的城市发展水平划分以及各市的行政级别来看，经济发达城市包括国家中心城市（包括政治、经济、教育中心）、直辖市、经济特区、强省省会城市等；计划单列市可与副省级省会城市可归为一类，地级市省会与经济强市可归为一类。具体城市分类见表6.17。

表6.17　　　　　　　　　　城市分类明细表

发达城市（fadacity）		副省级省会（fushengji）		地级市省会（dijisheng）	
北京	济南	哈尔滨	厦门	长沙	无锡
上海	重庆	沈阳	成都	福州	烟台
广州		西安	武汉	郑州	太原
深圳		长春		石家庄	合肥
天津		青岛		苏州	南昌
杭州		大连		佛山	南宁
南京		宁波		东莞	昆明

注：采用聚类分析方法划分。

为了验证假说2，构建如下回归方程，以检验假说2是否成立。

$$Y_{it} = \beta_0 + \beta_1 \text{Citylevel}_{it} \times \text{Events}_{it} + \beta_3 X_{it} + \gamma_t + \mu_i + \varepsilon_{it} \quad (6.2)$$

其中，Citylevel代表城市等级，在不同的方程中，分别代表经济发达城市（fadacity）、副省级省会级城市（fushengji）和地级市省会城市（dijisheng）。其他符号的含义和方程（6.1）中相同。交互项系数β_1度量不同发展程度的城市举办马拉松赛事对地区经济增长的作用，在不同的方程中β_1分别表示在以上三类城市设立举办马拉松赛事对地区GDP的影响。如果假说2成立，那么β_1的估计值应该会随着城市级别的上升呈现递增的趋势。相关计量结果呈现在表6.18中。

表6.18　马拉松赛事推动城市经济增长的分地区实证

被解释变量 解释变量	gdp (1)	gdp (2)	gdp (3)
fadacity × Events	3.704*** (0.340)		
fushengji × Events		2.870*** (0.622)	
dijisheng × Events			0.193 (0.324)
fdi	-0.00304 (0.00274)	-0.00336 (0.00302)	-0.00187 (0.00307)
service	0.0393** (0.0190)	0.0524** (0.0208)	0.0535** (0.0214)
urban	-0.0151 (0.0181)	-0.0265 (0.0202)	-0.0102 (0.0203)
时间效应	控制	控制	控制
地区效应	控制	控制	控制
Constant	7.395*** (2.175)	11.02*** (2.403)	9.515*** (2.440)
N	531	531	531
R-sq	0.9404	0.9283	0.925

注：(1) 括号中为标准误；(2) *、**、*** 分别表示10%、5%、1%的显著性。

观察表6.18中1—3列可以发现：经济发达城市的交互项（fadacity × Events）的系数为正且显著性小于1%，而且系数较大，表明对于发达城市来说，举办马拉松赛事对于经济的发展具有明显的推动作用。副省级城市的交互项（fushengji × Events）的系数为正且显著性小于1%，但此系数明显小于经济发达城市交互项的系数，表明对于副省级省会来说，举办马拉松赛事对于经济的发展也具有明显的推动作用，但其推动作用不及发达城市。地级省会城市的交互项（dijisheng × Events）的系数为正但不显著（显著性在10%以上），且系数分别小于经济发达城市与副省级省会城市的交互项系数，表明对于地级市省会来说，没有证据表明，举办马拉松赛事对城市经济发展具有显著性的促进作用。这三类城市对比结果显示，其交互项系数呈递减状态，表明经济发达城市、副省级城市和地级市省会城市这些行政级别高、经济基础好的城市举办马拉松赛事后对地区经济发展的推动作用随着城市经济发展程度的上升呈现逐级递增的规律。继而本节得出以下结论，马拉松赛事对于城市经济发展的推动作用随着城市等级和初始禀赋条件的上升而增强。这一点也印证了前文中的基本结论，即马拉松赛事的举办能够推动城市经济发展，而且随着城市本身的经济实力的增长、城市条件的改善，举办马拉松赛事为城市发展所起到的作用也会随之增强。

对于这个结果，笔者认为，由于马拉松赛事与城市发展之间并非单纯的因果关系，城市的发达程度是马拉松赛事的基础，决定了马拉松赛事的举办层次，而马拉松赛事推动城市经济发展又取决于马拉松赛事举办得是否成功，这方面涉及马拉松赛事的运作模式和宣传方式等。因此在一定程度上，城市本身发展水平越高，发达城市所具有的更好的技术支持、管理经验等都使得马拉松赛事越有可能举办得更加成功。

（4）马拉松与地区经济发展分地区滞后实证

为了验证假说3，即马拉松赛事对城市经济发展影响的滞后性，本节在这一部分进行了分地区的滞后一期回归。构建方程如下：

$$Y_{it} = \beta_0 + \beta_1 Citylevel_{it} \times Events_{i(t-1)} + \beta_3 X_{it} + \gamma_t + \mu_i + \varepsilon_{it} \quad (6.3)$$

其中，Citylevel代表城市等级，在不同的方程中，分别代表经济发达城市（fadacity）、副省级省会级城市（fushengji）和地级市省会城市（dijisheng）。其他符号的含义和方程（6.1）中完全相同。交互项系数 β_1 度量具有不同发展程度的城市举办马拉松赛事对地区经济增长的作用，在不同的方程中，β_1 分别表示在以上三类城市设立举办马拉松赛事对地区 GDP 的影响。相关计量结果见表6.19。

表6.19　马拉松赛事推动城市经济增长滞后一期的分地区实证

被解释变量 解释变量	gdp (1)	gdp (2)	gdp (3)
fadacity × Events	3.338*** (0.365)		
fushengji × Events		2.440*** (0.609)	

续表

被解释变量 解释变量	gdp (1)	gdp (2)	gdp (3)
dijisheng × Events			0.148 (0.331)
Fdi	-0.00307 (0.00303)	-0.00300 (0.00326)	-0.00248 (0.00332)
Service	0.0257 (0.0217)	0.0349 (0.0234)	0.0416* (0.0238)
Urban	-0.0147 (0.0192)	-0.0212 (0.0209)	-0.00917 (0.0211)
时间效应	控制	控制	控制
地区效应	控制	控制	控制
Constant	9.685*** (2.333)	12.83*** (2.540)	11.30*** (2.564)
N	472	472	472
R-sq	0.9504	0.9424	0.9402

注：(1) 括号中为标准误；(2) *、**、*** 分别表示10%、5%、1%的显著性。

由表6.19可以看出，滞后一期的分地区回归结果与没有滞后的分地区回归的结果极其相似，前两类较为发达城市的交互项系数均为正且非常显著，第三类城市的交互项系数为正但不显著，这一结果说明马拉松赛事对城市经济发展的影响存在滞后性，其原因在于马拉松赛事具有扩散效应，赛事举办前的筹备阶段与举办阶段，马拉松赛事拉动了相关产业的发展与层次的提升，这种提升在赛后能够持续彰显，促进经济发展。另外，这一结果也更进一步地说明了假说2的正确性。

综上，本章节得出以下实证结论。

结论1：总体回归时，马拉松（Events）变量的系数显著为正，表明举办马拉松对城市经济发展有显著的正向影响。

结论2：当分地区回归时，经济发达城市的交互项（fadacity × Events）与副省级城市的交互项（fushengji × Events）的系数为正且显著，表明对于发达城市与副省级省会城市来说，举办马拉松赛事对于经济的发展具有明显的正向影响。地级省会城市的交互项（dijisheng × Events）的系数为正但不显著，表明对地级省会城市来说，举办马拉松对城市经济发展不具有显著的正向影响。

结论 3：三类城市的交互项系数呈降低趋势，表明马拉松赛事对城市经济发展的作用，与城市发展水平呈正相关关系。

结论 4：当将时间滞后一期分地区回归时，结果和没有滞后分地区回归结果相似，说明马拉松赛事对城市经济发展的推动作用具有一定的滞后性。

6.6 结论与建议

6.6.1 研究结论

（1）马拉松赛事的举办能够推动举办城市经济发展。马拉松赛事的举办，不仅对城市的基础设施建设有利，而且可以塑造更加繁荣和有活力的城市形象，提升品牌，为城市经济的发展提供了更好的平台，进而可以促进城市的经济发展。在短时间内，可以使城市的各种资源得到快速的聚集和分散，与马拉松赛事有关的行业得到了发展，并且使得产业结构得以改善和升级，在投资、旅游及消费等产业的增长方面也作出了很大的贡献。

（2）马拉松赛事对举办城市经济的推动作用随着城市自然禀赋和综合经济实力的上升而增强。一个城市具有较好的自然禀赋与经济实力，除了拥有更加充沛的资金，往往还拥有更好的技术支持和城市管理经验等，这些城市的相对优势使得马拉松赛事会举办得更加成功，能够从马拉松赛事的举办中获得更多的经济收益。

（3）相对于较发达的城市，马拉松赛对于一般城市的直接经济推动作用相对较小，其原因在于一般城市并没有足够雄厚的实力举办层次高、质量好的马拉松赛事，更多地将马拉松赛事当作一次传统的运动会，参赛者多是本地居民，对外地具有更强消费能力的"高端"跑者的吸引力不足，其对当地的经济影响有限。

(4) 马拉松赛事对城市经济发展的推动作用具有一定的滞后性。其原因在于马拉松赛事对于经济发展的影响不仅在于拉动了消费与投资需求，还在于马拉松赛事的扩散效应。赛事举办前的筹备阶段与举办阶段，马拉松赛事拉动了相关产业的发展，这种提升在赛后往往能够持续彰显，促进当地经济发展。

6.6.2 若干建议

(1) 明确马拉松赛事对城市经济发展的推动作用，以发展战略的高度来规划筹办马拉松赛事。马拉松赛事在中国城市的发展历程表明，其早已不是一项简单的跑步比赛。马拉松赛事属于大型体育赛事，参与人数众多，经济和社会影响也越来越大，对城市经济发展的影响属于长期的影响而非一时，一些条件不具备的城市盲目跟风办高规格的马拉松比赛未必合适。因此，建议筹办马拉松赛事要因地制宜，结合本地实际和发展规划来筹办马拉松赛事。

(2) 城市举办马拉松赛事的目标应更加明确，并与城市发展战略相适应。只有当马拉松赛事的发展目标与城市发展战略一致时，两者之间才能够相互促进；反之，两者之间往往背道而驰，不容易产生积极的影响。此外，体育也是城市文化的重要组成部分，马拉松赛事还应结合当地的文化特色，只有与当地文化相适应，马拉松赛事的举办才能够更加顺利，对于城市竞争力的提升发挥积极作用。

(3) 对于马拉松赛事的举办，政府应结合当地实际情况，予以支持。这种支持不仅仅局限于财政上，更应该在制度上加以扶持和激励，特别是结合政府部门"放管服"的改革，更好地盘活社会资源，在办好马拉松赛事的同时，通过市场手段，逐步实现赛事的盈利，让马拉松赛事不仅仅是一场跑步比赛活动，更要成为一项为城市发展增添色彩与能量的独特的文化产业。在马拉松赛事的运营上面，政府应激励各类型举办方充分响应市场需求，充分挖掘马拉松赛事具有的市场潜力，抓住其中可能存在的商机，为城市的经济发展贡献力量。

(4) 马拉松赛事举办方应加大对赛事的宣传力度，结合当地文化特色，建立起独特的马拉松赛事品牌以及城市形象。当前,媒体和资讯高度发达,应充分调动各种新型传媒工具,发挥其最大的作用,将马拉松赛事的特色尽可能地传播开来,将各地马拉松赛事品牌与城市形象高度结合起来,并使其深入人心。通过举办马拉松赛事,一方面扩大赛事影响力,另一方面提升举办城市的知名度和竞争力。

(5) 应结合城市的发展战略合理选择马拉松赛事规模与层次。当前,马拉松比赛有各种各样,其影响、规模和投入产出各不相同。举办什么样的马拉松赛事,考验着各城市的经济实力与管理水平。如果盲目跟风,抱着攀比心理,不切实际地选择高规模与高层次的马拉松赛事,可能适得其反,不仅不能对城市的发展起到积极的作用,反而极有可能出现寅吃卯粮的负面影响。城市的发展与良好形象的形成并非一朝一夕所能完成,它是一个长期的过程,城市和马拉松举办方必须科学地结合自身情况,合理选择赛事规模与层次,使自身要求、实力与马拉松赛事的规模与层次相适应,实现马拉松比赛与城市发展的良性互动循环。

(6) 政府应重视马拉松赛事举办后的扩散效应。直接举办马拉松赛事一般不过短短几天,但通过充分挖掘,其后续对于城市的影响还是非常深远的。因此,必须充分利用好马拉松赛事对相关产业的扩散效应,通过办赛发现不足,挖掘商机,充分刺激相关产业的发展,将这种效应可持续化和扩大化,实现马拉松赛对城市发展的持续性影响。

(7) 应积极创新运营模式,实现赛事的可持续盈利。前文已述,从国内外情况分析,城市的马拉松赛事潜藏着巨大的商机,不应该只是将马拉松赛事作为一个孤立事件来对待,更应该将其作为一个商业平台来运营。举办马拉松可以在报名费、广告赞助、媒体转播、企业合作等多个方面获得直接和间接的回报。因此,赛事组织者应充分创新运营模式,更多借助社会资本,引入市场的力量,逐步实现赛事的可持续盈利,更好地发挥马拉松赛事对城市发展的推动作用。

第 7 章　赛事场馆与城市发展

7.1　场馆建设与城市发展综述

城市的发展是一种由社会生产变化而引发的人类社会的经济物质和思想文化的演变过程，是人类社会发展的必然趋势，是社会现代化、社会发展和经济增长的风向标，更是人类社会发展中最有影响力的社会活动之一。近年来，随着我国体育事业的迅猛发展，作为体育事业和赛事发展的硬件基础——体育场馆，其数量也日益增加。各级政府都更加重视大型体育场馆的建设可以带来的丰厚回报，不仅希望借助大型体育场馆的建设促进城市经济的发展，还希望大型体育场馆能够带来良好的社会和经济效益，以此促进城市的发展。大型体育场馆作为城市的标志性建筑，正逐步成为影响城市发展的重要因素，引起了学者们的关注。本章在借鉴现有研究成果的基础上，通过运用增长极理论研究大型体育场馆建设对城市发展的影响，同时，结合了南昌市（2011 年我国第七届城市运动会举办地）大型体育场馆的建设对南昌市发展的影响进行实证分析，以期为今后关于大型体育场馆的建设对城市发展影响的研究提供参考和借鉴。

7.1.1　场馆建设与城市发展的研究意义

（1）理论意义

在研究中我们发现，大型体育场馆的建设对赛事开展乃至城市发展的影响超出预期。当前我国学者有关大型体育场馆建设对城市发展影响的研究，多以描述性研究为主，往往缺乏相关数据的支撑。增长极理论作为区域经济发展的重要理论之一，广泛运用于区域经济发展的研究。由于大型体育场馆的建设在城市发展中所起到的作用与增长极相似，因此，通过相对完善和成熟的增长极理论分析和研究大型体育场馆的建设对城市发展的影响，为今后更进一步的研究提供参考和借鉴。

（2）实践意义

在已有的研究中，一些学者从理论的角度出发，认为大型体育场馆的建设对于城市的发展具有较大的促进作用。在实践中，各地也以承办大型体育赛事为契机，积极兴建大型体育场馆。但从实际情况看，各大型体育场馆在赛后往往由于种种原因而导致运营效率低下，增加了政府的财政负担，未能完全达到促进城市发展的目标。如南昌市为了承办第七届全国城市运动会，分别兴建了江西省奥林匹克体育中心和南昌国际体育中心，以期在赛后能够有效促进南昌市的发展。然而，七城会闭幕已经过去了几年时间，这两大体育中心对南昌市的发展是否起到了预期的作用？通过本章的研究，希望能够对这个问题进行研究。除此之外，本章的研究也在一定程度上拓宽了增长极理论的应用范围，还有望为今后运用其他相关的理论或方法进行关于大型体育场馆建设对城市发展影响的研究提供一定的参考和借鉴。

7.1.2　国内外研究现状简评

国外研究现状。西方发达国家经济发展水平较高，体育场馆建设的历史悠久，体育场馆设施比较发达，关于体育场馆建设对城市发展影响的研究也比较深入，相关研究成果大致可以分为以下三个方面：

第一，体育场馆建设可以促进城市的发展。体育场馆的建设不仅能够促进城市的发展，推动城市经济的增长，同时还能够创造出更多的就业机会。Dean Baim（1994）从城市经济发展的角度分析了大型体育场建设对城市发展的影响，他认为，大型体育场馆的建设对于当地经济的发展以及其他相关产业的发展起到了巨大的推动作用，除此之外，体育场馆的建设还能够推动当地旅游业等相关行业的发展,并且提高当地的知名度。① Cardiff Research Centre 通过对加的夫千年体育场建设经济影响进行研究,认为威尔士加的夫千年体育场的总投资为1.2亿英镑,而其最终对加的夫的经济产生了约1.8亿英镑的额外产出。② CSL 中心对由休斯敦市政府参与筹资建设的3座体育场馆的经济和财务影响进行研究,研究结果表明,通过这3座体育场馆的建设,休斯敦市的经济发展得到了极大的促进。③

第二,体育场馆的建设有可能促进城市的发展,但是需要通过场馆周边合理的规划以及相关配套设施的完善才能达到促进城市发展的作用。James Bulley 通过回顾英国近年来体育场馆的发展趋势,并对相关体育场馆的建设进行了分析,认为体育场馆不能够独立存在并迅速地带动周边地区的发展,而是需要相关部门提供一定的机会使体育场馆成为促进城市更新的主要力量。④ Timothy S. Chapin 认为,只有依靠详细的城市发展规划,体育场馆才能有效地促进城市的发展。⑤ Charles Santo 通过对19个大都市区域内的体育场馆进行横截面时间序列分析,发现体育相关变量只与其中8个体育场馆的收入份额呈正相关,即体育场馆可能促进当地经济的发展。⑥

第三,体育场馆建设与城市发展无关,甚至是阻碍城市的发展。Roger G. 等从运动、就业、税收等角度对球队和场馆的经济影响进行分析,认为城市对球队和体育场馆的资助并未对城市产生预期的经济效益。⑦ Coates 等

---

① DEAN B. The post – games utilization of olympic venues and the economic impact of the olympics after the games [G] //首届奥运经济与城市发展合作论坛论文集. 北京:中国人民大学出版社,2004:101 – 106.

② CARDIFF RESEARCH CENTRE. The Economic impact of the Millennium Stadium [R]. 1998: 5 – 9.

③ CSL. Economic and fiscal impacts of community venues and Houston Sports [R]. 2003: 1 – 3.

④ JAMES B. Stadia development as a catalyst for regeneration [J]. Journal of Leisure Property, 2002, 2 (4): 305 – 316.

⑤ TIMOTHY S C. Sports facilities as urban redevelopment catalysts [J]. Journal of the American Planning Association, 2004, 70 (2): 193 – 209.

⑥ CHARLES S. The economic impact of sports stadiums: recasting the analysis in context [J]. Journal of Urban Affairs, 2005, 27 (2): 177 – 191.

⑦ ROGER G, NOLL, ANDREW Z. Sports, jobs, and taxes, the economic impact of sports teams and stadiums [M]. The Brookings Institution, 1997.

通过对职业球队和体育场馆对城市影响的相关研究进行综述和分析，发现大多数已有研究认为职业球队和体育场馆并未有效地促进城市经济的发展。①

由上可知，国外学者和相关机构从多个角度出发，运用不同的研究方法对体育场馆的建设与城市发展之间的关系进行了研究，但其研究成果也存在较大的差异。我们认为，导致研究成果存在如此大差异的原因可能在于替代效应的应用存在一定的偏差，即由于体育场馆的建设而促进人们的消费，从而带动地区经济的发展。但是，这部分可能是人们对于其消费支出的重新分配，并非是新增消费。

（2）国内研究综述现状。近年来，为了承办各项国内外大型体育赛事，体育场馆在我国各大城市拔地而起，并相继成为各大城市的象征性建筑。如此大规模地兴建体育场馆到底有何益处、体育场馆的建设是否真的能促进城市发展、体育场馆的建设在城市发展的历程中又发挥了怎样的作用等问题逐渐成为社会和学者关注的热点。目前，研究成果主要体现在两个方面。

第一，体育场馆的建设不利于城市的发展。李圣旺指出，政府投入巨额资金建设体育场馆，不仅增加了政府的财政负担，甚至有可能由于场馆的闲置，进而成为政府的财政包袱。②王美认为，体育场馆的建设对城市的发展具有潜在的消极作用，这些消极作用主要体现在：（1）体育场馆的建设可能引起房地产市场的波动，导致城市开发失去平衡。（2）体育场馆的赛后利用率不高，造成资源浪费。（3）往往成为政府政绩工程的象征等。③武国栋（2011）通过对现代奥运会场馆历史变迁进行研究，认为奥运会场馆的建设资金主要由政府财政承担，而场馆投资规模的逐渐增大，大大增加了举办城市的财政负担。④

---

① COATES, DENNIS. Stadiums and arenas: economic development or economic redistribution [J]. Contemporary Economic Policy, 2007, 25 (4): 565 – 577.
② 李圣旺. 广州亚运场馆投资、建设与经营的对策研究 [J]. 广州体育学院学报, 2006, 26 (1): 33 – 36.
③ 王美. 体育场馆设施在城市发展中的作用分析 [D]. 武汉: 华中师范大学, 2008.
④ 武国栋. 奥运体育场馆赛后运营模式分析与启示 [J]. 西安体育学院学报, 2011, 28 (4): 458 – 462.

第二，体育场馆的建设有助于城市的发展，可归纳成以下两个方面：

A. 体育场馆建设有助于促进城市的有形效应。城市的有形效应主要包括城市的经济、城市的基础设施建设、城市的交通和环境、就业以及相关体育活动的开展等。孔庆鹏等认为，南京十运会体育场馆的建设不但推动了群众体育和竞技体育的良好发展，而且还推进了城市基础设施建设，带动了城市科技的进步，并最终实现了体育场馆与人、体育场馆与自然以及体育场馆与城市发展的和谐统一。① 梁洪波通过对澳门举办第四届东亚运动会进行研究，指出澳门在对各体育场馆进行建设和维修的过程中，改善了当地及周边地区的交通和环境，极大地推动了澳门的城市建设。② 慧艳等认为，广州亚运会场馆的新建和改、扩建，不仅保证了广州亚运会的成功举办，而且使广州拥有更多机会举办国内外大型体育赛事，同时还有利于促进亚运会后广州全民健身活动的开展。③ 崔亚平认为，第十二届全运会对辽宁来说，既是一次难得的发展机遇，同时也是一次严峻的挑战，完善的场馆建设、良好的赛后运营以及合理的城市基础设施改造势必加快城市化的进程。④

B. 体育场馆建设有利于提升城市品牌。城市品牌主要包括城市形象、城市文化、居民的认同感和自豪感以及城市的影响力等。鲍明晓等通过研究北京的体育设施在北京的发展中所起到的作用，认为体育设施是城市再生运动中的重要组成部分，同时也是完善城市功能以及提升城市魅力的物质保障。⑤ 石岩认为，大型体育场馆的建设不仅促进了城市功能的完善，提升了城市的形象以及城市的综合竞争力，而且加快了城市发展进程，同时，还在提高市民素质、提升城市生活品质以及塑造政府的个性化形象等

---

① 孔庆鹏，陆根法，丁仕斌. 体育场馆建设与城市发展的和谐统一——十运会体育场馆建设的成功探索 [J]. 体育文化导刊，2006，11：3-5.

② 梁洪波. 第四届东亚运动会对澳门城市发展的影响 [J]. 体育学刊，2007，14（1）：36-39.

③ 慧艳，徐本力. 从北京奥运会看2010年广州亚运会对广州城市发展的综合效益 [J]. 山东体育学院学报，2010，26（3）：1-7.

④ 崔亚平. 全运会体育场馆建设与赛后利用研究 [J]. 沈阳体育学院学报，2012，31（5）：44-46.

⑤ 鲍明晓，林显鹏，刘欣葵. 北京城市规划与体育设施发展 [J]. 体育科研，2006，27（6）：1-9.

方面也具有不可替代的作用。① 林显鹏经过探究体育场馆建设在促进城市更新的过程中所起到的地位与作用，认为体育场馆建设不仅能够有力地促进城市的经济更新、环境更新以及社会更新，更加能够促进城市的整体更新。②

在当前国内学者关于体育场馆建设与城市发展关系的研究中，多数都是以描述性研究为主，实证研究偏少，其研究成果也主要集中在两个方面，即体育场馆建设对城市发展的利弊研究。我们认为，当前国内学者有关体育场馆建设能够促进城市发展的研究基本是以理论研究为主，没有借助当前主流的研究方法进行研究，同时也缺乏足够的社会经济数据的支撑，这是目前研究的一大不足之处。

（3）相关研究评述。大型体育场馆的投资巨大，影响深远，往往被认为是影响城市发展的一部分因素而被广大学者进行研究。根据上文的文献梳理，我们可以得出如下结论：

A. 现阶段我国大型体育场馆的价值吸引了越来越广泛的关注，大型体育场馆的建设也深刻影响着城市的发展，比如影响着城市的经济发展、影响着城市的基础设施建设、影响着城市的形象塑造等。也正因如此，有关体育场馆的建设对城市发展影响的研究也逐渐成为国内外学者们研究的热点。

B. 目前，国内学者有关体育场馆建设对城市发展影响的研究大多停留在一般描述性的分析之上，缺乏相应的理论依据和相关的数据、指标作为支撑，其研究结论存在一定的争议。

C. 大型体育场馆的建设在城市发展中所起的作用与增长极类似，即大型体育场馆的建设是促进城市经济增长的积极因素之一。因此，借助增长极理论是研究大型体育场馆建设对城市发展影响的有效理论框架。

D. 目前，国内学者有关体育场馆建设对城市发展影响的研究成果大部分都是积极的，往往忽视体育场馆建设对城市发展带来的潜在风险，而其风险一旦发生，会对城市的发展带来较大的不利影响。

---

① 石岩，周欣元. 体育场馆与城市功能关系研究 [J]. 体育文化导刊，2008，8：17-19.
② 林显鹏. 体育场馆建设在促进城市更新过程中的地位与作用研究 [J]. 城市观察，2010（6）：5-23.

因此，本章接下来将结合当前的研究成果，通过增长极理论研究大型体育场馆建设对城市发展的影响，并利用南昌市七城会大型体育场馆的建设对南昌市发展的影响进行实证分析，以期为今后大型体育场馆的建设对城市发展影响的研究提供理论参考和借鉴。

7.2 大型体育场馆建设与城市发展的增长极理论分析

20世纪中期，法国经济学家弗朗索瓦·佩鲁（Francois Perroux）为了解决落后地区的开发问题而提出了增长极理论。随后，增长极理论经过了布代维尔（Boudeville）、缪尔达尔（Myrdal）、赫希曼（Hirschman）等学者的不断修正和完善。该理论的主要观点是，区域经济的发展取决于条件较好的少数产业（产业增长极）和少数地区（空间增长极）的带动，因此，应当把那些区位条件较好的产业和地区优先培育成经济增长极，然后通过其极化效应和扩散效应，影响并推动其他相关产业及周边地区的发展。现代大型体育场馆建设的选址往往位于城市经济发展中相对欠发达的郊区，而由于其建设投资巨大，同时还需要大量相关的配套设施进行完善，因此，现代大型体育场馆的建设通常都作为促进该地区发展的"增长极"，并且希望通过发挥其极化效应和扩散效应，不仅促进该地区自身的发展，同时还带动其周边地区的发展。

7.2.1 大型体育场馆建设的极化效应

极化效应主要是指周边地区的资源和生产要素，如资金、人才、技术等逐渐向增长极聚集的过程。而大型体育场馆建设的极化效应则主要表现为资金和人才向大型体育场馆所在区域的聚集。

（1）资金的聚集

近年来，随着我国各大城市对申办各类大型综合性体育赛事的热情逐渐提高，各申办城市建设大型体育场馆的需求也与日俱增，与此同时，也形成了对大型体育场馆建设资金的巨大需求。大型体育场馆建设动辄数亿元的投入（见表7.1），除了来自政府的财政拨款，还吸引了来自社会各方面的资金投入，如体育彩票公益金、捐赠、市场化筹集及借贷资金等。除此之外，为了成功地办好体育赛事，各主办城市还需要对城市及场馆周边进行大量的投资用于相关的基础设施建设等（见表7.2）。

（2）人才的聚集

大型体育场馆是高技术的产物，其建设和管理都必须具有高度的创新能力，与此同时，大型体育场馆所承载的产业属于现代服务业，而现代服务业的发展和壮大必须形成以创意产业为核心的管理创新方法和管理创新理念。[①] 所有的这些创新均离不开高素质人才队伍。人才是诸多生产力因素中最重要同时也是最活跃的部分，并且具备收益递增的特征。集中的人才资源，不仅能够有力地推动地区经济的跨越式发展，还可以构筑强大的竞争优势，在日益激烈的市场竞争中获得主动权。在大型体育场馆后续的发展过程中，由于发展的不平衡，必然会有大量的资金、物资、信息等要素从周边区域逐渐聚集到大型体育场馆所在的区域，势必会吸引更多高素质人才，也往往导致其逐渐发展成为人才的聚集地。

表7.1　　　　　近年来部分大型体育场馆的投资数额

场馆名称	建成时间（年）	投资数额（亿元）
国家体育场[1]	2008	33
国家游泳中心[1]	2008	10
济南奥林匹克体育中心[2]	2009	30
南沙体育馆[3]	2010	4.5
海珠体育中心[4]	2010	3
深圳大运中心[5]	2011	41
深圳湾体育中心[6]	2011	23

---

① 林显鹏. 体育场馆建设在促进城市更新过程中的地位与作用研究［J］. 城市观察，2010，6：5-23.

续表

场馆名称	建成时间（年）	投资数额（亿元）
江西省奥林匹克体育中心[7]	2009	16.7
南昌国际体育中心[8]	2011	15.77

资料来源：
1 陈元欣．大型体育场馆投融资实务［M］．北京：北京体育大学出版社，2012：68-70。
2 济南奥林匹克体育中心官方网站，济南奥林匹克体育中心场馆介绍，http：//www.jinanaoti.cn/zxjs/ycsgjs/。
3 百度百科，南沙体育馆，http：//baike.baidu.com/view/3997337.htm。
4 新浪亚运场馆介绍，海珠体育中心，http：//sports.sina.com.cn/yayun2010/venue/hzty/。
5 百度百科，深圳大运中心，http：//baike.baidu.com/view/2970425.htm。
6 华润深圳湾体育中心官方网站，场馆介绍，http：//www.springcocoon.com/detail.aspx?cid=104。
7 中华人民共和国第七届城市运动会官方网站，南昌国际体育中心介绍，http：//news.xinhuanet.com/7th-city/7ccycg/2011-09/08/c_131116046.htm。
8 百度百科，江西省奥林匹克体育中心，http：//baike.baidu.com/view/3690451.htm。

表7.2　　各城市为举办体育赛事的城市建设投入

城市	赛事	城市建设投入（亿元）
北京[1]	北京奥运会	2800
济南[2]	山东全运会	1400
南昌[3]	南昌城运会	350
深圳[4]	深圳大运会	140

资料来源：
1 人民网，北京奥运会整体投入2950亿元，http：//finance.people.com.cn/GB/7609928.html。
2 新浪财经，筹备全运会　济南城建3年投入1400多亿，http：//finance.sina.com.cn/roll/20091020/03136857503.shtml。
3 大江网，第七届全国城运会组委会成立　江西投入将超400亿，http：//www.jxcn.cn/525/2008-11-20/30048@451371.htm。
4 腾讯新闻，深圳大运会投入140亿，http：//news.qq.com/a/20121228/000091.htm。

7.2.2　大型体育场馆建设的扩散效应

扩散效应是指生产要素和各种经济活动在地理空间上的离散趋势和过程。在增长极的扩散效应中，增长极通过资金、人才、技术等生产要素的流动，把发展的动力和创新的成果传导至其周边的区域。与极化效应相反的是,扩散效应的最终结果是缩小了区域间发展的差距。大型体育场馆的扩散效应主要表现为以下五个方面:一是完善城市的基础设施建设,二是增加就业岗位,三是带动房地产的升值,四是促进旅游业的发展,五是带动周边地区的经济发展。

(1) 完善城市基础设施

建设大型体育场馆的初衷通常都是为了举办一项大型体育赛事。由于现代大型体育场馆的规模较大,在规划建设的时候为了降低人流疏散对交通的影响,其选址大多集中在城市郊区或待开发的地区,而这些地区基本都有一个相同的特点——基础设施建设不完善。因此,为了成功举办体育赛事,同时还为了赛后体育场馆的对外经营,就需要逐渐完善场馆周边的基础设施建设。比如,赛事期间大批游客的涌入势必会大幅增加城市交通的压力,而主办城市也只有通过建设覆盖场馆区域的交通网络才能够有效解决这一问题。与此同时,场馆周边交通网络的建设也推动了城市交通的建设,并且在赛后也将作为城市公共设施的一部分继续发挥其效用。以中华人民共和国第十一届运动会的主赛场济南为例,媒体报道,济南市为举办全运会而进行的城市基础设施建设和场馆建设等总投资约为1300亿元,整个山东省的相关投资也达到近2000亿元,这些投资对提升济南市的城市建设水平、改善市民生活产生了积极影响,并且将济南市的城市建设水平加快了10年左右。[①]

(2) 增加就业岗位

体育场馆建设初期,提供了大量以建筑业为主的就业岗位,主要用于兴建各体育场馆以及通讯、服务和交通等设施。随着体育赛事的临近,体育场馆内部各类服务类部门的工作量也逐渐增加,并且提供了大量的服务类岗位。赛后,体育场馆提供的就业岗位虽然有所减少,但是仍然需要一定数量的管理、安保和保洁人员,倘若遇上举办大型活动,短期内同样可提供大量的服务岗位。同样,以山东济南全运会为例,据粗略估计,从全运会投资启动至全运会开幕为止,2007—2009年全运会用于场馆建设的直接投资(包括全民健身活动场所的建设投入)大约为150亿元人民币,大

---

① 全运会变身"中国奥运",办赛经验将不再从零开始 [EB/OL]. (2009-10-29). http://www.chinanews.com/ty/ty-zhqt/news/2009/10-29/1937212.shtml.

致可以创造 8.99 万个就业岗位。①

(3) 带动房地产升值

对于房地产行业来说,大型体育赛事的举办对当地的房地产市场具有较大的促进作用,尤其是位于体育场馆周边的楼盘。其原因在于体育场馆周边兴建的配套设施如公园、地铁等相对比较完善,再加上新建场馆往往环境优美,往往可能吸引大量购房者。除此之外,位于场馆周边的运动村也同样成为购房者追捧的热点。如北京奥运会的奥运村,这些在奥运期间先提供给运动员居住、奥运会结束之后再卖给百姓的精装小户型的房产,在奥运会开幕前夕竟然开出了 3 万元/平方米的天价(当时,每平方米单价比周边其他楼盘高出近 1 万元),而其在 2007 年的预售价仅有 1.5 万元/平方米。②

(4) 促进旅游业发展

大型体育场馆建设扩散效应中的一个重要作用就是有助于城市打造以体育为主题的新型旅游目的地。现代大型体育场馆通常作为城市的地标性建筑,不论是在比赛期间还是在比赛结束之后,都能够吸引大量的游客前往参观和游玩。比赛期间,大量游客前往体育场馆观看比赛,不仅为举办城市带来大量的门票收入,同时还可以大大增加当地餐饮、零售、酒店等行业的收入。比赛结束之后,虽然游客的数量会有所减少,但场馆的对外开放同样会吸引部分市民前往体育场馆进行体育锻炼,也同样会促进场馆周边相关行业的发展。除此之外,主办城市基础设施的完善也为旅游业的进一步发展提供了坚实的基础。以北京奥运会为例,2008 年 8 月 8 日至 24 日期间,北京市累计接待了中外游客 652 万人次,旅游景区实现营业收入 16270.3 万元人民币③;此外,从北京奥运会结束到 2012 年 9 月,国家体育场(鸟巢)累计接待游客 2000 万人次,举办各类大型活动 61 场,累计总

---

① 全运会使济南城市基础设施建设提速 5—8 年 [EB/OL]. (2009 - 11 - 25). http://paper.dzwww.com/jjdb/data/20091125/html/5/content_7.html.
② 北京奥运村:没有比这么多体育明星更牛的广告 [EB/OL]. (2008 - 08 - 04). http://house.focus.cn/news/2008 - 08 - 04/511895.html.
③ 北京奥运会期间北京累计接待中外游客 652 万人次 [EB/OL]. (2008 - 08 - 26). http://www.china.com.cn/news/txt/2008 - 08/26/content_16338642.htm.

收入 8.2 亿元。①

(5) 推动地区经济发展

大型体育场馆和相关配套设施的建设，能够极大地改善该区域的环境，使该区域的形象和功能等都得到极大的提升。再加上大型体育场馆周边房地产的开发和升值以及大型体育场馆作为新型旅游目的地而促进旅游业的发展，大型体育场馆建设的扩散效应最终可以表现为推动周边地区的经济发展。以南京奥林匹克体育中心的建设为例，2001 年，南京市以十运会的主场馆——南京奥林匹克体育中心落户河西新城区为契机，将河西新城的发展作为城市发展框架的重中之重。经过多年的建设和发展，伴随着城市道路体系的完善、地铁一号线的开通以及医疗、商务、教育等配套设施的逐步到位，一个崭新的城市副中心基本形成。

7.2.3 大型体育场馆建设的极化效应与扩散效应的关系

极化效应和扩散效应是增长极作用机制的两个方面，极化效应主要表现为生产要素由增长极周边区域向增长极的聚集，而扩散效应主要表现为生产要素由增长极向增长极周边区域的渗透。增长极的极化效应和扩散效应既相互依存又相互对立，极化效应是扩散效应产生的前提，而扩散效应是极化效应发展到一定阶段的必然结果。

一个区域的增长极从它的极化效应占主导地位发展到扩散效应占主导地位大致需要经过四个阶段：第一是增长极还未形成的中心区域与其周边区域基本互不相关的阶段。第二是中心区域逐渐成长为增长极，其日益增强的极化效应促使周边资源向中心区域集聚的阶段。第三是增长极中心区域的资源高度聚集，致使其成本逐渐上升，边际效益递减，部分资源开始逐渐向周边地区扩散的阶段。第四是极化效应与扩散效应逐渐趋于平衡，区域之间的差距逐渐减小，区域经济基本呈现出一体化的阶段。②

---

① 北京奥运场馆顺利转型，鸟巢累计接待游客两千万 [EB/OL]. (2012 - 09 - 07). http://www.hinews.cn/news/system/2012/09/07/014921146.shtml.

② 王家婷. 国家综合配套改革实验区制度创新的空间扩散机理研究 [J]. 经济学研究，2007，7.

由于增长极对周围腹地产生的极化效应和扩散效应的强度在增长极发展的不同阶段所表现出的强度也不尽相同，因此，一个增长极的产生和发展的过程大致可以看成是其极化效应和扩散效应的力量对比图（如图7.1）。同理，大型体育场馆作为城市发展的增长极，其对周围腹地的发展是否具有促进作用，也同样取决于大型体育场馆的极化效应和扩散效应两种力量的对比。

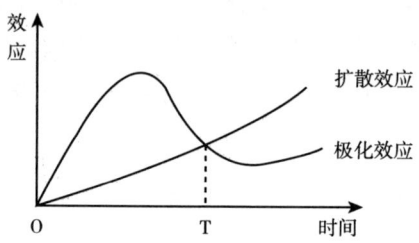

图 7.1 极化效应与扩散效应的关系

（1）极化效应大于扩散效应

在大型体育场馆的建设期间，由于大型体育场馆的建设与其周边区域的发展并未产生过多交集，因此，在此期间大型体育场馆与其周边地区呈现出互不相关的关系。然而，随着大型体育场馆的建成、周边配套设施的逐步完善以及体育赛事的举办，大型体育场馆对于周边地区资源的吸引力开始逐渐增强，其自身得到迅速发展，并且逐渐发展成为增长极。在此期间，极化效应占据着主导地位，扩散效应仅仅具备较小的力度和影响范围。由于极化效应作用的结果是扩大区域差异，所以，在体育场馆增长极发展的初期，体育场馆所在区域与其周边地区的经济差异呈现扩大的趋势，区域经济也倾向于非均衡增长，即大型体育场馆的建设不利于周边地区的发展。以广州市天河体育中心的建设为例，1984年，广东省为了承办第六届全国运动会，在废弃的天河机场空地上建设了天河体育中心。在天河体育中心建成之初，其周边仍然比较荒芜，不仅交通不方便，周边设施也不完善，因此，其与周边地区的发展格格不入。但是，随着体育中心旁边配套设施的完善，以及第六届全国运动会等各项国内外体育赛事的举办，体育中心的人气越来越旺，对于周边地区资源的吸引力也越来越强，最终体育中心逐渐发展成为广州市的一大区域性的社会经济中心。

(2) 极化效应小于扩散效应

极化效应随着体育场馆增长极的增长而快速扩大，但是，由于生产要素或资源的投入效应具有边际收益递减的规律，再加上投资主体的趋利性，当体育场馆增长极发展到了一定的规模和阶段，其极化效应达到最大值之后，体育场馆增长极的极化效应逐渐衰退。与此同时，体育场馆增长极的扩散效应则随着增长极规模和实力的扩大而逐渐加强。当体育场馆增长极发展到某个临界点 T（如图 7.1 所示）时，其扩散效应的效果将超过极化效应。由于扩散效应作用的最终结果是带动增长极周边地区的经济增长，减小地区间发展的差距，进而促进各区域间的均衡发展。所以，此时大型体育场馆的建设有利于周边地区的发展。同样，以广州市天河体育中心的建设和发展为例，伴随着配套设施的完善、各项体育赛事的举办以及人气的聚集，天河体育中心得到了迅速的发展。但是，由于受空间区位等因素的影响，其发展速度逐渐降低，生产要素开始向其周边地区扩散，并导致其周边地区的快速发展。经过多年的发展，不仅天河体育中心成为广州市的金融商业中心，甚至整个天河区也已成为广州最繁华的城区。

7.3 大型体育场馆建设"极化-扩散"效应的评价指标体系

大型体育场馆建设的极化效应和扩散效应最终都会反映在场馆所在区域以及周边区域的相关经济指标之上，因此，可以通过测量大型体育场馆所在区域与周边地区的经济发展程度的差异来评价大型体育场馆建设的极化效应和扩散效应。要测度大型体育场馆所在区域与周边地区经济发展程度的差异，首先就要构建大型体育场馆所在区域与周边地区经济发展差异程度的指标体系。

大型体育场馆所在区域与周边地区经济发展差异程度的指标体系，是指将能够直接或间接反映大型体育场馆所在区域与周边地区经济发展差异的相关指标建立起一个有序的系统集合，这个集合可以说明大型体育场馆所在区域与周边地区经济发展差异的现状和结果评价等。构建大型体育场馆所在区域与周边地区经济发展差异的指标体系能够帮助人们正确地分析、度量大型体育场馆所在区域与周边地区经济发展差异的现状，以便政府有针对性地进行政策调控，从而促进大型体育场馆所在区域与周边地区经济的协同发展。

7.3.1 评价指标体系的设计原则

建立一个科学、可行以及合理的大型体育场馆建设极化效应和扩散效应的考量指标体系，需要一个清晰、明确的设计原则，并且在这些原则的指导下，设计大型体育场馆建设极化效应和扩散效应的考量指标体系的框架以及体系中指标的选取。为了使设计的大型体育场馆建设极化效应和扩散效应的考量指标体系能够全面地分析大型体育场馆建设的极化效应和扩散效应，在建立大型体育场馆建设极化效应和扩散效应的考量指标体系时应该遵循一定的指标体系设计原则。

（1）系统性原则

大型体育场馆所在区域与周边地区是一个复杂的系统，既相互联系又相互影响。因此，应该让与大型体育场馆所在区域和周边地区经济发展相关的内容在指标体系中得到充分的体现，将各指标有机地联系起来，形成一个完整的、相互依存和相互支撑的指标体系。只有把握了指标体系的系统性，才能促使建立的指标体系能够比较准确、全面和真实地反映大型体育场馆建设的极化效应和扩散效应。

（2）目标导向性

建立评价指标体系的目的不仅仅是为了评价大型体育场馆建设的极化效应和扩散效应，更重要的是通过分析大型体育场馆建设的极化效应和扩散效应，形成对大型体育场馆所在区域和周边区域经济发展的更全面的认识，进而发现大型体育场馆所在区域在发展中存在的不足，并提出针对性的意见。因此，选择指标时要充分考虑到建立评价指标体系的目的，使选取的指标更具有针对性。

(3) 科学性原则

在构建指标体系时，要以科学的理论为指导，使其在概念以及逻辑结构上都具有严谨性和合理性。与此同时，还要掌握评价对象的实质，有针对性地选择指标。此外，无论采用定性方法还是定量方法，或建立模型，都要能够客观地描述研究对象，对客观实际对象描述得越清楚，就越符合实际，科学性也就越强。需要注意的是，在选择指标的时候，在相对完备的情况下，可适当压缩指标，而且多选取概括性强并且具有代表性的指标；同时，还要尽量避免指标之间的重复交叉，以确保指标体系的科学性。

(4) 独立性原则

大型体育场馆建设的极化效应和扩散效应的评价指标体系要具有一定的独立性，即评价指标体系中的各个指标之间应该保持相对的独立性，努力减少指标之间的重复。其原因在于：一是可以避免指标信息的重复；二是可以使指标体系的结构更清晰；三是可以压缩指标体系中的指标数量，保证指标体系的效率。

(5) 可行、可量、可比原则

首先，要保证指标体系的可行性，即要求评价指标体系需要的数据易得，评价方法简便易行，评价过程易于控制，评价结果准确明了。其次，指标体系应该具备可比性，可比性主要是指在不同时期或不同对象之间的比较，不同时期的指标的比较要求指标体系中的各种指标和参数具备一定的稳定性，而不同对象之间的比较，则要运用调整权重的方式，综合评价各个对象后选择适合的指标来分析。

(6) 动态性原则

大型体育场馆建设的极化效应和扩散效应是一个动态过程，构建评价指标体系时要能够充分地反映出大型体育场馆所在区域和周边地区动态发展的特点，即要在时间维度上分析大型体育场馆所在区域和周边地区经济发展的变化过程。由于大型体育场馆所在区域和周边地区经济发展条件的变化，大型体育场馆建设的极化效应和扩散效应也处在不断变化中，那么，指标体系中的指标随时间的推移而有所变化。因此，在选取指标时，应该认真考虑相对动态的指标。

7.3.2 评价指标的选择和确定

建立科学、合理的大型体育场馆建设极化效应和扩散效应的评价指标体系，是对大型体育场馆建设极化效应和扩散效应进行科学评价的基础和关键环节。大型体育场馆建设极化效应和扩散效应的评价涉及的面比较广，选择评价指标时考虑的因素也较多，因此选用层次分析法。所谓层次分析法，主要是指将一个复杂的多目标决策问题当成一个系统，将目标分解成为多个目标或者准则，进而分解成为多指标（或准则、约束）的若干层次，并且通过定性指标模糊量化方法算出层次单排序（权数）和总排序，以作为目标（多指标）、多方案优化决策的系统方法。层次分析法是最常用的分析方法，一般来说，第一层为抽象的目的，第二层为技术、经济、环境等目标，中间有若干准则层，最后一层则为指标层，在逐层展开的时候，要避免元素间有结构依存的关系。

按照层次分析法的原理，首先要确定顶层的目的，即大型体育场馆建设的极化效应和扩散效应。大型体育场馆所在区域与周边地区经济发展的系统结构，主要包括了大型体育场馆所在区域与周边地区的经济总量差距、经济结构差距、经济增长差距、经济效益差距等。对于本评价指标体系中具体指标的选择，我们在参考了各种已经建立的相关指标体系，如可持续发展综合国力评价指标体系和地区竞争力评价指标体系等，并且经过咨询专家和比较分析之后，将其确定为：GDP总值差异、固定资产投资差异、投资产出率差异、工业投资差异、房地产开发投资差异、在岗职工年平均工资差异、地方财政收入差异。这些指标的选择能够大致反映出大型体育场馆所在区域与周边地区经济发展的差异。

7.3.3 评价指标体系的设计

（1）评价指标体系的框架

根据上述大型体育场馆建设的极化效应和扩散效应的评价指标体系的设计原则、设计思路以及通过筛选而得出的单项指标，构建出大型体育场馆建设极化效应和扩散效应的评价指标体系,见表7.3。

表7.3　　大型体育场馆建设极化效应和扩散效应的评价指标体系

大型体育场馆建设的极化效应和扩散效应的评价指标	大型体育场馆所在区域与周边地区间GDP总值差异
	大型体育场馆所在区域与周边地区间固定资产投资差异
	大型体育场馆所在区域与周边地区间投资产出率差异
	大型体育场馆所在区域与周边地区间工业投资差异
	大型体育场馆所在区域与周边地区间房地产开发投资差异
	大型体育场馆所在区域与周边地区间在岗职工年平均工资差异
	大型体育场馆所在区域与周边地区间地方财政收入差异

在大型体育场馆建设的极化效应和扩散效应的评价指标体系的设计过程中,始终坚持协调发展和可持续发展两大准则,并注重运用相对性指标和综合性指标,加大了指标的信息量,同时增强了指标体系的可操作性。

(2) 相关单项指标的计算及说明

在大型体育场馆建设的极化效应和扩散效应评价指标体系中,大部分指标的值可以通过查阅地方统计年鉴中的相关数据整理后得到,少数指标需要进行计算得到。此外,由于本指标体系是评价两个地区的差异程度,因此,需要计算单项指标的静态不平衡差。计算公式如下:

$$c = \frac{w_1 - w_2}{w_2} \times 100\% \tag{7.1}$$

其中,c为静态不平衡差,w_1为大型体育场馆所在区域某一指标的值,w_2为周边一个地区同一指标的值。

7.3.4　评价模型的建立

在构建大型体育场馆建设的极化效应和扩散效应评价模型时,需要解决两个关键问题:一是确定评价指标的权重,二是选择合成模型。

(1) 确定评价指标的权重

评价指标的权重是指由于在评价指标体系中每个指标的重要程度占该指标群中的比重。评价指标权重的确定能够直接影响评价的结果,因此,要科学地确定评价指标的权重。

评价指标权重确定的方法主要有以下几种：层次分析法（AHP）、多元回归分析法、嫡值法、主成分分析法、模糊评价法（FIM）、因子分析法、强制打分法以及专家评定法等。经过咨询专家并参考相关文献，我们采用的确定评价指标权重的方法为主成分分析法，基于以下两方面考虑：第一，主成分分析法是一种客观赋权法，可以避免人为判断的主观性，同时，还可以确保指标权重确定的客观性。第二，主成分分析法是一种将多个相关性较高的数值指标转变成少数几个彼此相互独立或不相关的综合指标的方法，并且可以通过少数几个综合性指标来反映研究对象的整体特征，不仅确保了指标之间的独立性，同时还避免了冗繁的信息。

（2）构建评价模型

首先，在选取的大型体育场馆所在区域与周边地区间经济发展差异指标的内部实施主成分分析法，可以得到指标的主成分特征值、贡献率以及累积贡献率。然后，按照特征值大于1和累积贡献率大于80%的标准来提取指标，用于反映原来的多个指标信息。接下来，再用主成分的得分来计算极化效应和扩散效应的综合得分，若第i个主成分X_i的主成分权重为a_i，得分为f_{ei}，则大型体育场馆所在区域对于其周边地区的极化效应和扩散效应的综合得分为：

$$G = \sum_{i=1}^{n} a_i \times f_{ei} \qquad (7.2)$$

式中a_i的计算公式为：

$$a_i = \beta_i \Big/ \sum_{i=1}^{n} \beta_i \qquad (7.3)$$

其中，β_i表示X_i的贡献率，n代表了主成分的个数。

f_{ei}的计算公式为：

$$f_{ei} = \sum_{i=1}^{n} b_i \times y_i \qquad (7.4)$$

其中，b_i表示特征向量，y_i表示经过静态不平衡差处理之后的指标数值。

按照增长极理论的解释，G值在一段没有明显特征的波动之后，开始逐渐增大，直至其达到最大值之后，再逐渐减小，最终趋于稳定。在G值逐渐增大的过程之中，增长极的极化效应逐渐加强，增长极自身得以迅速发展。而其由最大值开始逐渐减小的过程，说明增长极的扩散效应逐渐增强，增长极周边的区域得到较快的发展，并最终实现增长极自身和其周边区域的共同发展。

(3) 评价的具体步骤

第一，建立初始指标数据矩阵1，主要包括大型体育场馆所在区域与其周边地区的GDP总值、固定资产投资、投资产出率、工业投资、房地产开发投资、在岗职工年平均工资和地方财政收入。

第二，通过公式7.1计算指标的静态不平衡差，得到数据矩阵2，每一个数据矩阵中都包括场馆所在区域与其周边一个地区的GDP总值差异、固定资产投资差异、投资产出率差异、工业投资差异、房地产开发投资差异、在岗职工年平均工资差异、地方财政收入差异。

第三，通过运用SPSS软件进行主因子分析，确定系统的主因子，再用累积贡献率反映主成分的信息量的大小，并且按照特征值大于1和累计贡献率大于80%的原则来选取主成分，然后分别通过公式7.3和公式7.4计算出各主成分的权重和各主成分指标值的得分。

第四，根据之前计算出的各主成分的权重和各主成分的指标值，将其代入公式7.2中，得出大型体育场馆所在区域对于其周边地区的极化效应和扩散效应的指标值，再根据计算得出的指标值绘制大型体育场馆所在区域对于其周边地区的极化效应和扩散效应的指标值曲线，分别进行分析。

第五，将大型体育场馆所在区域对于其周边地区极化效应和扩散效应的指标值进行累加，并进行综合评价。

7.4 大型体育场馆"极化-扩散"效应实证分析

——以南昌七城会场馆为例

7.4.1 江西省大型体育场馆发展现状

随着江西省经济、社会的进一步发展和人们生活水平的日益提高，人们并不满足于当前的各类体育场馆设施，而是期待具有地标性特征的大型体育场馆的建立。改革开放以来，江西省体育场馆设施的建设有了飞速发展，体育场馆的数量逐渐增多，种类也越来越丰富。但是，由于受地方经济发展等诸多因素的限制，江西省大型体育场馆的数量并不多，长期以来只有为了承办江西省第十届运动会而投资 1.5 亿元兴建的宜春体育中心。近年来，江西省各地市以承办第七届城市运动会和江西省运动会为契机，兴建了众多大型体育场馆，如江西省奥林匹克体育中心、南昌国际体育中心、新余体育中心、鹰潭体育中心、上饶体育中心、抚州体育中心和赣州体育中心等。

7.4.2 南昌市大型体育场馆发展现状

南昌市现有两个大型体育场馆，分别为江西省奥林匹克体育中心和南昌国际体育中心。江西省奥林匹克体育中心位于南昌市高新技术产业开发区，2005 年底开工建设，2009 年建成，总投资约为 16.7 亿元，由江西省政府和江西省体育局共同出资建设。其主要建筑包括"一场两馆"，"一场"为可以容纳五万名观众的主体育场，"两馆"则分别为游泳跳水馆和综合训练馆。南昌国际体育中心坐落于南昌市红谷滩新区南部，2008 年底开工建设，2011 年 3 月底建成，是 2011 年中华人民共和国第七届城市运动会的主体育场，总投资约为 15.77 亿元，全部由南昌市财政筹措解决。其主要建筑包括"一场四馆"，"一场"为主体育场，"四馆"则分别为跳水游泳馆、体育馆、网球馆、综合比赛训练馆。除此之外，还有运动员接待中心、广场平台和平台下车库等其他附属工程设施（见表 7.4）。

表 7.4　江西省奥林匹克体育中心和南昌国际体育中心的相关信息

	江西省奥林匹克体育中心	南昌国际体育中心
地址	南昌市高新技术产业开发区	南昌市红谷滩新区
开工时间	2005 年底	2008 年底
建成时间	2009 年	2011 年
投资金额	16.7 亿元	15.77 亿元
资金来源	南昌市政府	江西省政府和江西省体育局
主体建筑	一场两馆，"一场"为主体育场，"两馆"分别为游泳跳水馆和综合训练馆	一场四馆，"一场"为主体育场，"四馆"分别为跳水游泳馆、网球馆、体育馆和综合比赛训练馆

本章将运用前文所述的指标体系对以南昌市两个大型体育中心所在的区域，即江西省奥林匹克体育中心所在的高新技术产业开发区和南昌国际体育中心所在的红谷滩新区为增长极，以与其相邻的西湖区、青云谱区、东湖区、湾里区、青山湖区以及经济技术开发区为周边地区进行实证分析，分别测度从 2007 年到 2012 年间（2011 年为七城会举办年）高新技术产业开发区与东湖区、高新技术产业开发区与西湖区、高新技术产业开发区与青山湖区、高新技术产业开发区与青山湖区、红谷滩新区与湾里区、红谷滩新区与经济技术开发区的经济发展水平差异情况。

7.4.3 数据的采集与预处理

通过查阅 2007 年至 2012 年的《南昌市统计年鉴》和 2007 年至 2012 年的各相关区域的政府公报，来获取区域增长极与其周边地区经济发展指标的具体数据，部分指标可以通过查找相关的数据并进行计算后得到。

对于获得的数据进行整理，得到原始数据表（详见本书"附录"），然后经过公式 7.1 的计算，得到了 2007 年至 2012 年高新技术产业开发区与东湖区、高新技术产业开发区与西湖区、高新技术产业开发区与青云谱区、高新技术产业开发区与青山湖区以及红谷滩新区与湾里区、红谷滩新区与经济技术开发区各指标的静态不平衡差的数据表（见表 7.5 到表 7.30）。

7.4.4 江西省奥林匹克体育中心"极化–扩散"效应的实证分析

江西省奥林匹克体育中心位于南昌市高新技术产业开发区。南昌市高新技术产业开发区创建于 1991 年 3 月，1992 年 11 月被国务院批准为国家级高新区。南昌市高新技术产业开发区地处南昌市城东板块，紧邻艾溪湖、瑶湖、青山湖以及赣江，园区内主要以软件产业、微电子产业、资源深加工产业、光电产业、生物医药产业以及精密机械加工产业等战略性新兴产业为主。

江西省奥林匹克体育中心极化效应和扩散效应的实证分析主要包括对

高新技术产业开发区与东湖区、高新技术产业开发区与西湖、高新技术产业开发区与青云谱区以及高新技术产业开发区与青山湖区的经济协调发展的实证分析。

（1）高新技术产业开发区与东湖区的实证分析

运用 SPSS 软件中的主成分分析法，对 2007 年至 2012 年高新技术产业开发区与东湖区所选择的各个指标进行指标一致化以及静态不平衡差的处理（见表 7.5），并得到其主成分特征值、贡献率和累积贡献率（见表 7.6）。按照特征值大于 1 和累积贡献率大于 80% 的标准来提取指标以反映原来的多个指标信息。

表 7.5 经过静态不平衡差处理后的高新技术产业开发区与东湖区的相关指标数据

	2007 年	2008 年	2009 年	2010 年	2011 年	2012 年
生产总值	-0.37969	-0.33273	-0.29807	-0.26976	-0.19881	-0.14631
固定资产投资	0.635637	0.614858	3.344341	2.199056	1.953067	1.850992
投资产出率	-0.62075	-0.58679	-0.83843	-0.77173	-0.72869	-0.70056
工业投资	1899.979	79.02625	16923.7	66.59654	62.93129	62.15422
房地产开发投资	-0.75794	-0.79493	-0.66665	0.566933	9.965839	5.0205
财政收入	0.165834	0.05822	0.058198	0.060657	0.157596	0.247387
在岗职工年平均工资	-0.00095	0.058691	0.083523	0.11161	0.305101	0.302607

资料来源：高新技术产业开发区与东湖区的相关指标数据经过静态不平衡差处理之后所得，其中的负值表示高新技术产业开发区的某一指标比东湖区的同一指标的数值小，经过静态不平衡差的处理之后即为负值。

表 7.6 高新技术产业开发区与东湖区各指标的特征值、贡献率和累积贡献率

成分	初始特征值			提取平方和载入			旋转平方和载入		
	合计	方差(%)	累积(%)	合计	方差(%)	累积(%)	合计	方差(%)	累积(%)
1	3.434	49.059	49.059	3.434	49.059	49.059	3.426	48.939	48.939
2	2.718	38.829	87.888	2.718	38.829	87.888	2.726	38.949	87.888
3	0.501	7.155	95.043	—					

续表

成分	初始特征值			提取平方和载入			旋转平方和载入		
	合计	方差(%)	累积(%)	合计	方差(%)	累积(%)	合计	方差(%)	累积(%)
4	0.219	3.132	98.175	—	—	—	—	—	—
5	0.128	1.825	100.000	—	—	—	—	—	—
6	0.000	0.000	100.000	—	—	—	—	—	—
7	0.000	0.000	100.000	—	—	—	—	—	—

资料来源：将经过静态不平衡差的处理之后所得的高新技术产业开发区与东湖区的各指标数据运用 SPSS 软件中的主成分分析法进行分析后所得。

从表 7.6 中可以看出，前两个指标的特征值分别为 3.434 和 2.718，均高于 1，并且，它们的累积贡献率达到 87.888%，高于 80%，具有显著的代表性。因此，选择它们来反映原来的指标，可以得到其特征向量，如表 7.8 所示。按照公式 7.4 计算各主成分的表达式，分别用 f_{e1} 和 f_{e2} 来表示两个主成分，则各主成分的表达式分别为：

$$f_{e1} = 0.958 \times y_1 + 0.2908 \times y_2 - 0.264 \times y_3 - 0.300 \times y_4 \\ + 0.915 \times y_5 + 0.676 \times y_6 + 0.989 \times y_7 \quad (7.5)$$

$$f_{e2} = 0.114 \times y_1 + 0.955 \times y_2 - 0.938 \times y_3 + 0.846 \times y_4 \\ - 0.108 \times y_5 - 0.432 \times y_6 + 0.012 \times y_7 \quad (7.6)$$

表 7.7　高新技术产业开发区与东湖区各指标主成分的特征向量

	成分	
	1	2
生产总值	0.958	0.114
固定资产投资	0.290	0.955
投资产出	-0.264	-0.938
工业投资	-0.300	0.846
房地产开发情况	0.915	-0.108
财政收入	0.676	-0.432
在岗职工年平均收入	0.989	0.012

资料来源：将经过静态不平衡差的处理之后所得的高新技术产业开发区与东湖区的各指标数据运用 SPSS 软件中的主成分分析法进行分析后所得。

此外，根据公式 7.3，可以得出各主成分的权重，其中：

第一个主成分的权重为 $a_1 = 0.49059/(0.49059 + 0.38829) = 0.55820$；

第二个主成分的权重为 $a_2 = 0.38829/(0.49059 + 0.38829) = 0.44180$。

由此可以得出其综合评价的表达式为：

$$G = 0.55820 \times f_{e1} + 0.44180 \times f_{e2} \tag{7.7}$$

最后，将高新技术产业开发区与东湖区的数据带入综合评价的表达式，其结果如表7.8所示。在2007年至2012年间，高新技术产业开发区对东湖区的极化效应和扩散效应的指标值的曲线图如图7.2所示。

表7.8　高新技术产业开发区对东湖区极化效应和扩散效应的指标值

	2007年	2008年	2009年	2010年	2011年	2012年
综合评价得分	392.1484	16.47269	3493.405	15.63497	19.22939	16.74984

由图7.2可以看出，在2007年和2009年，高新技术产业开发区对东湖区的极化效应和扩散效应的指标值明显高出其他年份，其主要原因在于，在2007年和2009年，高新技术产业开发区的工业投资分别为277543万元、913934万元，其平均值与其他年份的平均值相差无几；而东湖区的工业投资仅有146万元和54万元，其平均值明显低于其他年份的平均值。经过公式7.1的处理之后，高新技术开发区对东湖区的工业投资的静态不平衡差值分别高达1899.979、16923.7，比其他年份的差值高出近30倍。然后，再经

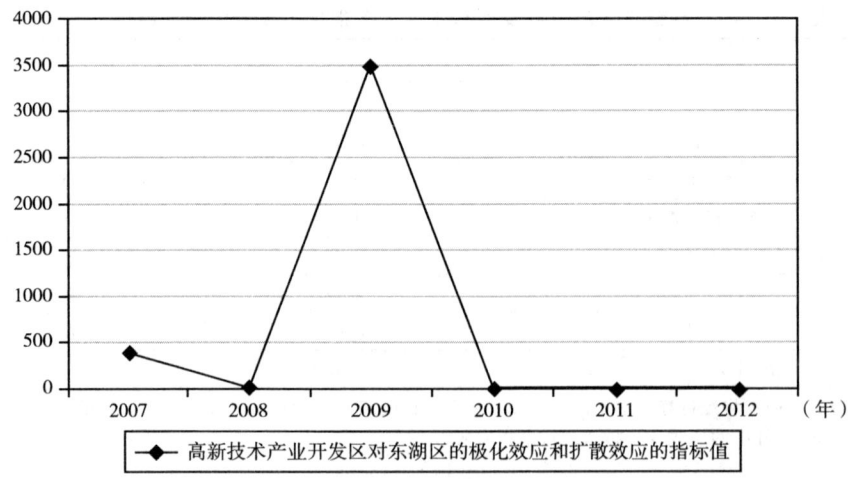

图7.2　高新技术产业开发区对东湖区的极化效应和扩散效应的指标值

过公式 7.5、公式 7.6 和公式 7.7 的计算，得出高新技术产业开发区对东湖区极化效应和扩散效应的指标值在 2007 年和 2009 年明显高于其他年份。由此可见，工业投资对于高新技术产业开发区对东湖区极化效应和扩散效应指标值的影响较大。

（2）高新技术产业开发区与西湖区的实证分析

首先，将高新技术产业开发区与西湖区的相关指标进行静态不平衡差处理（见表 7.9）。

表 7.9　经过静态不平衡差处理后的高新技术产业开发区与西湖区的相关指标数据

	2007 年	2008 年	2009 年	2010 年	2011 年	2012 年
生产总值	-0.39021	-0.33823	-0.31118	-0.30228	-0.24482	-0.19561
固定资产投资	0.55481	0.548917	0.373319	0.36753	0.372308	0.393562
投资产出率	-0.6078	-0.57275	-0.49843	-0.4898	-0.4497	-0.42278
工业投资	5.660499	6.766041	13.23152	7.493385	8.308525	20.80703
房地产开发投资	-0.3887	-0.4583	-0.74737	-0.01753	5.155163	0.424421
财政收入	-0.02437	-0.01107	-0.00825	-0.02059	0.039238	0.096313
在岗职工年平均工资	0.011801	-0.11182	-0.10228	-0.12007	-0.02036	0.082102

资料来源：高新技术产业开发区与西湖区的相关指标数据经过静态不平衡差处理之后所得，其中的负值表示高新技术产业开发区的某一指标比西湖区的同一指标的数值小，经过静态不平衡差的处理之后即为负值。

从表 7.10 中可以看出，前两个指标的特征值分别为 4.462 和 1.321，均高于 1，并且，它们的累计贡献率达到 82.617%，高于 80%，具有显著的代表性。因此，选择它们来反映原来的指标，并可以得到其特征向量，见表 7.11。按照公式 7.4 计算各主成分的表达式，并分别用 f_{e1} 和 f_{e2} 来表示两个主成分，则各主成分的表达式分别为：

$$f_{e1} = 0.978 \times y_1 - 0.713 \times y_2 + 0.950 \times y_3 + 0.813 \times y_4 \\ + 0.488 \times y_5 + 0.930 \times y_6 + 0.576 \times y_7 \quad (7.8)$$

$$f_{e2} = -0.081 \times y_1 + 0.589 \times y_2 - 0.286 \times y_3 + 0.367 \times y_4 \\ - 0.431 \times y_5 + 0.312 \times y_6 + 0.684 \times y_7 \quad (7.9)$$

此外，根据公式 7.3，可以得出各主成分的权重，其中：

第一个主成分的权重为 $a_1 = 0.63747/(0.63747 + 0.18871) = 0.77160$；

第二个主成分的权重为 $a_2 = 0.18871/(0.63747 + 0.18871) = 0.22840$。

由此可以得出其综合评价的表达式为：

$$G = 0.77160 \times f_{e1} + 0.22840 \times f_{e2} \tag{7.10}$$

表7.10　　高新技术产业开发区与西湖区各指标的特征值、贡献率和累积贡献率

成分	初始特征值			提取平方和载入			旋转平方和载入		
	合计	方差(%)	累积(%)	合计	方差(%)	累积(%)	合计	方差(%)	累积(%)
1	4.462	63.747	63.747	4.462	63.747	63.747	2.918	41.691	41.691
2	1.321	18.871	82.617	1.321	18.871	82.617	2.865	40.926	82.617
3	0.991	14.158	96.775	—	—	—	—	—	—
4	0.189	2.706	99.482	—	—	—	—	—	—
5	0.036	0.518	100.000	—	—	—	—	—	—
6	0.000	0.000	100.000	—	—	—	—	—	—
7	0.000	0.000	100.000	—	—	—	—	—	—

资料来源：将经过静态不平衡差的处理之后所得的高新技术产业开发区与西湖区的各指标数据运用SPSS软件中的主成分分析法进行分析后所得。

表7.11　　高新技术产业开发区与西湖区各指标主成分的特征向量

	成分	
	1	2
生产总值	0.978	-0.081
固定资产投资	-0.713	0.589
投资产出	0.950	-0.286
工业投资	0.813	0.367
房地产开发情况	0.488	-0.431
财政收入	0.930	0.312
在岗职工年平均收入	0.576	0.684

资料来源：将经过静态不平衡差的处理之后所得的高新技术产业开发区与西湖区的各指标数据运用SPSS软件中的主成分分析法进行分析后所得。

最后将高新技术产业开发区与西湖区的数据带入综合评价的表达式，其结果如表 7.12 所示。在 2007 年至 2012 年间，高新技术产业开发区对西湖区的极化效应和扩散效应的指标值的曲线图如图 7.3 所示。

表 7.12　高新技术产业开发区对西湖区极化效应和扩散效应的指标值

	2007 年	2008 年	2009 年	2010 年	2011 年	2012 年
综合评价得分	2.981476	3.748661	8.416563	4.53325	6.725626	14.45005

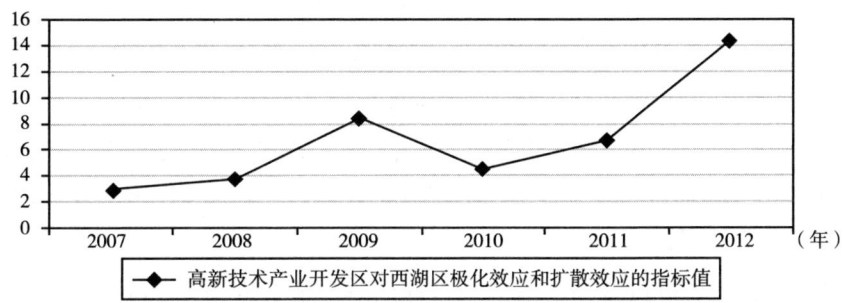

图 7.3　高新技术产业开发区对西湖区极化效应和扩散效应的指标值

由图 7.3 可以看出，在 2009 年，高新技术产业开发区对西湖区极化效应和扩散效应的指标值有较大的波动，从 2008 年的 3.74 升至 2009 年的 8.41，随后又降至 2010 年的 4.53，究其原因，同样在于 2009 年高新技术产业开发区的工业投资达到 2008 年至 2010 年间的最大值 913934 万元，而西湖区 2009 年的工业投资却为 2008 年至 2010 年间的最小值，仅有 64219 万元。经过公式 7.1 的处理之后，高新技术产业开发区对西湖区的工业投资的静态不平衡差值也达到 2008 年至 2010 年间的最大值 13.23152。然后再经过公式 7.8、公式 7.9 和公式 7.10 的计算，得出 2009 年高新技术产业开发区对西湖区极化效应和扩散效应的指标值高于 2008 年和 2010 年。由此可见，工业投资对于高新技术产业开发区对西湖区极化效应和扩散效应指标值的影响较大。

（3）高新技术产业开发区与青云谱区的实证分析

首先，将高新技术产业开发区与青云谱区的相关指标数据进行静态不平衡差处理（见表 7.13）。

表7.13　经过静态不平衡差处理后的高新技术产业开发区与青云谱区的相关指标数据

	2007年	2008年	2009年	2010年	2011年	2012年
生产总值	0.122194	0.211298	0.244233	0.273071	0.318021	0.361447
固定资产投资	0.74486	0.714542	0.341864	0.349556	1.17026	1.319329
投资产出率	-0.35686	-0.29351	-0.07276	-0.05667	-0.39269	-0.413
工业投资	0.533133	1.121076	0.887116	0.20338	1.031919	0.915805
房地产开发投资	-0.66979	-0.70175	-0.81121	-0.33471	7.202018	2.008884
财政收入	0.655373	0.626036	0.490906	0.480758	0.602247	0.65542
在岗职工年平均工资	0.013411	-0.03339	-0.01449	-0.0107	-0.07664	-0.12122

资料来源：高新技术产业开发区与青云谱区的相关指标数据经过静态不平衡差处理之后所得，其中的负值表示高新技术产业开发区的某一指标比青云谱区的同一指标的数值小，经过静态不平衡差的处理之后即为负值。

从表7.14中可以看出，前两个指标的特征值分别为4.299和1.594，均高于1，并且他们的累积贡献率达到84.184%，高于80%，具有显著的代表性。因此，选择它们来反映原来的指标，并可以得到其特征向量，见表7.15。按照公式7.4计算各主成分的表达式，并分别用f_{e1}和f_{e2}来表示两个主成分，则各主成分的表达式分别为：

$$f_{e1} = 0.577 \times y_1 + 0.979 \times y_2 - 0.870 \times y_3 + 0.648 \times y_4 \\ + 0.748 \times y_5 + 0.707 \times y_6 - 0.879 \times y_7 \quad (7.11)$$

$$f_{e2} = 0.792 \times y_1 - 0.094 \times y_2 + 0.470 \times y_3 - 0.092 \times y_4 \\ + 0.330 \times y_5 - 0.685 \times y_6 - 0.387 \times y_7 \quad (7.12)$$

表7.14　高新技术产业开发区与青云谱区各指标的特征值、贡献率和累积贡献率

成分	初始特征值			提取平方和载入			旋转平方和载入		
	合计	方差%	累积%	合计	方差%	累积%	合计	方差%	累积%
1	4.299	61.412	61.412	4.299	61.412	61.412	3.111	44.445	44.445
2	1.594	22.772	84.184	1.594	22.772	84.184	2.782	39.738	84.184
3	0.652	9.309	93.493	—	—	—	—	—	—

续表

成分	初始特征值			提取平方和载入			旋转平方和载入		
	合计	方差%	累积%	合计	方差%	累积%	合计	方差%	累积%
4	0.452	6.457	99.950	—	—	—	—	—	—
5	0.003	0.050	100.000	—	—	—	—	—	—
6	0.000	0.000	100.000	—	—	—	—	—	—
7	0.000	0.000	100.000	—	—	—	—	—	—

资料来源：将经过静态不平衡差的处理之后所得的高新技术产业开发区与青云谱区的各指标数据运用 SPSS 软件中的主成分分析法进行分析后所得。

表 7.15　高新技术产业开发区与青云谱区各指标主成分的特征向量

	成分	
	1	2
生产总值	0.577	0.792
固定资产投资	0.979	-0.094
投资产出	-0.870	0.470
工业投资	0.648	-0.092
房地产开发情况	0.748	0.330
财政收入	0.707	-0.685
在岗职工年平均收入	-0.879	-0.387

资料来源：将经过静态不平衡差的处理之后所得的高新技术产业开发区与青云谱区的各指标数据运用 SPSS 软件中的主成分分析法进行分析后所得。

此外，根据公式 7.3，可以得出各主成分的权重，其中：
第一个主成分的权重为 $a_1 = 0.61412/(0.61412 + 0.22772) = 0.72950$；
第二个主成分的权重为 $a_2 = 0.22772/(0.61412 + 0.22772) = 0.27050$。
由以上可以得出其综合评价的表达式为：

$$G = 0.72950 \times f_{e1} + 0.27050 \times f_{e2} \qquad (7.13)$$

最后将高新技术产业开发区与青云谱区的数据带入综合评价的表达式，其结果如表 7.16 所示。2007 年至 2012 年间，高新技术产业开发区对青云谱区极化效应和扩散效应的指标值的曲线图如图 7.4 所示。

表 7.16　高新技术产业开发区对青云谱区极化效应和扩散效应的指标值

	2007 年	2008 年	2009 年	2010 年	2011 年	2012 年
综合评价得分	0.791811	1.063593	0.482764	0.488379	6.498413	3.340518

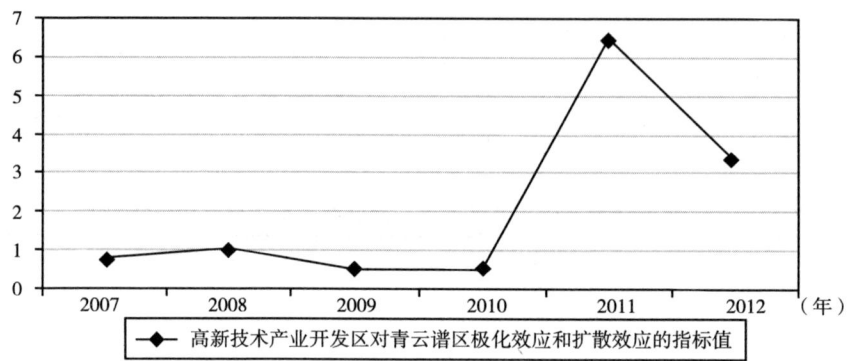

图 7.4　高新技术产业开发区对青云谱区极化效应和扩散效应的指标值

由图 7.4 可以看出，2007 年至 2012 年，高新技术产业开发区对青云谱区极化效应和扩散效应的指标值先处于波动状态，在 2011 年突然升至最大值之后，在 2012 年又有所回落。其主要原因在于，2011 年和 2012 年，高新技术产业开发区的房地产开发投资分别高达 1614961 万元、623489 万元，相比其他年份的投资额都有大幅增长；而此时青云谱区的房地产开发投资却处于 2007 年至 2012 年间的较低水平，分别只有 196898 万元、207216 万元。因此，经过公式 7.1 的处理之后，高新技术产业开发区对青云谱区的房地产开发投资的静态不平衡差达到了 2011 年的 7.202018 和 2012 年的 2.008884，比以往年份的指标值都高。然后，再经过公式 7.11、公式 7.12、公式 7.13 的计算，得出 2011 年和 2012 年高新技术产业开发区对青云谱区极化效应和扩散效应的指标值达到 2007 年至 2012 年间的最大值和第二大值。由此可见，房地产开发投资对于高新技术产业开发区对青云谱区极化效应和扩散效应指标值的影响较大。

（4）高新技术产业开发区与青山湖区的实证分析

首先，将高新技术产业开发区与青山湖区的相关指标数据进行静态不平衡差处理（见表 7.17）。

表 7.17　经过静态不平衡差处理后的高新技术产业开发区与青山湖区的相关指标数据

	2007 年	2008 年	2009 年	2010 年	2011 年	2012 年
生产总值	-0.35713	-0.3093	-0.26888	-0.2924	-0.24872	-0.21882
固定资产投资	-0.29347	-0.28912	-0.33504	-0.32884	-0.30061	-0.30294
投资产出率	-0.0901	-0.02839	0.09949	0.0543	0.074182	0.120684
工业投资	-0.63148	-0.5376	-0.26546	-0.58972	-0.62601	-0.60169
房地产开发投资	-0.70093	-0.7902	-0.87712	-0.56757	4.840706	1.543016
财政收入	-0.07265	-0.18829	-0.23007	-0.21563	-0.09726	-0.0524
在岗职工年平均工资	-0.03181	0.036596	0.089844	0.099151	0.191864	0.131748

资料来源：高新技术产业开发区与青山湖区的相关指标数据经过静态不平衡差处理之后所得，其中的负值表示高新技术产业开发区的某一指标比青山湖区的同一指标的数值小，经过静态不平衡差的处理之后即为负值。

从表 7.18 中可以看出，前两个指标的特征值分别为 3.371 和 2.688，均高于 1，并且它们的累积贡献率达到 86.564%，高于 80%，具有显著的代表性。因此，选择它们来反映原来的指标，并可以得到其特征向量，见表 7.19。按照公式 7.4 计算各主成分的表达式，并分别用 f_{e1} 和 f_{e2} 来表示两个主成分，则各主成分的表达式分别为：

$$f_{e1} = 0.953 \times y_1 - 0.419 \times y_2 + 0.956 \times y_3 + 0.178 \times y_4$$
$$+ 0.650 \times y_5 + 0.017 \times y_6 + 0.958 \times y_7 \quad (7.14)$$

$$f_{e2} = 0.095 \times y_1 + 0.804 \times y_2 - 0.210 \times y_3 - 0.860 \times y_4$$
$$+ 0.663 \times y_5 + 0.886 \times y_6 + 0.161 \times y_7 \quad (7.15)$$

此外，根据公式 7.3，可以得出各主成分的权重，其中：

第一个主成分的权重为 $a_1 = 0.48164/(0.48164 + 0.38400) = 0.55640$；

第二个主成分的权重为 $a_2 = 0.38400/(0.48164 + 0.38400) = 0.44360$。

表 7.18　高新技术产业开发区与青山湖区各指标的
特征值、贡献率和累积贡献率

成分	初始特征值			提取平方和载入			旋转平方和载入		
	合计	方差%	累积%	合计	方差%	累积%	合计	方差%	累积%
1	3.371	48.164	48.164	3.371	48.164	48.164	3.357	47.951	47.951
2	2.688	38.400	86.564	2.688	38.400	86.564	2.703	38.612	86.564
3	0.420	5.996	92.560	—	—	—	—	—	—
4	0.319	4.555	97.114	—	—	—	—	—	—
5	0.202	2.886	100.000	—	—	—	—	—	—
6	0.000	0.000	100.000	—	—	—	—	—	—
7	0.000	0.000	100.000	—	—	—	—	—	—

资料来源：将经过静态不平衡差处理之后所得的高新技术产业开发区与青山湖区的各指标数据运用 SPSS 软件中的主成分分析法进行分析后所得。

表 7.19　高新技术产业开发区与青山湖区各指标主成分的特征向量

	成分	
	1	2
生产总值	0.953	0.095
固定资产投资	-0.419	0.804
投资产出	0.956	-0.210
工业投资	0.178	-0.860
房地产开发情况	0.650	0.663
财政收入	0.017	0.886
在岗职工年平均收入	0.958	0.161

资料来源：将经过静态不平衡差处理之后所得的高新技术产业开发区与青山湖区的各指标数据运用 SPSS 软件中的主成分分析法进行分析后所得。

由此可以得出其综合评价的表达式为：

$$G = 0.55640 \times f_{e1} + 0.44360 \times f_{e2} \quad (7.16)$$

最后，将高新技术产业开发区与青山湖区的数据带入综合评价的表达式，其结果如表 7.20 所示。在 2007 年至 2012 年间，高新技术产业开发区对青山湖区极化效应和扩散效应的指标值的曲线图如图 7.5 所示。

表 7.20　高新技术产业开发区对青山湖区极化效应和扩散效应的指标值

	2007 年	2008 年	2009 年	2010 年	2011 年	2012 年
综合评价得分	-0.60995	-0.64521	-0.69014	-0.41664	3.281072	1.130636

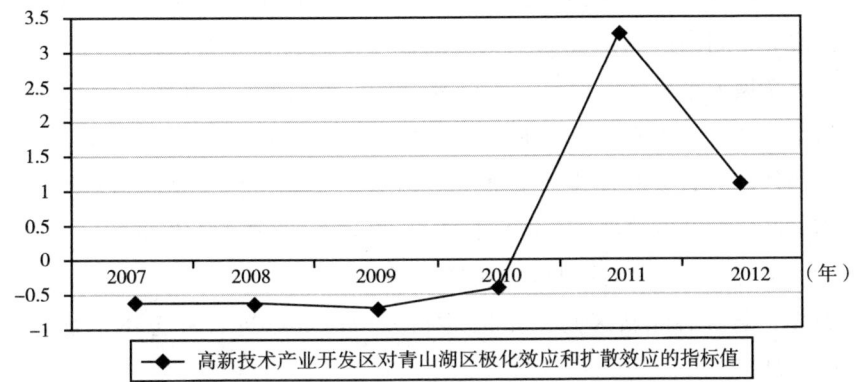

图 7.5　高新技术产业开发区对青山湖区极化效应和扩散效应的指标值

由图 7.5 可以看出，2007 年至 2010 年，高新技术产业开发区对青山湖区极化效应和扩散效应的指标值均为负数，说明高新技术产业开发区的经济发展不如青山湖区。其原因主要在于在此期间，高新技术产业开发区的大部分指标值，如生产总值、工业投资、房地产开发投资等，均低于青山湖区，经过公式 7.1 的处理之后，相关指标的静态不平衡差均呈现出负值，最终导致高新技术产业开发区对青山湖区极化效应和扩散效应的指标值在此期间也呈现出负值。但是在 2011 年，其指标值突然涨至 3.28，在 2012 年虽又有所回落，但依旧保持在 0 以上，究其原因，同样在于高新技术产业开发区在 2011 年和 2012 年的房地产开发投资达到近年来的最大值，分别为 1614961 万元、623489 万元；此时，青山湖区房地产开发投资却降至近年来的最小值，分别只有 276501 万元、245177 万元，因此，在经过公式 7.1 的处理之后，得出 2011 年和 2012 年高新技术产业开发区对青山湖区房地产开发投资的静态不平衡差达到近年的最大值 4.840706 和第二大值 1.543016。然后，再经过公式 7.14、公式 7.15 和公式 7.16 的计算，得出 2011 年和 2012 年高新技术产业开发区对青山湖区极化效应和扩散效应的指标值分别达到 3.281072、1.130636。由此可见，高新技术产业开发区对青山湖区极化效应和扩散效应受房地产开发投资的影响较大。

7.4.5 南昌国际体育中心极化-扩散效应的实证分析

南昌国际体育中心坐落于南昌市红谷滩新区南部。南昌市红谷滩新区地处赣江之北，与南昌西南部的主城区隔江相望。红谷滩新区是南昌市委、市政府为了拓展城市规模、构建"一江两岸"城市发展格局而设立的城市新区，是南昌市新的行政中心、商务中心、文化中心、生活中心和休闲中心。

南昌国际体育中心极化效应和扩散效应的实证分析主要包括对红谷滩新区与湾里区以及红谷滩新区与经济技术开发区的经济协调发展的实证分析。

（1）红谷滩新区与湾里区的实证分析

首先，将红谷滩新区与湾里区的相关指标数据进行静态不平衡差处理（见表7.21）。

表7.21　经过静态不平衡差处理后的红谷滩新区与湾里区的相关指标数据

	2007年	2008年	2009年	2010年	2011年	2012年
生产总值	0.743181	0.857223	1.200139	1.318746	1.343425	1.554941
固定资产投资	12.30972	11.48042	14.27922	13.61666	11.9803	10.1454
投资产出率	-0.86903	-0.85119	-0.856	-0.84136	-0.81946	-0.77076
工业投资	-0.15256	-0.83176	0.182905	-0.07765	-0.09622	-0.16683
房地产开发投资	13.91907	16.83872	22.19326	17.00745	134.0949	21.51783
财政收入	1.493985	1.673935	2.164499	2.780326	3.539476	3.553802
在岗职工年平均工资	0.2249	0.489341	0.538807	0.605522	0.506719	0.205387

资料来源：红谷滩新区与湾里区的相关指标数据经过静态不平衡差处理之后所得，其中的负值表示红谷滩新区的某一指标比湾里区的同一指标的数值小，经过静态不平衡差的处理之后即为负值。

从表7.22中可以看出，前三个指标的特征值分别为3.260、2.072、1.014，均高于1，并且它们的累积贡献率达到90.657%，高于80%，具有显著的代表性。因此，选择它们来反映原来的指标，并可以得到其特征向量，见表7.23。按照公式7.4计算各主成分的表达式，并分别用f_{e1}、f_{e2}、f_{e3}来表示三个主成分，则各主成分的表达式分别为：

$$f_{e1} = 0.898 \times y_1 - 0.515 \times y_2 + 0.944 \times y_3 + 0.261 \times y_4$$
$$+ 0.501 \times y_5 + 0.970 \times y_6 - 0.198 \times y_7 \quad (7.17)$$

$$f_{e2} = 0.311 \times y_1 + 0.839 \times y_2 - 0.263 \times y_3 + 0.689 \times y_4$$
$$+ 0.333 \times y_5 + 0.211 \times y_6 + 0.756 \times y_7 \quad (7.18)$$

$$f_{e3} = -0.147 \times y_1 - 0.167 \times y_2 - 0.079 \times y_3 - 0.602 \times y_4$$
$$+ 0.598 \times y_5 + 0.075 \times y_6 + 0.482 \times y_7 \quad (7.19)$$

表 7.22 红谷滩新区与湾里区各指标的特征值、贡献率和累积贡献率

成分	初始特征值			提取平方和载入			旋转平方和载入		
	合计	方差 %	累积 %	合计	方差 %	累积 %	合计	方差 %	累积 %
1	3.260	46.574	46.574	3.260	46.574	46.574	3.254	46.485	46.485
2	2.072	29.597	76.171	2.072	29.597	76.171	1.597	22.816	69.301
3	1.014	14.487	90.657	1.014	14.487	90.657	1.495	21.357	90.657
4	0.641	9.160	99.818	—	—	—	—	—	—
5	0.013	0.182	100.000	—	—	—	—	—	—
6	0.000	0.000	100.000	—	—	—	—	—	—
7	0.000	0.000	100.000	—	—	—	—	—	—

资料来源：将经过静态不平衡差的处理之后所得的红谷滩新区与湾里区的各指标数据运用 SPSS 软件中的主成分分析法进行分析后所得。

表 7.23 红谷滩新区与湾里区各指标主成分的特征向量

	成 分		
	1	2	3
生产总值	0.898	0.311	-0.147
固定资产投资	-0.515	0.839	-0.167
投资产出	0.944	-0.263	-0.079
工业投资	0.261	0.689	-0.602
房地产开发情况	0.501	0.333	0.598
财政收入	0.970	0.211	0.075
在岗职工年平均收入	-0.198	0.756	0.482

资料来源：将经过静态不平衡差处理之后所得的红谷滩新区与湾里区的各指标数据运用 SPSS 软件中的主成分分析法进行分析后所得。

此外,根据公式 7.3,可以得出各主成分的权重,三个主成分的权重分别为:

$a_1 = 0.46574/(0.46574 + 0.29597 + 0.14487) = 0.51374$;

$a_2 = 0.29597/(0.46574 + 0.29597 + 0.14487) = 0.32646$;

$a_3 = 0.14487/(0.46574 + 0.29597 + 0.14487) = 0.15980$。

由此可以得出其综合评价的表达式为:

$$G = 0.51374 \times f_{e1} + 0.32646 \times f_{e2} + 0.15980 \times f_{e3} \quad (7.20)$$

最后,将红谷滩新区与湾里区的数据带入综合评价的表达式,其结果如表 7.24 所示。在 2007 年至 2012 年间,红谷滩新区对湾里区的极化效应和扩散效应的指标值的曲线图如图 7.6 所示。

表 7.24　红谷滩新区对湾里区极化效应和扩散效应的指标值

	2007 年	2008 年	2009 年	2010 年	2011 年	2012 年
综合评价得分	7.152234	8.567366	11.73562	9.725719	64.24282	12.3586

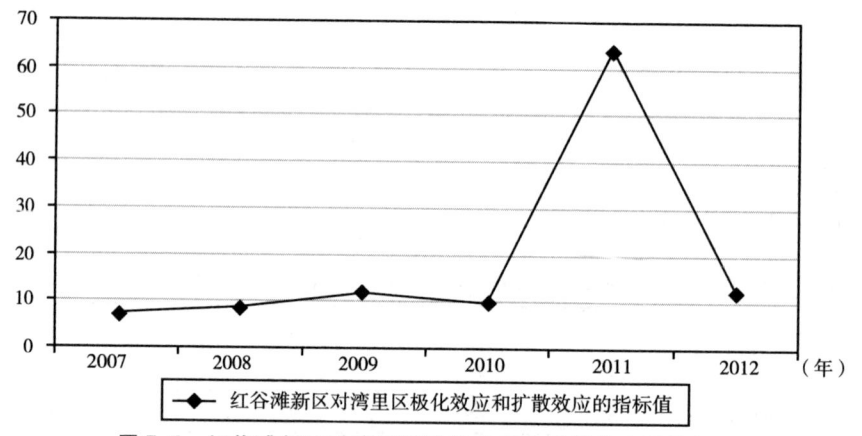

图 7.6　红谷滩新区对湾里区极化效应和扩散效应的指标值

由图 7.6 可以看出,从 2007 年到 2010 年,红谷滩新区对湾里区极化效应和扩散效应的指标值大致呈现出缓慢增长的趋势,在 2011 年经过大幅的增长之后,又回落到往年的缓慢的增长趋势之中。究其原因,在于红谷滩新区 2011 年房地产开发的投资为往年的最高值,为 4393286 万元,虽然湾里区 2011 年房地产开发的投资为 32520 万元,并且比 2009 年和 2010 年均有所提高,但是经过公式 7.1 的处理之后,得出 2011 年红谷滩新区对湾里区房地产开发投资的静态不平衡差仍然高达 134.0949。然后，再经过公式 7.17、公式 7.18、公式 7.19 和公式 7.20 的计算，得出 2011 年红谷滩新区对湾里区极化效应和扩散效应的指标值达到 64.24282，与其他年份相比同样有较大提高。由此可见，红谷滩新区对湾里区极化效应和扩散效应受房地产开发投资的影响较大。

（2）红谷滩新区与经济技术开发区的实证分析

首先，将红谷滩新区与经济技术开发区的相关指标数据进行静态不平衡差处理（见表 7.25）。

表 7.25　　　经过静态不平衡差处理后的红谷滩新区与经济技术开发区的相关指标数据

	2007 年	2008 年	2009 年	2010 年	2011 年	2012 年
生产总值	-0.65795	-0.60977	-0.58447	-0.58693	-0.60548	-0.59064
固定资产投资	-0.46984	-0.47928	-0.18098	-0.24075	-0.20996	-0.19775
投资产出率	-0.35482	-0.2506	-0.49265	-0.45594	-0.50063	-0.48973
工业投资	-0.99279	-0.99686	-0.9866	-0.98574	-0.97381	-0.97035
房地产开发投资	3.613012	4.285675	8.794806	11.08927	4.757458	10.83477
财政收入	0.222901	0.309709	0.464114	0.623178	0.738406	0.996732
在岗职工年平均工资	-0.0033	0.047594	0.03289	0.062119	0.035568	0.018514

资料来源：红谷滩新区与经济技术开发区的相关指标数据经过静态不平衡差处理之后所得，其中的负值表示红谷滩新区的某一指标比经济技术开发区的同一指标的数值小，经过静态不平衡差的处理之后即为负值。

从表 7.26 中可以看出，前两个指标的特征值分别为 4.625、1.493，均高于 1，并且，它们的累积贡献率达到 87.403%，高于 80%，具有显著的代表性。因此，选择它们来反映原来的指标，并可以得到其特征向量，见表 7.27。按照公式 7.4 计算各主成分的表达式，分别用 f_{e1} 和 f_{e2} 来表示两个主成分，则各主成分的表达式分别为：

$$f_{e1} = 0.822 \times y_1 + 0.960 \times y_2 - 0.875 \times y_3 + 0.836 \times y_4 \\ + 0.811 \times y_5 + 0.785 \times y_6 + 0.325 \times y_7 \quad (7.21)$$

$$f_{e2} = 0.515 \times y_1 - 0.060 \times y_2 + 0.316 \times y_3 - 0.470 \times y_4 \\ + 0.257 \times y_5 - 0.218 \times y_6 + 0.888 \times y_7 \quad (7.22)$$

表 7.26　红谷滩新区与经济技术开发区各指标的特征值、
贡献率和累积贡献率

成分	初始特征值			提取平方和载入			旋转平方和载入		
	合计	方差%	累积%	合计	方差%	累积%	合计	方差%	累积%
1	4.625	66.070	66.070	4.625	66.070	66.070	3.971	56.724	56.724
2	1.493	21.334	87.403	1.493	21.334	87.403	2.148	30.679	87.403
3	0.420	5.998	93.401	—	—	—	—	—	—
4	0.356	5.083	98.484	—	—	—	—	—	—
5	0.106	1.516	100.000	—	—	—	—	—	—
6	0.000	0.000	100.000	—	—	—	—	—	—
7	0.000	0.000	100.000	—	—	—	—	—	—

资料来源：将经过静态不平衡差处理之后所得的红谷滩新区与经济技术开发区的各指标数据运用 SPSS 软件中的主成分分析法进行分析后所得。

表 7.27　红谷滩新区与经济技术开发区各指标主成分的特征向量

	成分	
	1	2
生产总值	0.822	0.516
固定资产投资	0.960	-0.060
投资产出	-0.875	0.316
工业投资	0.836	-0.470
房地产开发情况	0.811	0.257
财政收入	0.895	-0.218
在岗职工年平均收入	0.325	0.888

资料来源：将经过静态不平衡差处理之后所得的红谷滩新区与经济技术开发区的各指标数据运用 SPSS 软件中的主成分分析法进行分析后所得。

此外，根据公式 3.3，可以得出各主成分的权重，其中：

第一个主成分的权重为 $a_1 = 0.66070/(0.66070 + 0.21334) = 0.75592$；

第二个主成分的权重为 $a_2 = 0.21334/(0.66070 + 0.21334) = 0.24408$。

由此可以得出其综合评价的表达式为：

$$G = 0.75592 \times f_{e1} + 0.24408 \times f_{e2} \quad (7.23)$$

最后，将红谷滩新区与经济技术开发区的数据带入综合评价的表达式，其结果如表 7.28 所示。2007 年至 2012 年间，红谷滩新区对经济技术开发区极化效应和扩散效应的指标值的曲线图如图 7.7 所示。

表 7.28　　红谷滩新区对经济技术开发区极化效应和扩散效应的指标值

	2007 年	2008 年	2009 年	2010 年	2011 年	2012 年
综合评价得分	1.447068	1.945578	5.459951	7.057828	2.878779	7.154035

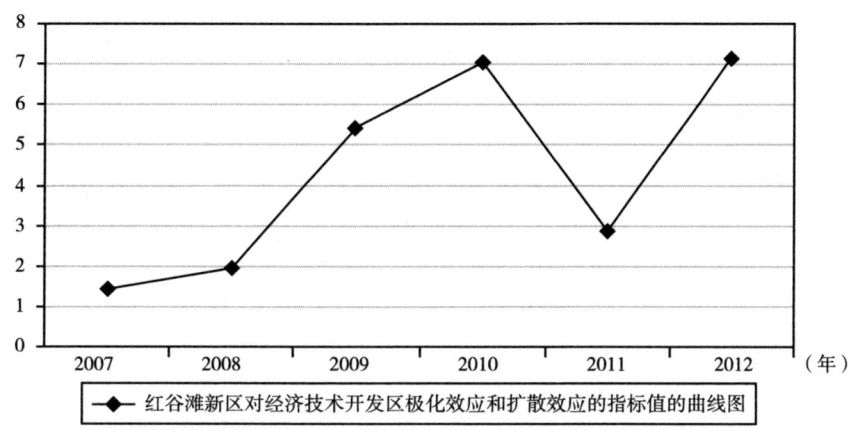

图 7.7　红谷滩新区对经济技术开发区极化效应和扩散效应的指标值的曲线图

从图 7.7 中可以看出，从 2007 年到 2012 年红谷滩新区对经济技术开发区极化效应和扩散效应的指标值大致呈现出一直上涨的趋势，但是在 2011 年，该指标值却呈现出明显的下降，其原因主要在于，在红谷滩新区的房地产开发投资达到近年来最大值 4393286 万元的同时，经济技术开发区的房地产开发投资同样达到近年来的最大值 763060 万元，经过公式 7.1 的处理之后，得出 2011 年红谷滩新区对经济技术开发区房地产投资的静态不平衡差仅有 4.757458，明显低于 2010 年的 11.08927 和 2012 年的 10.83477。再经过公式 7.21、公式 7.22 和公式 7.23 的计算，得出 2011 年红谷滩新区对经济技术开发区极化效应和扩散效应的指标值为 2.878779，同样低于 2010 年的 7.057828 和 2012 年的 7.154035。由此可见，红谷滩新区对经济技术开发区极化效应和扩散效应受房地产开发投资的影响较大。

7.5 南昌市大型体育场馆建设极化效应和扩散效应的系统分析

7.5.1 江西省奥林匹克体育中心极化-扩散效应的系统分析

将高新技术开发区对于其周边地区极化效应和扩散效应的指标值整合在一起后,得出表7.29,其曲线图如图7-8所示。

表7.29　高新技术开发区对其周边地区极化效应和扩散效应的指标值

	2007年	2008年	2009年	2010年	2011年	2012年
东湖区	392.1484	16.47269	3493.405	15.63497	19.22939	16.74984
西湖区	2.981476	3.748661	8.416563	4.53325	6.725626	14.45005
青云谱区	0.791811	1.063593	0.482764	0.488379	6.498413	3.340518
青山湖区	-0.60995	-0.64521	-0.69014	-0.41664	3.281072	1.130636
合计	395.9217	21.28494	3502.304	20.6566	32.45343	34.54041

结合表7.29和图7.8可以看出,从2007年到2012年,高新技术产业开发区对其周边地区的极化效应和扩散效应的指标值呈现出不规则的变化规律,其主要原因在于,高新技术产业开发区对东湖区极化效应和扩散效应的指标值在2007年和2009年有大幅增长,分别达到392.1484和3493.405,而其他年份的最大值仅有19.22939。导致高新技术产业开发区对东湖区极化效应和扩散效应的指标值在2007年和2009年有大幅增长的原因又在于2007年和2009年高新技术产业开发区对东湖区工业投资的静态不平衡差高达1899.979和16923.7,同样远远高于其他年份的平均水平。自江西省奥林匹克体育中心在2009年建成之后,即从2010年开始,高新技术产业开发区对其周边地区极化效应和扩散效应的指标值开始呈现出缓慢增长的趋势,其主要原因在于高新技术产业开发区对其周边各区的极化效应和扩散效应受工业投资和房地产开发投资的影响较大,而在此期间,其工业投资和房地产开发投资的静态不平衡差都呈现出缓慢增长的趋势。由此

可见，受工业投资和房地产开发投资的影响，高新技术产业开发区的极化效应正在逐步增强。

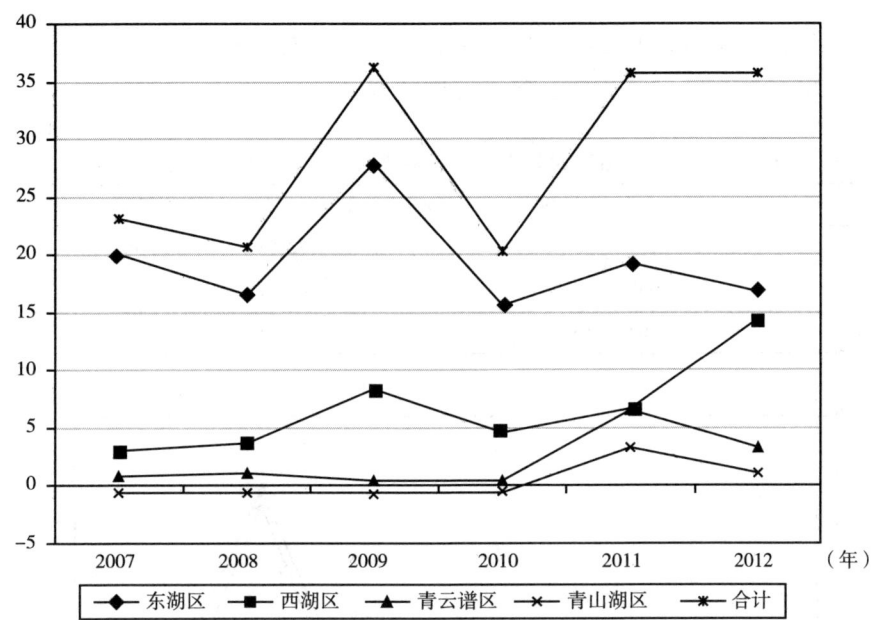

图7.8　高新技术开发区对其周边地区极化效应和扩散效应指标值的曲线图

注：由于在2007年和2009年，高新技术开发区对其周边地区极化效应和扩散效应的指标值比其他指标值高出数十倍甚至数百倍，因此，为了使指标值在图中的趋势显得更为明显，对这两个数值进行了比例缩小。

南昌高新技术产业开发区即南昌国家高新技术产业开发区，是江西省唯一的国家级高新区，同时也是江西省投资环境最好的工业区之一。园区内齐全的配套设施以及优惠的扶持政策吸引了大量的企业进驻。其中，更是以软件产业、光电产业、微电子产业、资源深加工产业、生物医药产业和精密机械加工产业等战略性新兴产业为主。除此之外，高新技术产业开发区还拥有国家级留学人员创业园、国家科技兴贸出口创新基地、国家级大学科技园、国家级孵化器和国家级创新平台等，其创新资源的集聚程度较高。新兴产业进驻高新技术开发区，首先要做的就是进行房地产开发投资以建造厂房、仓库等，随后还要进行大量的工业投资确保其正常的生产。由此可见，房地产开发投资和工业投资对于高新技术产业开发区的发展起到了积极的作用。

7.5.2 南昌国际体育中心极化-扩散效应的系统分析

将红谷滩新区对于其周边地区极化效应和扩散效应的指标值进行整合后,得出表7.30,其曲线图如图7.9所示。

表7.30　红谷滩新区对其周边地区极化效应和扩散效应的指标值

	2007年	2008年	2009年	2010年	2011年	2012年
湾里区	7.152234	8.567366	11.73562	9.725719	64.24282	12.3586
经济技术开发区	1.447068	1.945578	5.459951	7.057828	2.878779	7.154035
合计	8.599302	10.51294	17.19557	16.78355	67.1216	19.51264

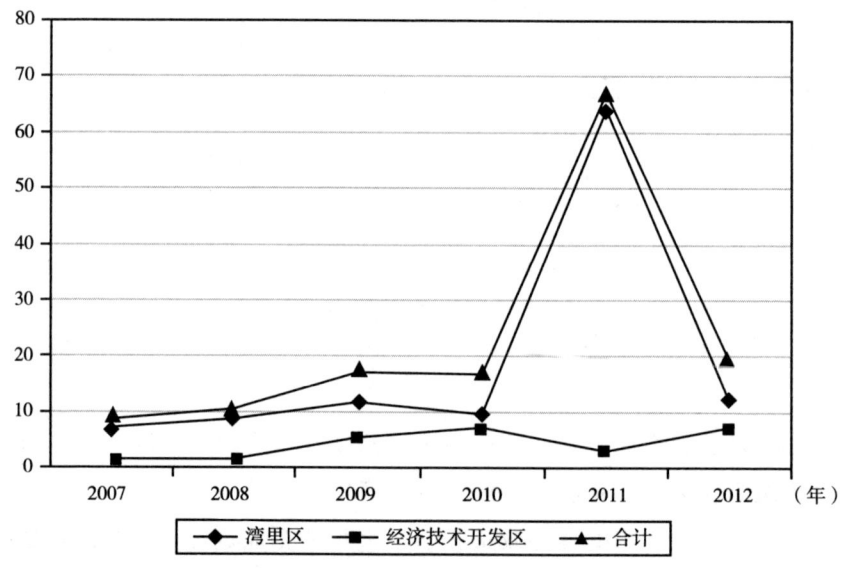

图7.9　红谷滩新区对其周边地区极化效应和扩散效应指标值的曲线图

结合表7.30和图7.9可以看出,红谷滩新区对其周边地区极化效应和扩散效应的指标值在2011年产生较大波动,明显高于其他年份。导致该指标值有如此大幅增长的原因在于2011年红谷滩新区对湾里区极化效应和扩散效应的指标值高达64.24282,明显高于其他年份的平均水平。而导致该指标值大幅增长的原因又在于当年红谷滩新区对湾里区房地产开发投资的静态不平衡差高达134.0949，远远高于其2009年的最大值22.19326。但是从整体看来，2007年至2012年，红谷滩新区对其周边地区极化效应和扩散效应指标值大致呈现出逐渐增长的趋势，说明极化效应在逐渐增强，并且受房地产开发投资的影响较大。

红谷滩新区是南昌市政府为了拓展南昌市的规模而设立的城市新区，是南昌新的行政中心、文化中心、商业中心、生活中心和休闲中心。作为南昌市建设的重点发展地区，备受社会各界和广大投资者的关注。红谷滩新区一流的基础设施和完善的生活配套，吸引着越来越多的房地产开发商向其流动，如世茂集团、世纪海通集团以及香港华南城控股有限公司等，其良好的销售情况更使其成为南昌市房地产市场中的一大亮点。除此之外，红谷滩新区还吸引了以中国瑞林、慧谷创意园和华南城为代表的高新技术产业集团。无论是住宅地产项目的开发还是新企业的进驻，首先都需要进行大量的房地产开发投资，由此可见，房地产开发投资对于红谷滩新区的迅速发展作用显著。

7.6 南昌七城会大型体育场馆建设增长极作用的因素分析及对策

7.6.1 南昌七城会大型体育场馆建设增长极作用的因素分析

由高新技术产业开发区对其周边地区极化效应和扩散效应指标值的曲线图（如图7.8所示）和红谷滩新区对其周边地区极化效应和扩散效应指标值的曲线图（如图7.9所示）可以看出，江西省奥林匹克体育中心和南昌国际体育中心对其周边地区极化效应和扩散效应的指标值大致呈现出缓慢增长的趋势，但是其增长的幅度并不大，说明其增长极作用并不明显。

增长极的形成往往是市场机制和政府机制共同作用的结果，而具体来说，增长极形成和发展的动力则主要来自市场动力、创新动力、产业集聚力以及制度推动力等。对于大型体育场馆建设的增长极来说，市场动力来自场馆自身的经营效益,创新动力来自场馆自身及其周边推进型企业的形成,产业集聚力来自场馆周边大量企业的形成,制度推动力来自良好的制度环境。

(1) 市场动力

南昌市大型体育场馆建设增长极的市场动力,即指其自身的经营效益。由于江西省奥林匹克体育中心和南昌国际体育中心的选址较偏、封闭式的管理以及后续配套设施的建设进度缓慢等,导致其经营效益不佳,进而导致南昌市大型体育场馆建设增长极的市场动力不足。

A. 场馆选址不合理。体育场馆的选址具有很强的科学性。体育场馆建设在城市的中心区域具有交通便利、利于场馆的经营等优势,但是拆迁量较大,提高了场馆建设的成本,加大了资金的回收难度;而场馆的建设远离城市,则容易导致场馆闲置的情况发生,难以实现充分服务市民、服务城市的预期目标。

江西省奥林匹克体育中心位于南昌市高新技术产业开发区的昌东高校园区内,其周边高校林立(如江西师范大学、江西科技学院、南昌工程学院等),场馆资源丰富。虽然其场地条件更为优越,但是由于其较高的收费(以踢一场足球比赛为例,我们的现场调查显示,在江西省奥林匹克体育中心需要500—800元,而在市区一般高校只需要200—300元),畸高的价格难以吸引普通体育爱好者。南昌国际体育中心的选址位于南昌市红谷滩新区南部,虽然红谷滩新区已经成为新世纪以来江西最具开放活力的区域,其中心区域也成为集商贸金融、行政办公、文化居住等多功能为一体的现代化新型城市中心区,但是由于南昌国际体育中心的选址较偏,并且远离红谷滩中心区域,同样难以吸引体育爱好者前往。

B. 场馆的封闭式管理与城市生活脱节。大型体育场馆大多属于公共体育设施,其建设除了满足承办各项体育赛事的需求,更多地为全民健身服务。相比于国内其他大型体育场馆除了满足市民日常的体育锻炼以及体育比赛需求之外,还积极承办其他相关的活动,如业余羽毛球比赛和乒乓球比赛、招聘会、试驾、展览等,并且会在其官方网站上提前进行活动预告,江西省奥林匹克体育中心和南昌国际体育中心则显得比较冷清。两大体育中心中,只有南昌国际体育中心拥有其自身的官方网站,但是其相关信息并不完善,更新也不及时,市民很难有效地查询到其举办各项活动的具体信息。除此之外,两大体育中心也都实行封闭式的管理,并且采用铁栅栏、围墙、绿化带等方式将场馆包围,一定程序上阻碍了市民前往体育中心进行体育锻炼或参观游玩的热情。

C. 后续配套设施的建设进度缓慢。大型体育场馆的建设和运营,并非是独立进行的,还需要大量的相关配套设施予以辅助,而其配套设施是否能够及时、有效地到位,则成为大型体育场馆能否有效地迅速发展成为增长极以促进城市发展的关键。

在南昌城运会的筹备工作中,有部分相关配套设施的建设进度明显滞后,甚至在城运会开始时依旧没有全部完工。在城运会结束之后,部分后续的配套设施的建设进度同样进展缓慢。以南昌市地铁建设项目为例,在"中华人民共和国第七届城市运动会"申办之时,南昌就提出地铁一号线试验段将在2009年春节前后开始建设,随后二号线也将部分开工建设,并预期在2011年底,即举办城运会之际,一号线部分建成通车并试运行。然而,时至2015年12月26日,南昌地铁才开始正式运行,离计划中为"七城会"服务迟到了整整4年多。

(2) 创新动力

南昌市大型体育场馆建设增长极的创新动力来自场馆自身及其周边推进型企业的形成。国外大型体育场馆建设和发展的历史表明,大型体育场馆在承办完大型体育赛事之后,通常会形成产业关联度高、规模较大的企业,如悉尼奥运会和北京奥运会等,都为其奥运会的主场馆群建设了奥林匹克公园,并且在奥运会结束之后形成了以奥运场馆的运营管理为主要工作内容的大型企业。这些大型企业通过产业间的相互联系,能够有效地促进当地及周边区域的经济发展。在南昌城运会结束之后,江西省奥林匹克体育中心的运营和管理移交给了江西省体育局,并成为江西省体育局直属的正处级全额拨款的事业单位;南昌国际体育中心也由南昌市政公用投资控股有限责任公司的全资国有子公司——南昌国际体育中心有限公司进行运营和管理。由于大型体育场馆的运营和管理是现代服务业的重要组成部分,其核心是现代创意产业,并要求进行场馆运营和管理的公司具有明显的创新性特征。然而,城运会结束至今,江西省奥林匹克体育中心和南昌国际体育中心的运营和管理模式并未体现出太大的创新性。除了场馆自身企业的形成，南昌市大型体育场馆建设增长极的创新动力还需要来自场馆周边企业的形成。但是到目前为止，江西省奥林匹克体育中心和南昌国际体育中心的周边地区大多是以住宅地产的开发为主，甚至还有许多待开发的土地，因此导致了南昌市大型体育场馆建设增长极的创新动力不足。

（3）产业集聚

南昌市大型体育场馆建设增长极的产业集聚力来自场馆周边相关企业的形成。通过产业集聚，充分利用其地方化效应和规模经济效应，提高增长极的综合竞争力，是推动增长极发展的有效途径。而规模经济效应是通过经济活动范围的扩大从而节约内部成本来实现的。因此，增长极的形成和发展需要具备一定数量的企业和部门，同时，还要求这些企业和部门成为"人才、资金和技术"聚集地，并且能够实现一定的规模经济效应。虽然江西省奥林匹克体育中心所在的高新技术产业开发区经过多年的探索，确立了"优先发展高新技术产业，重点发展软件产业，大力发展先进制造业，配套发展第三产业"的发展战略，并且已经形成了一系列的产业集群，如以联创光电、TCL、中兴软件等企业为核心的电子信息集群，以江铜铜箔、江铜精密铜管、方大新材料等企业为核心的新材料产业集群和以江中药业、仁和闪亮等企业为核心的医药产业集群等，但是这些产业集群与大型体育场馆以及体育产业都没有直接的产业关联。除此之外，南昌国际体育中心所在的红谷滩新区则是以打造成为南昌市新的行政中心、文化中心、生活中心、商业中心和休闲中心为目的，目前也难以形成体育产业集聚区。正因如此，才导致了南昌市大型体育场馆建设增长极的产业集聚力不足。

（4）制度推动

南昌市大型体育场馆建设增长极的制度推动力主要来自良好的制度环境。大型体育场馆建设增长极的形成和发展，需要良好的制度环境。要充分发挥地方政府、社会组织和各利益相关者的积极性，实现多层面上的制度创新，进而培育制度"高地"，最终实现依托于制度创新的经济增长极。然而，江西省奥林匹克体育中心和南昌国际体育中心所在的高新技术产业开发区和红谷滩新区在打造良好的制度环境时，却面临着一系列的问题。一是缺乏利益协调机制。由于地方政府的行政干预，各区产业集聚和产业链的发展和培育，大多局限于行政区的范围之内，由此影响了跨区域制造业带和地区专业化分工体系的形成。再加上缺乏利益协调机制，有可能导致各区之间出于其自身的利益需要，不仅缺乏合作，往往可能出现相互间争抢资源和项目的局面。二是优惠政策的不合理实施。现阶段，江西省奥林匹克体育中心和南昌国际体育中心所在的高新技术产业开发区和红谷滩新区都有一些优惠扶持政策以吸收企业的进驻，但是这些扶持政策大多集中在园区内部，并未包括江西省奥林匹克体育中心和南昌国际体育中心的周边区域。这些都导致南昌市大型体育场馆建设增长极的制度推动不足。

7.6.2 南昌七城会大型体育场馆促进城市发展的对策

南昌市大型体育场馆建设增长极作用不明显的原因在于其市场动力、创新动力、产业集聚力以及制度推动力等均有所欠缺。由于江西省奥林匹克体育中心和南昌国际体育中心周边环境以及发展方向不同，因此，促进江西省奥林匹克体育中心和南昌国际体育中心增长极形成和发展的对策也有所不同。

（1）南昌市大型体育场馆促进城市发展的共性对策

A. 提高大型体育场馆的经营效益。南昌市大型体育场馆自身的经营效益作为南昌市大型体育场馆建设增长极的市场动力，对于其形成和发展具有重要的作用。通过以下途径，可望有效提高南昌市大型体育场馆的经营效益。

第一，开放搞活，接轨城市生活。南昌市大型体育场馆要想有效运转起来，要有人气。首先要放弃与城市生活脱节的封闭式管理，实行对外开放。两大体育中心都类似于体育公园，丰富的场馆资源、广阔的空间、优美的绿化等让这里成为城市居民日常休闲和锻炼的良好去处。但是，体育中心周边的铁栅栏，却在很大程度上隔断了城市居民的念想。虽然日常的对外开放可能会对中心内的绿化和相关配套设施造成一定的损坏，但是两大体育中心归根结底都属于政府投资的公共体育设施，不对外开放，就永远没有人气,更无法扭转场馆运营不佳的现状。

第二,加快后续配套设施的规划和建设进度。体育中心的良好运营,同样离不开周边完善的配套设施,如交通、生态环境等。城运会举办期间,两大体育中心周边相关配套设施的建设进度并未达到预期,仍有部分设施依旧处于施工之中。城运会结束之后,相关的后续配套设施的建设较慢,地铁通车时间一再拖延就是明证。周边急需开发的土地资源大量空置等,都成为限制两大体育中心良好运营的另一大难题。政府部门应当按照当初的设计规划方案,加快落实体育中心周边的后续配套设施。

第三,承接更多高水平赛事。南昌市大型体育场馆的建设标准,基本都能满足承办国内外相关体育赛事的要求。然而,城运会结束之后,南昌市大型体育场馆的主体育场除了承办几场明星演唱会之外,其他的大型赛事活动较少,更不用说是相关的体育赛事。两大体育中心的运营,应该以"体"为主,并且充分发挥其多元化和多功能的综合利用能力。积极申办国内外相关的体育赛事,或打造在全市范围乃至全省范围内具有高度参与性并且可延续的业余体育赛事品牌,都有助于提高体育中心的人气,带来社会和经济效益。2018年八一体工大队整体落户南昌,无疑是一个良好的契机。

B. 促进推进型企业的形成。从前文的分析中可以看出,大型体育场馆所在区域与其周边地区的工业投资差异对大型体育场馆所在区域的极化效应和扩散效应的指标值的影响较大。与此同时,仅仅依靠大型体育场馆的建设而使其逐渐发展成为促进当地经济发展的增长极的目的是很难实现的,要实现这一目的,还需要依靠场馆周边自身及其周边推进型企业和以推进型企业为主导的产业综合体的发展。因为推进型企业和以推进型企业为主导的产业综合体能够通过技术创新等活动,有效地推动区域经济的快速增长。因此,促进场馆周边自身及其周边推进型企业以及以推进型企业为主导的产业综合体的形成也是南昌市大型体育场馆促进城市发展的有效途径。

C. 加快房地产开发投资。从高新技术产业开发区对其周边地区极化效应和扩散效应的指标值以及红谷滩新区对其周边地区极化效应和扩散效应的指标值可以看出,其指标值的大小受房地产开发投资的影响较大。房地产开发是形成房地产实体产品的过程,而大多数的生产和经营活动都需要在房地产实体产品中进行,没有房地产实体产品,大部分的生产和经营活动也就无从谈起。倘若政府进行有意识的引导,并提供一定的政策扶持,在南昌市大型体育场馆周边加大房地产开发的投资力度,可以有效地带动上下游产业的发展,并最终促进城市的发展。

(2) 南昌市大型体育场馆促进城市发展的个性化对策

除了以上的共同对策外,江西省奥林匹克体育中心和南昌国体中心具体情况不同,在促进城市发展上也具有不同的对策,其中,江西省奥林匹克体育中心促进城市发展的对策还包括以下两个方面:

A. 依托周边市场,开展体育培训。江西省奥林匹克体育中心位于高校园区,虽然趋于饱和的场馆资源成为限制其发展的一大因素,但丰富的高校学生资源却成为促进其发展的先天条件,如何充分挖掘这一资源能够有效解决其经营效益不佳的难题。

江西省奥林匹克体育中心系江西省体育局直属的事业单位,其优势在于各运动项目的专业教练资源丰富,同时也易协调。而周边各高校虽然具有一些专业的体育教师,但是开展的运动项目有限,学生的参与数量也有限,因此,开展具有针对性和吸引力的体育培训,将成为解决江西省奥林匹克体育中心运营问题的有效途径。以江西省奥林匹克体育中心游泳跳水馆为例,游泳作为一种不可或缺的求生技能,深受广大学生的喜爱。各高校未必都建有游泳馆,且基本都没有配置专业的游泳教师,甚至也没开设游泳课程,因此,以江西省体育局的游泳教练为依托,充分利用周边高校学生的课余时间,在游泳跳水馆的营业时间外开办游泳培训班,可以有效提高游泳跳水馆的运营能力。

B. 依托高新区的新兴产业发展背景和周边高校资源,大力发展文化创意产业。在江西省奥林匹克体育中心周边大力发展文化创意产业,有助于提高其产业集聚力。文化创意产业作为经济发展的绿色引擎,引起了广泛的关注。近年来,高新区也不断加大对文化创意产业的扶持力度,并且希望通过打造文化、创意、科技相结合的产业发展模式,推动文化创意产业的蓬勃发展。

江西省奥林匹克体育中心位于高新技术开发区的高校园区内,其周边高校林立。高等院校作为人类思想和智慧的集散地,是现代社会创新意识的发源地,是高素质人才培养的摇篮,更是创意人才最重要、最现实和最基本的生产地。依托高新区对文化创意产业的扶持及其周边的高校资源,在江西省奥林匹克体育中心周边大力发展文化创意产业,不仅有利于提升高校的地位和影响力,促进其可持续发展,而且还有利于推动文化创意产业的发展,进而推动其周边地区的发展。

而南昌国际体育中心促进城市发展的个性化对策有所不同。南昌国际体育中心位于红谷滩新区的红角洲片区,该区域不仅是一个集高等教育、科技创新、旅游娱乐、体育休闲以及高级商住为一体的生态新城,同时也是南昌打造山水都城、南昌水城的精华示范区。以南昌国际体育中心为基础,打造一个体育产业园区,能够有效提高南昌国际体育中心的产业集聚力。

2010年2月,南昌市通过了"南昌市山江湖综合开发战略——外围组团规划",其外围组团规划主要包括乐化组团、瑶湖组团、九龙湖组团、莲塘组团以及湾里组团。其中,九龙湖组团已经吸引大批知名企业进驻,如华南城、生态科技园、华夏艺术谷文化产业园以及万达旅游城等。除此之外,南昌西客站和南昌国际体育中心也同样位于九龙湖。倘若能以南昌国际体育中心为基础,打造一个体育产业园区,不仅符合该地区的发展规划,而且有助于提高其产业集聚力,进而达到促进城市发展的目的。

体育产业园区是以工业园区形式规划建设的发展体育产业的生产、服务平台,通过招商引资和培育政策孵化器等形式,发挥政府与市场的双向作用,共同推动区域体育产业发展的新形式。[①]南昌国际体育中心周边大量闲置的土地资源,为打造体育产业园区提供了可能。南昌国际体育中心不妨以体育赛事为主体,依据南昌市的特点引进或打造体育赛事,通过充分发挥体育赛事的辐射效应,带动周边地区的经济发展,进而实现"体育产业园区—社区—卫星城"的发展路径。在发展的过程中,加强与国际知名体育企业的合作,通过一定的政策倾斜引进跨国体育用品公司、著名体育品牌等,并举办具有一定影响力的体育博览会、洽谈会、交易会和国际体

---

① 宋昱. 中国体育产业集聚与集群化发展研究[D]. 南京:南京师范大学,2011.

育论坛等。与此同时,还可以发展休闲体育旅游,对于促进体育产业园区的多元发展、提升城市品牌等都具有重大的意义。国内现有的四个最具代表性的体育产业园区分别是北京龙潭湖体育产业园、苏州环太湖体育圈、环青海湖民族体育圈和深圳观澜湖体育产业园区,其地点均不在江西的临近省份。围绕八一体工大队整体落户南昌为契机,倘若南昌国际体育中心能够围绕八一军体项目打造成一个体育产业园区,再与周边规划的其他大型建筑相配套,必将对当地及其周边地区的发展起到巨大的推动作用。

7.7 小 结

本章首先从增长极理论的视角分析了大型体育场馆建设对周边地区发展的影响,随后,在参考了现有的一些区域差距的测度方法后,选定了大型体育场馆建设极化效应和扩散效应的评价指标,并构建了大型体育场馆建设极化效应和扩散效应的评价模型。然后,再将南昌市大型体育场馆所在区域与周边区域的相关数据带入评价模型进行实证分析,并进行综合评价。最后,根据评价结果,查找出原因,并提出相应的对策,最后得出的主要结论如下:

(1) 南昌市大型体育场馆建设的增长极作用并不明显。从 2007 年至 2012 年,虽然高新技术产业开发区对其周边地区的极化效应和扩散效应的指标值呈现出不规则的变化规律,但是,自江西省奥林匹克体育中心在 2009 年建成之后,即从 2010 年开始,高新技术产业开发区对其周边地区极化效应和扩散效应的指标值开始呈现出缓慢增长的趋势。红谷滩新区在 2007 年至 2012 年间对其周边地区极化效应和扩散效应的指标值除了在 2011 年发生较大波动外,也大致呈现出逐渐增长的趋势。虽然高新技术产业开发区和红谷滩新区对其周边地区极化效应和扩散效应的指标值均呈现出逐渐增长的趋势,但由于其增长幅度并不大,因此,其增长极作用并不明显。

(2) 南昌市大型体育场馆建设极化效应和扩散效应的指标值受工业投资和房地产开发投资的影响较大。从南昌市大型体育场馆所在区域与其周边区域的实证分析中可以看出,其极化效应和扩散效应指标值的大幅波动基本都是由经过静态不平衡差处理之后的工业投资和房地产开发投资引起的，即工业投资和房地产开发投资对南昌市大型体育场馆建设增长极作用的影响较大。

（3）南昌市大型体育场馆建设增长极作用不明显的主要原因在于场馆自身的经营效益不佳、场馆自身以及周边没有形成推动型企业、场馆周边的企业数量过少和缺乏政府恰当的政策扶持。其中，导致南昌市大型体育场馆的经营效益不佳的主要原因在于场馆选址不合理、场馆的封闭式管理以及后续配套设施的建设进度缓慢等。

（4）南昌市大型体育场馆建设促进城市发展的共性对策在于提高场馆的经营效益、促进推进型企业的形成以及加大房地产开发投资等，其中，对外开放、加快后续配套设施的规划和建设进度以及承接更多的体育赛事可以有效提高大型体育场馆的经营效益。充分借助八一体工大队整体落户南昌的契机是未来一段时间盘活体育场馆的重要突破口。除此之外，江西省奥林匹克体育中心和南昌国际体育中心还能够通过一些特有的方式促进城市的发展，比如，江西省奥林匹克体育中心可以依托其周边丰富的学生资源，开展相关的特色体育培训，还可以依托高新区的新兴产业发展背景和周边高校资源，大力发展文化创意产业。南昌国际体育中心则可以充分利用其周边待开发的土地资源，打造体育产业园区。

第8章 结论与建议

8.1 结　　论

8.1.1 赛事产业链的特点

赛事产业链的特点体现为具有一定的地域性,下游产业体现的价值性强,具有创新性和拓展延伸性。赛事产业的上游产业包括赛事策划、组织及宣传的机构;中游产业包括赛事的运作及实施环节提供支撑的产业,如建筑业,场馆租赁企业等;下游产业包括为赛事活动的进行提供支撑的服务业,如旅游业、餐饮住宿业、零售业及交通运输业等。

8.1.2 赛事产业链的综合效应

赛事产业链的综合效应包括经济增长效应、社会效应及关联效应。经济增长效应主要包括赛事产业的直接经济效应、吸引社会的经济投资、增加就业岗位、促进技术进步;赛事产业链的社会效应主要表现在塑造城市形象、促进文化产业的发展、带动城市转型三个方面;而赛事产业链的关联效应主要包括对三次产业结构调整的影响及与下游产业的关联影响上。以F1赛事和中超联赛为例的两个实证结果对比显示,赛事产业链与第三产业的关联度最高,其次是第二产业,最后是第三产业。而分析赛事产业链与下游产业的关联度的结果显示,赛事产业链的关联度较高的产业包括旅游业和餐饮住宿业,而金融业、房地产业与赛事产业的关联度较低。

8.1.3 体育赛事与城市发展耦合系统的体系构建

本书从耦合的角度研究了体育赛事与城市发展系统协调发展的关系，建立了耦合度及耦合协调度模型及其评价标准，分别从不同的视角下定量分析了体育赛事与城市发展的耦合关系。在上述研究的基础上，建立体育赛事与城市发展耦合系统的指标体系。根据系统间的不同特征和对耦合度影响的大小，体育赛事评价指标体系主要包括经济指标、社会生活指标、人口指标和生态环境指标，城市发展评价指标体系包括综合经济实力、基础设施与服务设施、对外开放程度、人力资源与市民素质、政府管理水平5个方面。最后，对北京每年定期举办的中国网球公开赛进行了实证分析，分别选取了广州、北京、上海、武汉4个具有WTA赛事举办资格的城市作为研究对象进行分析。实证结果表明，中国网球公开赛-北京城市发展耦合系统属于勉强协调发展中国网球公开赛发展滞后的类型。对"中网"而言，在今后的耦合发展中，应优先强调中国网球公开赛的发展，城市要创造有利的条件以提高中国网球公开赛的办赛规模与办赛层次，以使"中网"更好地促进北京的城市发展。

8.1.4 城市赛事对城市的经济影响

城市因地制宜地举办包括马拉松比赛在内的各种赛事有助于推动举办城市经济发展。马拉松赛事的举办，不仅有助于改善城市的基础设施建设，而且可以塑造更加繁荣和有活力的城市形象，为城市经济发展提供更好的平台，进而可以促进城市的经济发展。但马拉松赛事对举办城市经济的推动作用随着城市自然禀赋和综合经济实力的上升而增强，所以越发达的城市越能从举办赛事中受益。马拉松赛事对于一般城市经济发展的直接推动作用并不明显，具有一定的滞后性。虽然马拉松赛事举办前的筹备阶段与举办阶段确实能够拉动相关产业的发展，但往往是在赛后一段时间才能持续彰显。

8.1.5 影响城市大型体育场馆极化效应和扩散效应的因素

本书从增长极理论的视角分析了大型体育场馆建设对周边地区发展的影响，参考了现有的一些区域差距的测度方法后，设计了大型体育场馆建设极化效应和扩散效应的评价指标，并构建了大型体育场馆建设极化效应和扩散效应的评价模型。然后，再将南昌市大型体育场馆所在区域与周边区域的相关数据带入评价模型进行实证分析，得出影响城市大型体育场馆极化效应和扩散效应的因素如下：现阶段大型体育场馆建设极化效应和扩散效应受工业投资和房地产投资的影响较大；大型体育场馆建设增长极作用不明显的主要原因在于场馆自身的经营效益不佳、场馆自身及其周边没有形成推动型企业、场馆周边的企业数量过少以及缺乏政府的政策扶持。

8.2 建　　议

体育赛事能够为举办城市带来诸如经济增长、投资增加、社会文明的进步等积极方面的影响。但是，盲目地举办体育赛事也会给城市发展带来消极的影响，包括增加政府财政负担、造成交通拥堵、破坏城市生态环境等。因此，体育赛事与城市发展是一种综合的关系，有着自身特有的发展规律，并不是任何一座城市都适合举办各种类型的体育赛事，也不是任何体育赛事都能为城市发展带来积极的影响。因此，体育赛事与城市发展应相互促进，推动体育赛事与城市耦合的协调发展就显得尤为重要。

8.2.1 发挥政府调控职能，促进赛事健康地发展

现阶段国内各城市举办的各类体育赛事，都与各级政府的主导和支持分不开。众所周知，体育赛事需要顺利进行其前期投入相当大，而其收入却是不可确定的。体育赛事具有一定的公益性，体育赛事的申办和承办等

方面需要政府的大力支持。我国现阶段社会经济尚不发达，作为体育赛事的主要利益者之一，政府应通过其行政手段调动社会资源和力量，建立专门的赛事管理机构，并制订体育赛事筹划的整个计划。由于体育赛事是一项涉及多方的复杂工程，政府应当加强对赛事举办城市在赛事申办和办赛过程的指导。在赛事举办的过程中，各政府部门应当根据赛事举办的需求，协调好各个组织部门的职能，尤其是在城市基础服务、安保及环境治理等方面为赛事举办提供必要的行政支持。

此外，对于某些常年定期举办的赛事，政府应从各方面来正确引导赛事产业的持续快速发展，首先，应通过相关的政策及法规积极支持大型体育赛事的举办，协调各部门力量来支撑体育赛事举办的需求。其次，对于赛事承办机构应当提供适当的政府公共资源。政府可以无偿提供的公共资源包括以下几类：一是体育赛事必须使用的公共资源，如赛事期间需要的安保的支持，以及需要交通运输部门维持相关路段的交通运输；二是由于赛事的特殊性而使用的公共资源。再次，政府应积极培育市场运营主体，也就是指政府应创造良好环境和条件，积极培养出一批体育经纪公司，尤其是具有国际知名度的专业的经纪公司。最后，通过鼓励和引导各种专业监管机构，来完善体育赛事各经纪公司的发展。应当注重构建大型体育赛事项目的评级体系，实现观赏性体育赛事向体育赛事的产业化转变。

8.2.2 把握赛事举办的机遇，发展城市旅游业

从前文针对 F1 赛事和中超赛事的实证研究中可知，二者与旅游业的产业关联度排序皆在第一位。大型体育赛事举办之前和举办中，往往成为国内外的焦点，这往往也使人们对赛事举办地产生好感。比赛期间，大量游客在赛事举办城市的停留，由此引起的对举办地餐饮、酒店及零售等的消费需求，给举办城市带来了丰厚的旅游收入。借助赛事举办之际，及时推出旅游品牌是城市旅游效益最大化的有效方式。旅游目的地往往是一种可供游客选择的旅游资源。选择的过程其实就是游客进行购买旅游目的地产品的过程，包括对旅游目的地形象的认定以及对目的地产品情感上的投入。体育赛事举办地实际上也是旅游目的地，要创建赛事举办地旅游品牌就应

该通过实施城市品牌促销活动来实现。通过城市旅游品牌的促销活动，引起消费者的关注，使消费者有意愿到赛事举办地，从而促进举办地的旅游业的发展。为了更好地开发赛事旅游资源，体育赛事中介机构和交通运输业对提升城市赛事旅游至关重要。赛事产业促进高质量的城市服务体系的构建，而又进一步促进了房地产业的发展。应大力发展赛事的配套设施建设，完善配套设施和周边环境，为赛事的发展提高更好的服务。除了旅游业和餐饮住宿业之外，交通运输业和零售业也是赛事产业关联度较大的产业。赛事举办期间，大量的参赛者与观众聚集在举办地，从而加大了对提供赛事服务的相关产业的需求，尤其是吃、住、行等方面的需求。所以，赛事举办地应以赛事场馆为中心，完善商业服务以及基础交通运输服务，为赛事活动提供更加周全的服务。零售业的发展应该结合体育场馆与城市商圈的地理位置综合考虑，尽可能缩小赛事产业的配套产业的半径，以更加便利地为观众提供服务。应认识到，大型赛事对城市的影响不仅仅是引入高水平赛事的层面，更多的是通过赛事带动举办地及周边地区的社会经济发展。大型单项赛事的举办对与其相关度较大的某些特殊行业有着极大的促进作用，尤其是世界性赛事，政府更应该积极合理分配资源，借助赛事的举办，促进相关产业的发展。

8.2.3 因地制宜，选择适合城市发展的赛事

目前，我国对体育赛事的举办权的争夺还是以政府主导为主，而各级政府对举办体育赛事充满了热情，忽视了体育赛事与城市耦合发展的客观规律。由于体育赛事发展的客观规律及城市特有的资源环境，可能造成二者发展的不相适应。一方面，体育赛事对城市经济、社会、环境等方面影响较小；另一方面，城市很难为体育赛事发展提供良好的发展环境，体育赛事发展面临着巨大的困难，进而给举办城市带来压力。城市在选择申办体育赛事的过程中，应根据城市发展系统中的综合经济实力、基础服务设施、政府管理水平、人力资源与市民素质、对外开放程度等条件选择适合自身发展的体育赛事。例如，北京、上海、广州等综合经济实力较强、人才资源丰富的城市，适合举办大型综合体育赛事，像青岛、海南、大连等

城市,拥有独特的自然环境优势及沿海风景旅游线,可能要因地制宜,适合举办帆船比赛、自行车比赛等某些专项体育赛事。同时,应该考虑体育赛事对城市经济、人口、社会、环境的影响程度,有些体育赛事对城市综合经济、环境等方面的影响较小,容易被当地政府忽视,造成政府对赛事支持力度不够,从而影响了体育赛事在当地的发展。

总之,城市在选择体育赛事的过程中,应综合考虑二者自身的特点及发展规律,促进体育赛事与城市的耦合协调发展,最终使得体育赛事促进城市经济、社会、环境的发展,使得城市的发展进一步为体育赛事的发展提供条件支撑。

8.2.4 把握举办体育赛事的机遇,进行城市品牌的营销

当前我国越来越多的城市开始走出国门,参与全球化竞争。在越来越激烈的竞争环境中,城市的核心竞争力决定着城市在国际竞争中的地位,城市品牌在城市核心竞争力中发挥着尤为重要的作用。城市一旦获得大型体育赛事的举办权,在大型体育赛事从筹备到举办的漫长过程中都将获得全球新闻媒体的关注。政府部门为体育赛事成功举办所付出的所有努力都容易被宣传、推广,这就要求政府部门努力提升自身组织能力,保证政府信息公开,增加沟通交流。另外,通过举办体育赛事,举办城市能够将城市的历史文化、城市旅游风光、经济实力、政府形象向外界集中展示,从而将城市的特点展现在世人面前,增进外界对城市的了解,最终提升城市的知名度,增强了城市的核心竞争力。

城市在举办体育赛事的过程中,不仅仅要保证体育赛事的成功举办,还应提前做好城市发展规划,成立专门的管理部门,协调体育赛事与城市发展的关系。选择城市发展中重要的、与体育赛事紧密相连的因素,把握举办体育赛事的机遇,全面宣传,进行城市品牌的营销。

8.2.5 加快相应基础设施的建设,保障赛事顺利发展

城市基础设施的建设与发展可以促进城市经济和社会的快速发展。城

市要发展，离不开基础设施建设。基础设施是城市发展的基础，集中体现了城市建设的水平。只有将基础设施建设好，城市居民的生活才有应有的物质基础，城市社会经济活动才能顺利进行。比赛的筹办和举办虽对城市交通造成了一些压力，但体育赛事的举办也能够获得国内外资金的投入，政府和民间也会对体育赛事进行资助和赞助，这其实是体育赛事的一种融资。这些投入为城市交通基础设施的改造和建设提供了资金，有力地推动了城市基础设施的改进和提升。在筹备赛事的过程中，为保障基础设施建设的有序进行，举办方城市政府要做好交通规划等相关工作。首先，相关部门要做好赛事期间交通流量的估算工作，比如，最大交通流量为多少，这是交通规划的依据。其次，根据实际情况和估算结果制订合理有效的长期发展计划，并制定出对应的发展战略。最后，根据制订的长期计划和战略估算投资资金，制订投资计划，以最小的投资获得最大的社会效益。只有做好交通基础设施的规划工作，才能在通过体育赛事改善交通的同时优化人居环境，改观城市面貌，进而促进赛事与城市的耦合发展。

8.2.6　加大赛事扶持力度，增强社会各部门合作

体育赛事在筹备的过程中，自身不能创造利润以供自身独立生存，而是需要政府的大力支持，例如，在场馆的建设过程中，需要大量的财政支持以保证施工建设的顺利进行，在举办赛事的过程中，需要宣传部门的大力推广，保证体育赛事的文化能够融入当地的社会文化环境中，增强市民对体育赛事的认知度。由于现在体育协会对举办城市的环境要求越来越高，需要政府增加城市环境建设投资，以促进体育赛事的长期可持续发展等。因而，体育赛事的举办是一项系统、复杂的过程，包括了城市经济、文化、环境等方方面面的问题，任何一个部门都很难独立承担起成功举办体育赛事的责任，需要体育部门、卫生部门、宣传部门、建设部门加强沟通协作，并与赛事的组织者积极加强合作交流，共同打造赛事品牌。

在体育赛事与城市耦合发展的要求中，体育赛事发展初期需要政府部门加大扶持力度，以促进体育赛事达到有序健康的发展阶段，并通过赛事自身的成长，逐步增大体育赛事对城市发展的影响，进而达到体育赛事与

城市发展之间相互促进、互为条件的协调发展目的。

8.2.7　应结合城市的发展战略合理选择赛事规模与层次

城市赛事各种各样，其影响、规模和投入产出各不相同。如举办什么样的马拉松赛事，考验着各城市的经济实力与管理水平。如果盲目跟风，抱着攀比心理，不切实际地选择高规模与高档次的马拉松赛事，可能适得其反，不仅不能对城市的发展起到积极的作用，反而极有可能出现寅吃卯粮的负面作用。城市的发展与良好形象的形成并非一朝一夕所能完成，它是一个长期的过程，城市和马拉松举办方必须科学结合自身情况，合理选择赛事规模与层次，使自身要求、实力与马拉松赛事的规模与层次相适应，实现比赛与城市发展的良性互动循环。

8.2.8　加强城市生态系统建设，促进城市科学发展

城市生态系统是生命系统（生活）和环境系统在城市空间的组合，是基于人类自身的愿望以改造城市环境所建立的人工生态系统。这是一个"社会－经济－自然"复合生态系统，具有规模庞大、组成结构复杂、功能综合的特点。随着多种比赛在城市的不断举办，城市必须新建了一系列设施，既有体育场馆等体育场所设施，也有城市交通等配套基础设施。体育场馆及配套设施的建设是一个难题，如何保证赛后对这些设施的持续利用是世界各国都面临的一个问题。而体育场馆和配套设施的建造设计对其今后的持续利用至关重要。在赛事举办之前，就要做好科学布局和规划设计工作。第一，要分析城市对赛事资源的吸收能力，考虑体育赛事场馆对多种体育活动的吸引力和可承受力。第二，要将体育设施建设与城市的生态系统相结合，如建设主题公园等。第三，除了体育设施资源，赛事期间还要注重培养体育赛事经营管理人才，保存赛事资料以用于赛后管理。这些有助于实现城市赛后体育相关资源的可持续利用，减少资源流失，形成可持续发展的城市生态系统。

8.2.9 积极创新运营模式,实现赛事的可持续盈利

从国内外情况分析,城市赛事潜藏着巨大的商机,不应该只是将赛事作为一个孤立事件来对待,更应该将其作为一个商业平台来运营。政府应重视赛事举办后的扩散效应。直接举办赛事一般不过短短几天,但通过充分挖掘,其后续对于城市的影响还是非常深远的。因此,必须充分利用好赛事对相关产业的扩散效应,通过办赛,发现不足,挖掘商机,充分刺激相关产业的发展,将这种效应可持续化和扩大化,实现比赛对城市发展的持续性的影响。举办比赛可以在报名费、广告赞助、媒体转播、企业合作等多个方面获得直接和间接的回报。因此,赛事组织者应充分创新运营模式,更多地借助社会资本,引入市场的力量,逐步实现赛事的可持续盈利,更好地发挥赛事对城市经济的积极推动作用。

8.2.10 大型体育场馆促进城市发展的对策

大型体育场馆举办赛事可以对城市发展产生深远影响。大型体育场馆自身的经营效益作为大型体育场馆建设增长极的市场动力,对于其形成和发展具有重要的作用。提高大型体育场馆的经营效益可以通过以下途径,具体包括:①提高场馆的开放程度,与城市有机融合,成为城市居民生活内容的重要组成部分。②加快后续配套设施的规划和建设进度。体育中心的良好运营,离不开周边完善的配套设施,如交通、生态环境等。③承接更多的体育赛事,许多城市的大型体育场馆赛后往往缺乏足够的大型赛事的支撑,致使资源闲置。应充分发挥大型场馆多元化和多功能的能力,积极申办国内外高水平赛事,或者打造具有高度参与性并且可延续的业余体育赛事,以提高人气、创造经济效益。④仅仅依靠大型体育场馆的建设而使其逐渐发展成为促进当地经济发展的增长极的目标目前不容易实现,应依靠场馆周边自身及其周边推进型企业和以推进型企业为主导的产业综合体的发展,推动区域经济的快速增长。

参 考 文 献

[1] 鲍明晓,林显鹏,刘欣葵.北京市城市规划与体育设施发展[J].体育科研,2006(6):1-9.

[2] 卞久辉.南昌市大型体育场馆建设对城市发展的影响[D].南昌:江西财经大学,2014.

[3] 柏曙邹.体育赛事与城市发展——以北京、上海、广州为例[J].体育学刊,2010,17(5):125-128.

[4] 蔡兴林,刘辛丹.中国西部地区城市发展与举办体育赛事的契合研究——基于城市竞争力理论视角[J].山东体育学院学报,2018,34(2):34-38.

[5] 曹庆荣,雷军蓉.城市发展与大型体育赛事的举办[J].西安体育学院学报,2010,27(4):399-412.

[6] 成功,于永慧.体育赛事与城市发展:以广州亚运会为例的一项实证研究[J].体育与科学,2013,34(4):33-38,53.

[7] 陈通,杜泽超,姚德利.大型体育场馆项目的政府监管框架研究——以公私合作模式为例[J].天津师范大学学报(社会科学版),2011,218(5):44-47.

[8] 陈云开.赛事经营管理概论[M].上海:复旦大学出版社,2003.

[9] 陈林会.区域体育产业增长极培育研究[D].南京:南京师范大学,2012.

[10] 陈元欣.大型体育场馆投融资实务[M].北京:北京体育大学出版社,2012.

[11] 陈元欣,王健.我国公共体育场(馆)税负研究[J].体育科

学,2012(6):14-18.

[12] 陈元欣,王健. 我国不同性质体育场(馆)运营状况的财务比较分析[J]. 体育科学,2011,31(5):20-26.

[13] 陈秀山,张云可. 区域经济理论[M]. 北京:商务印书馆,2004.

[14] 崔亚平. 全运会体育场馆建设与赛后利用研究[J]. 沈阳体育学院学报,2012,31(5):44-46.

[15] 戴健,焦长庚. 全球著名体育城市构建的内在逻辑与优化路径——基于上海世界体育名城建设的分析[J]. 体育学研究,2019(3):8-18.

[16] 亚历山大. 体育与城市营销[M]. 沈体雁,等译. 北京:东方出版社,2006.

[17] 邓聚龙. 社会经济灰色系统的理论与方法[J]. 中国社会科学,1984(6):1-14.

[18] 董小亮. 区域体育产业竞争力分析与评价[D]. 南京:江苏大学,2010.

[19] 杜林颖. 体育赛事与城市发展的互动研究[J]. 浙江体育科学,2011(5):35-38.

[20] 方春妮. 基于本土资源的城市体育赛事产业集群发展研究——以武汉市为例[J]. 武汉体育学院学报,2011,45(5):43-48.

[21] 科特勒. 国家营销[M]. 俞利军,译. 北京:华夏出版社,2003.

[22] 高扬,闵健. 大型体育场馆建设与产业化运作研究[M]. 成都:电子科技大学出版社,2011.

[23] 龚勤林. 区域产业链研究[D]. 成都:四川大学,2003.

[24] 龚勤林. 论产业链延伸与统筹区域发展[J]. 理论探讨,2004(3):62-63.

[25] 郭凤城. 城市群的耦合与区域经济发展[D]. 长春:吉林大学,2008.

[26] 顾海兵. 奥运会直接投资对北京经济的拉动作用[M]. 北京:北京出版社,2003.

[27] 国家体育总局体育社科成果. 体育场馆经营与管理模式和效益研

究. (2010 - 09 - 13). http://www.sport.gov.cn/n16/n1152/n2523/n377568/n377613/n377748/1657301.html.

[28] 国务院. 国家基本公共服务体系"十二五"规划 [Z]. 2012 - 07 - 11.

[29] 国家发展改革委,国家体育总局. 关于印发"十二五"公共体育设施建设规划的通知(发改社会〔2012〕2377号)[Z]. 2012 - 07 - 19.

[30] 何建民. 奥运与旅游相互促进的功能及方式——基于常规旅游价值链与全面营销导向的研究 [J]. 旅游科学,2007 (3):7-10.

[31] 胡钟平,封媛,胡萍. 我国财政分权与政治激励下的农村公共财政 [J]. 吉首大学学报(社会科学版),2012,33 (3):139-145.

[32] 胡乔,陶玉流. 城市竞争力视域下大型体育赛事的效益研究 [J]. 体育与科学,2009 (7):32-34.

[33] 黄海燕,张林. 上海大型单项体育赛事运营中政府作用之研究 [J]. 体育科学,2007 (2):21-25.

[34] 黄海燕. 体育赛事综合影响事情评估研究 [D]. 上海:上海体育学院,2009.

[35] 惠海霞. 区域增长极与周边地区的协调发展研究——以陕西西安市为例的分析 [D]. 西安:西北大学,2011.

[36] 慧艳,徐本力. 从北京奥运会看2010年广州亚运会对广州城市发展的综合效益 [J]. 山东体育学院学报,2010,26 (3):1-7.

[37] 戈特曼,李浩,陈晓燕. 大城市连绵区:美国东北海岸的城市化 [J]. 国际城市规划,2009,24 (S1):305-311.

[38] 纪玉俊. 产业链纵向关系与分工制度安排的选择及整合 [J]. 中国工业经济,2007 (5):14-16.

[39] 江宝山,金雪涛. 从产业链角度看我国赛事转播权开发 [J]. 吉林体育学院学报,2010,26 (2):6-8.

[40] 雷选沛,何涛. 基于体育产业链的主体关系研究 [J]. 武汉体育学院学报,2007 (9):21-23.

[41] 李亚青. 赛事旅游主体功能区问题前瞻探索——成长机制,模式,路径和困局 [J]. 体育科学,2009 (2):42-45.

[42] 李燕领,王家宏.基于产业链的我国体育产业整合模式及策略研究 [J].武汉体育学院学报,2016,50(9):27-33,39.

[43] 李建设,童莹娟.体育产业的关联效应与产业特性研究 [J].天津体育学院学报,2006,221(5):378-380.

[44] 李利.亚运会对广州城市竞争力的拉动效应分析 [J].商业时代,2009(27):122-123.

[45] 李先雄,李艳翎.国际化体育城市评价指标体系研究 [J].武汉体育学院学报,2017,51(7):38-43.

[46] 林凌,刘世庆.共建成渝经济区,培育中国经济新的增长极 [M].北京:经济科学出版社,2009.

[47] 林琳,于伟,陈烈.基于城市竞争力分析的城市定位——以青岛市为例 [J].经济地理,2007(5):763-767.

[48] 林志旭.体育赛事对城市发展影响的理论与实证研究 [D].福州:福建师范大学,2009.

[49] 林显鹏.体育场馆建设在促进城市更新过程中的地位与作用研究 [J].城市观察,2010(6):5-23.

[50] 陆小成,骆慧菊.我国体育产业服务链理论 [J].北京体育大学学报,2010,33(12):30-33.

[51] 罗辉辉,唐艺.大型体育场馆融资模式研究 [J].体育研究,2011,105(3):453-454.

[52] 罗江波,胡剑波.我国职业体育俱乐部的建设与城市发展探析——以东莞为例 [J].成都体育学院学报,2010,36(6):40-42.

[53] 骆雷,黄海燕,张林.体育赛事利益相关者的利益诉求与利益协调 [J].体育文化导刊,2013(2):10-13,20.

[54] 刘雪丽,李鹏举,黄可可,等.城市马拉松赛对城市综合水平的影响 [J].运动,2012(11):32-33,27.

[55] 刘淇.北京奥运经济研究 [M].北京:北京出版社,2003.

[56] 刘雅巍.上海ATP1000网球大师赛与长海城市发展互动关系研究 [D].南京:南京体育学院,2013.

[57] 刘波,龚晖晖.PPP模式与准公共品的供给——论PPP在大型体

育场馆建设中的应用 [J]. 首都体育学院学报, 2009, 21 (2): 151-154.

[58] 刘贵富. 生态产业链研究 [M]. 长春: 吉林科学技术出版社, 2006.

[59] 陆亨伯, 谢萍萍. 委托经营: 公共体育场馆民营化可操作模式——基于浙江省典型体育场馆的调研 [J]. 宁波大学学报 (人文科学版), 2007, 20 (5): 15-19.

[60] 冷毅. 基于PPP模式的大型体育设施建设的合作博弈分析 [D]. 南昌: 江西财经大学, 2011.

[61] 马俊杰, 程金香, 张志杰, 等. 生态工业园区建设中的耦合问题及其实施途径研究 [J]. 地理科学进展, 2004 (6): 482-486.

[62] 马骏. 中国公共预算改革: 理性化与民主化 [M]. 北京: 中央编译出版社, 2005: 31-56.

[63] 马永翔. 心智知识与道德——哈耶克的道德哲学及其基础研究 [M]. 上海: 三联书店, 2006.

[64] 帕克豪斯. 美国体育管理学——基础与应用 [M]. 秦椿林, 等译. 北京: 清华大学出版社, 2003: 598-601.

[65] 克朗普顿. 体育财务 [M]. 张兆国, 等译. 北京: 清华大学出版社, 2000.

[66] 奥沙利文. 城市经济学 [M]. 苏晓燕, 等译. 北京: 中信出版社, 2003.

[67] 科维尔. 体育产业组织管理 [M]. 钟秉枢, 等译. 北京: 清华大学出版社, 2005.

[68] 利兹, 阿尔门. 体育经济学 [M]. 杨玉明, 等译. 北京: 清华大学出版社, 2003.

[69] 尚克. 体育营销学 [M]. 董进霞, 等译. 北京: 清华大学出版社, 2003.

[70] 倪鹏飞. 中国城市竞争力与基础设施关系的实证研究 [J]. 中国工业经济, 2002 (5): 15-19.

[71] 欧阳静仁. 基于体育场馆建设与城市优化发展的互动分析 [J]. 辽宁体育科技, 2009, 31 (3): 13-14.

[72] 欧阳静仁,王进. 城市体育场馆建设与管理运营研究 [J]. 城市观察,2010 (6):42-46.

[73] 庞军. 奥运投资对北京市的环境与经济影响:基于动态区域CGE模型的模拟分析 [D]. 北京:中国人民大学,2005.

[74] 彭杰,张毅恒,柳鸣毅. 国际体育城市的本质、特征与路径选择 [J]. 体育文化导刊,2016 (8):1-5,37.

[75] 戚拥军,张兆国. 体育项目补贴国际经验借鉴与启示 [J]. 地方财政研究,2006 (7):53-56.

[76] 邱雪. 冬奥会与举办城市互动关系研究 [J]. 中国体育科技,2018,54 (5):13-17.

[77] 仇保兴. 城市定位理论与城市核心竞争力 [J]. 城市规划,2002 (7):11-13,53.

[78] 阮伟. 体育赛事与城市发展关系研究 [D]. 北京:北京体育大学,2012.

[79] 芮明杰,刘明宇,任将波. 论产业链的整合 [M]. 上海:复旦大学出版社,2006.

[80] 石岩,周欣元. 体育场馆与城市功能关系研究 [J]. 体育文化导刊,2008,8:17-19.

[81] 宋昱. 中国体育产业集聚与集群化发展研究 [D]. 南京:南京师范大学,2011.

[82] 宋兆峰,罗建英. 大型体育赛事对城市文化的影响机制 [J]. 杭州师范大学学报(自然科学版),2011,10 (6):567-572.

[83] 宋忠良. 国际体育中心城市评价指标体系理论与实证研究 [D]. 福州:福建师范大学,2012.

[84] 沈建华,肖锋. 举办重大体育赛事对城市体育事业竞争力的提升作用 [J]. 南京体育学院学报,2005 (11):19-21.

[85] 孙高峰,刘燕. 热追捧与冷思考:"马拉松现象"对城市文化的影响及理性审视 [J]. 北京体育大学学报,2018,41 (4):38-43,88.

[86] 谭丽君,秦椿林,靳厚忠. 职业体育产业链的组织模式研究 [J]. 武汉体育学院学报,2010 (1):45-47.

[87] 唐雪松,周晓苏,马如静.政府干预、GDP增长与地方国企过度投资[J].金融研究,2010(8):33-48.

[88] 唐晓彤,丛湖平.大型体育赛事的产业关联和波及效应的理论研究[J].成都体育学院学报,2006(4):11-15.

[89] 田静,徐成立.大型体育赛事影响城市发展评价指标体系的建立及实证分析[J].上海体育学院学报,2011(5):7-12.

[90] 田静,徐成立.大型体育赛事对城市发展的影响机制[J].北京体育大学学报,2012(11):32-35.

[91] 王健,陈元欣.大型体育场馆运营:理论与实务[M].北京:北京体育大学出版社,2012.

[92] 王桂霞.中国牛肉产业链研究[D].北京:中国农业大学,2005.

[93] 王凯.体育赛事媒体版权产业链的理论建构与基础路径[J].成都体育学院学报,2019(2):22-30.

[94] 王美.体育场馆设施在城市发展中的作用分析[D].武汉:华中师范大学,2008.

[95] 王晓雨.中国区域增长极的极化与扩散效应研究[D].长春:吉林大学,2011.

[96] 王楠.中国职业体育赛事产业链研究[D].上海:上海交通大学,2009.

[97] 王龙飞,王岩,刘运洲.美国体育场(馆)的公共财政支持及其启示[J].体育科学,2009(10):23-27.

[98] 王琦.产业集群与区域经济空间耦合机理研究[D].长春:东北师范大学,2008.

[99] 王钊,谭建湘,王敏.论大中型公共体育场馆经营管理体制改革[J].岳阳职业技术学院学报,2010,25(5):101-104.

[100] 王玉峰,周毅,刘夫力,等.城市政府对当地职业足球俱乐部支持情况的调查分析[J].广州体育学院学报,2001(1):18-20.

[101] 魏强.城市竞争力评价指标体系研究及数量分析[D].厦门:厦门大学,2009.

[102] 武国栋. 奥运体育场馆赛后运营模式分析与启示 [J]. 西安体育学院学报, 2011, 28 (4): 458-462.

[103] 武胜奇. 体育赛事与上海城市文化竞争力研究 [J]. 南阳师范学院学报, 2009, 8 (12): 91-95.

[104] 吴超林, 杨晓声. 体育产业经济学 [M]. 北京: 高等教育出版社, 2004.

[105] 吴殷. 基于投入产出的体育赛事活动的经济影响个案分析 [J]. 上海体育学院学报, 2009 (7): 9-11.

[106] 吴文平. 公共治理视域中的西部农村公共文化发展机制研究 [J]. 吉首大学学报 (社会科学版), 2012, 33 (6): 104-109.

[107] 吴金明, 邵昶. 产业链形成机制研究 [J]. 中国工业经济, 2006 (4): 32-35.

[108] 肖淑红. 中国体育产业价值链管理模式研究 [D]. 北京: 北京体育大学, 2003.

[109] 谢旭东. 体育产业与城市发展的互动关系及其耦合演化过程研究 [J]. 天津体育学院学报, 2009 (5): 427-430.

[110] 谢洪伟. 大型体育赛事与城市发展耦合研究 [D]. 北京: 北京体育大学, 2013.

[111] 邢春生. 中国特色经济增长极与天津滨海新区 [M]. 天津: 天津人民出版社, 2010.

[112] 徐行. 上海 F1 赛事对嘉定区旅游业影响的研究 [D]. 上海: 华东师范大学, 2010.

[113] 徐伟, 黄兆荣, 孙桥. 体育赛事基本理论探究 [J]. 吉林体育学院学报, 2006 (2): 12-14.

[114] 徐琳. 我国赛事产业竞争格局研究 [J]. 武汉体育学院学报, 2009, 43 (10): 32-35.

[115] 徐盛华. 基于耦合视角下体育赛事对城市发展影响的研究 [D]. 南昌: 江西财经大学, 2013.

[116] 杨保军, 彭小雷, 赵群毅, 等. 国家视野下的广州城市定位 [J]. 城市规划, 2010, 34 (3): 25-31.

[117] 杨越. 奥运会前后主办城市税收经济与税收政策研究——以北京为例 [M]. 北京：经济管理出版社，2011.

[118] 杨京钟，吕庆华，易剑东，等. 体育用品产业政策效率的影响因素：来自福建泉州的证据 [J]. 体育科学，2012（2）：50-57.

[119] 杨京钟，郑志强. 城市公共体育场（馆）运营、财税激励模式及中国思路 [J]. 体育科学，2013，33（9）：14-21.

[120] 杨凤华. 武汉"六城会"大型体育场馆赛后民营化探索 [J]. 成都体育学院学报，2010，36（9）：16-19.

[121] 鄢慧丽，王强，熊浩，等. 体育赛事与城市发展耦合协调度分析——以环海南岛国际公路自行车赛为例 [J]. 南京体育学院学报，2018，1（3）：32-40.

[122] 余守文. 体育赛事产业与城市竞争力：产业关联·影响机制·实证模型 [M]. 上海：复旦大学出版社，2008.

[123] 尹继佐. 世界城市与创新城市——西方国家的理论与实践 [M]. 上海：上海社会科学院出版社，2003.

[124] 易剑东. 大型赛事对中国经济和社会发展的影响论纲 [J]. 山东体育学院学报，2005，21（6）：1-7.

[125] 庇古. 福利经济学 [M]. 金镝，译. 北京：华夏出版社，2007.

[126] 余守文. 体育赛事产业对城市竞争力的影响 [D]. 上海：复旦大学，2007.

[127] 于永慧. 中国体育设施发展的制度分析 [M]. 北京：北京体育大学出版社，2010.

[128] 郁义鸿，管锡展. 产业链纵向控制与经济规制 [M]. 上海：复旦大学出版社，2006.

[129] 赵泽群. 论举办大型体育赛事对城市现代化的作用 [J]. 西南师范大学学报，2007（4）：123-125.

[130] 张登峰. 马拉松赛事对城市发展的影响 [J]. 体育文化导刊，2011（11）：12-14，20.

[131] 张登国. 城市定位中的问题及规避机制 [J]. 城市问题，2007（5）：14-18.

[132] 张复明. 城市定位的理论思考 [J]. 城市规划, 2000 (3): 54-57.

[133] 张林, 李南筑, 姚芹, 等. 上海体育赛事发展定位研究 [J]. 上海体育学院报, 2010, 34 (2): 11-15, 27.

[134] 张明林, 周荣华. 产业价值链下的创业机会评价模型研究 [A].// Proceedings of International Conference on Engineering and Business Management (EBM2011). 武汉: 美国科研出版社, 2011: 4.

[135] 张卫国. 我国体育产业机制创造系统研究 [J]. 北京体育大学学报, 2009 (12): 32-35.

[136] 张晓程. F1赛事促进上海城市旅游可持续发展的研究 [J]. 山东体育学院学报, 2010 (12): 29-33.

[137] 张仁寿. 大型体育场馆建设和运营研究 [J]. 体育文化导刊, 2009 (11): 88-92.

[138] 张颖慧, 姚芹, 李南筑. 上海体育赛事发展的国际比较——以与纽约、伦敦、墨尔本的比较为例 [J]. 体育科研, 2010, 31 (1): 21-26.

[139] 张宏. 我国体育场馆经营管理模式的现状及发展趋势 [J]. 西安体育学院学报, 2009, 26 (4): 413-415.

[140] 钟天朗, 王荣朴, 张林, 等. 上海国际体育大赛与城市文化发展互动关系研究 [J]. 体育科学, 2009 (6): 23-25.

[141] 郑志强, 陶长琪, 冷毅. 大型体育设施供给PPP模式的合作博弈分析 [J]. 体育科学, 2011, 31 (5): 27-32.

[142] 郑志强. 中国地方体育产业政策比较研究 [J]. 北京体育大学学报, 2014, 37 (10): 13-17.

[143] 郑志强. 我国城市体育场（馆）公共财政问题研究 [J]. 体育科学, 2013, 33 (10): 21-27.

[144] 郑志强, 郑娟. 政府购买体育公共服务的经济效应与推进策略 [J]. 体育学刊, 2015, 22 (5): 49-53.

[145] 郑志强, 陶长琪, 彭莉, 等. 我国城市大型体育公共设施供给问题——基于非对称信息委托代理模型的分析 [J]. 北京体育大学学报, 2012, 35 (7): 1-5.

[146] 郑志强. 职业体育的组织形态与制度安排 [M]. 北京: 中国财政经济出版社, 2009.

[147] 郑欣. 地方政府与职业足球俱乐部的关系研究 [J]. 解放军体育学院学报, 2001 (4): 61-63.

[148] 郑胜华, 宋国琴. 休闲产业链整合及其策略体系研究 [J]. 商业经济与管理, 2009 (9): 81-87.

[149] 周黎安, 李宏彬, 陈烨. 相对绩效考核: 中国地方官员晋升机制的一项经验研究 [J]. 经济学报, 2005 (1): 83-96.

[150] 周良君, 谭建湘. 深圳市大型公共体育场馆管理体制改革的现状与对策 [J]. 上海体育学院学报, 2009 (2): 17-20.

[151] 周良君, 叶英琪, 谭建湘. 广州公共体育场馆经济效益分析 [J]. 体育文化导刊, 2011 (8): 66-69.

[152] 祝芳. 城市赛事产业链研究 [D]. 南昌: 江西财经大学, 2014.

[153] BROWN, CLYDE, DAVID M. Localorganized interests and the 1996 Cincinnati sports stadia tax referendum [J]. Journal of Sport and Social Issues, 1999, 23 (2): 218-237.

[154] COATES D. Stadiums and arenas: economic development or economic redistribution [J]. Contemporary Economic Policy, 2007, 25 (4): 565-577.

[155] STARR E. The everything rock & blues piano book: master riffs, licks and blues styles from New Orleans to New York City [M]. Adams Media, 2007.

[156] RONALD G, ERIC S, et al. At Disney, grumpy isn't just a dwarf [J]. Bloomberg Business Week, 1997 (3515): 38.

[157] RAM H, RON B. Much more than sports: sports events as stimuli for city re-branding [J]. Journal of Business Strategy, 2013, 34 (2): 38-44.

[158] PHILLIP H, RANDY S. Measuring the contribution of sport to the economy [J]. Australian Economic Review, 2006, 39 (4): 42-49.

[159] JULIE L H, RONERT E M, STEPHANIE M Z. Impact of the 1996 summer Olympic Games on employment and wages in Georgia [J]. Southern Economic Journal, 2003, 69 (3): 691-704.

[160] KRESL P. The determinants of urban competitiveness, gap pert (ends) north America cities and the global economy: challenge and opportunities [M]. London: Sage Publication, 1995: 45 - 68.

[161] KRUGMAN P R. Increasing returns and economic geography [J]. Journal of Political Economy, 1991 (99): 483 - 499.

[162] DEN BERG L V, BRUN E. Sports and city marketing in European cities [M]. MPG Books Ltd, Bodmin, Cornwall, 2002: 43.

[163] LEWIS W. Economic development with unlimited supplies of labor [J]. The Manchester School, 1954, 22 (2): 139 - 191.

[164] LUSA R, PUBLIC V S. Private spending for sports facilities - the case of Germany 2006 [J]. Public Finance and Management, 2006, 6 (3): 395 - 431.

[165] BARTOLUCIM. Evaluation of the economic impact of sport in developed countries and in Croatia [J]. Kinesiology, 1997 (29): 65 - 70.

[166] MICHAEL E, PORTER. Competitive advantage: creating and sustaining superior performance [M]. Free Press, 1985.

[167] MULLERM, GAFFNEY C. Comparing the urban impacts of the FIFA World Cup and Olympic Games From 2010 to 2016 [J]. Journal of Sport and Social Issues, 2018, 42 (4): 247 - 269.

[168] NEALS, WALTER C. The peculiar of professional sports [J]. The Quarterly Journal of Economics, 1964, 78 (1): 1 - 14.

[169] RISHE P. All economic impact and market research analysis of the 2005 men's 5 final four upon the St. Louis MSA [J]. Kinesiology, 2006 (2): 17 - 21.

[170] ROGER G, NOLL, ZIMBALIST A. Sports, jobs, and taxes, the economic impact of sports teams and stadiums [M]. The Brookings Institution, 1997.

[171] RALPH C. Sporting dystopias: the making and meaning of urban sport cultures [M]. State University of New York Press, 2003.

[172] GIULIANOTTIR. Globalization and sport [M]. Blackwell Publishing

Ltd, 2007.

[173] MORAN R. Court rejects challenge to further construction on New Philadelphia Stadiums [J]. Philadelphia Inquirer, 2002.

[174] ROTTENBERGS. The baseball player's labor market [J]. Journal of Politics Economy, 1956, 64 (3): 242 – 258.

[175] DAVID S. Urbanisation in developing countries [M]. Cambridge University Press, 2008.

[176] STEVENSC. Integrating the supply chain [J]. International Journal Of Physical Distribution And Materials Management, 1989, 19 (8): 3 – 8.

[177] CHAPIN S. Sports facilities as urban redevelopment catalysts [J]. Journal of the American Planning Association, 2004, 70 (2): 193 – 209.

[178] AJAYV, NITIN S. A conceptual framework for supply chain competitivenss [J]. International Journal of Human and Social Sciences, 2011 (1): 5 – 10.

附 录

附表1　F1赛事与三次产业相关数据均值无量纲化处理结果

年份	F1赛事	第一产业	第二产业	第三产业
2004	0.8671	0.8137	0.5462	0.4723
2005	0.8863	0.7371	0.6571	0.5849
2006	0.9249	0.7224	0.7622	0.6784
2007	0.9634	0.7388	0.8901	0.7991
2008	1.0597	0.8916	1.0355	0.9440
2009	0.9634	1.1715	1.1011	1.0483
2010	1.0790	1.1758	1.2260	1.3419
2011	1.0983	1.4245	1.3769	1.4822
2012	1.1561	1.1529	1.4049	1.6489

附表2　F1赛事与三次产业的产业关联系数

年份	第一产业	第二产业	第三产业
2004	0.7680	0.3838	0.5167
2005	0.5325	0.4739	0.6047
2006	0.4549	0.5716	0.6723
2007	0.4289	0.7903	0.8067
2008	0.5020	1.0000	0.9149
2009	0.4479	0.6194	1.0000
2010	0.6397	0.6007	0.6505
2011	0.3398	0.4206	0.5256
2012	0.9988	0.4513	0.4482

附表 3　　F1 赛事与下游产业的数据均值无量纲化的结果

年份	F1赛事	旅游业	餐饮住宿业	交通运输业	零售业	金融业	汽车产业	房地产业
2004	0.8555	0.4874	0.7172	0.5282	0.5038	0.5188	0.2718	0.4403
2005	0.8745	0.4994	0.7561	0.5779	0.5538	0.5533	0.3718	0.6044
2006	0.9125	0.5343	0.7748	0.6847	0.6664	0.6060	0.5072	0.6329
2007	0.9506	0.5961	0.7945	0.8038	0.7202	0.7467	0.6219	0.7675
2008	1.0456	0.6998	0.8356	0.9646	0.8310	0.9094	0.7554	0.8850
2009	1.0646	0.7163	0.9343	0.9458	0.9817	1.0544	0.9952	1.0526
2010	1.0646	1.3157	1.2503	1.2614	1.0550	1.2429	1.4666	1.3747
2011	1.0837	1.8348	1.4491	1.5147	1.8167	1.4756	1.8351	1.6605
2012	1.1407	2.3163	1.4881	1.7189	1.8713	1.8928	2.1748	1.0496

附表 4　　F1 赛事与下游产业的关联系数

年份	旅游业	餐饮住宿业	交通运输业	零售业	金融业	汽车产业	房地产业
2004	0.8776	0.9380	0.6004	0.5238	0.5421	0.5328	0.4270
2005	0.8711	1.0000	0.6319	0.5474	0.5541	0.5751	0.5379
2006	0.8683	0.9399	0.7159	0.6140	0.5660	0.6359	0.5289
2007	0.8902	0.8890	0.8492	0.6303	0.6662	0.6935	0.6373
2008	0.8985	0.7669	1.0000	0.6473	0.7542	0.7266	0.6690
2009	0.8960	0.9620	0.9072	0.8370	1.0000	1.0000	1.0000
2010	1.0000	0.8175	0.7618	1.0000	0.6970	0.6382	0.5021
2011	0.6265	0.5494	0.5139	0.3421	0.5030	0.4624	0.3472
2012	0.4757	0.5681	0.4267	0.3429	0.3424	0.3781	0.7917

附表 5　　中超赛事与三次产业的数据无量纲化处理结果

年份	中超	第一产业	第二产业	第三产业
2004	0.4770	1.5000	0.3324	0.6883
2005	0.5648	0.8571	0.5286	0.9222
2006	0.6801	0.9286	0.6209	0.8505
2007	0.7669	0.8571	0.7919	0.8548
2008	0.8722	1.0000	0.8923	0.9403
2009	1.4487	1.0000	1.2546	0.9747
2010	1.3124	1.0000	1.2840	1.0789
2011	1.4019	0.8571	1.5397	1.2799
2012	1.4761	1.1429	1.7556	1.4098

附表 6　　中超赛事与三次产业的关联系数

年份	第一产业	第二产业	第三产业
2004	0.3922	0.5624	0.6764
2005	0.7486	0.9086	0.5102
2006	0.7918	0.8034	0.7443
2007	1.0000	0.9699	0.9331
2008	0.9413	1.0000	0.9940
2009	0.6267	0.4789	0.4265
2010	0.7304	0.9505	0.6445
2011	0.5697	0.5760	0.8446
2012	0.7124	0.3813	0.9993

附表 7　　中超赛事与下游产业的相关数据的无量纲化处理结果

年份	中超	旅游业	餐饮住宿业	交通运输业	金融业	零售业	房地产业
2004	0.4770	0.5111	0.7495	0.4769	0.6085	0.4154	0.4530
2005	0.5648	0.5558	0.7934	0.5462	0.6398	0.5102	0.4958
2006	0.6801	0.6629	0.8204	0.6467	0.7131	0.5519	0.6221
2007	0.7669	0.7688	0.8603	0.8564	0.7271	0.5500	0.8698
2008	0.8722	0.8515	0.9571	0.8583	0.7555	0.6874	0.9135
2009	1.4487	0.9035	0.9451	1.0811	1.0743	1.0952	1.3080
2010	1.3124	1.1776	1.0359	1.2185	1.2030	1.4866	1.2263
2011	1.4019	1.6739	1.3353	1.5743	1.5203	1.7261	1.4705
2012	1.4761	1.8954	1.5070	1.7709	1.7589	1.9776	1.4705

附表 8　　中超赛事与下游产业的关联系数

年份	旅游业	餐饮住宿业	交通运输业	金融业	零售业	房地产业
2004	0.8952	0.5392	0.9997	0.6910	0.9776	0.8051
2005	0.9749	0.5885	0.9084	0.8398	1.0000	0.5450
2006	0.9475	0.7211	0.8465	1.0000	0.8058	0.5915
2007	1.0000	0.8190	0.6726	0.9703	0.6530	0.4380
2008	0.9359	0.8398	0.9300	0.7248	0.7010	0.6800
2009	0.3357	0.3743	0.3335	0.3921	0.5054	0.3596
2010	0.6739	0.5352	0.6620	0.7425	0.7186	0.4852
2011	0.5041	0.8880	0.5162	0.7208	0.5311	0.5462
2012	0.3967	0.9995	0.3841	0.4685	0.4058	0.9998

附表9　2007—2012年南昌市各区的生产总值　　　　单位：万元

年份	2007	2008	2009	2010	2011	2012
东湖区	2000200	2379728	2604290	2907613	3391696	3700911
西湖区	2034700	2399500	2653862	3043155	3598373	3927742
青云谱区	1105642	1310928	1469205	1667822	2061733	2320654
湾里区	180337	219839	230060	263294	316188	348091
青山湖区	1930000	2299000	2500329	3000625	3617059	4044434
经济技术开发区	919047	1046286	1218122	1477969	1878125	2172534
高新技术开发区	1240745	1587925	1828034	2123256	2717407	3159447
红谷滩新区	314360	408290	506164	610512	740963	889352

附表10　2007—2012年南昌市各区的固定资产投资　　　　单位：万元

年份	2007	2008	2009	2010	2011	2012
东湖区	439510	625474	358586	649756	777477	950551
西湖区	462358	652102	1134347	1519971	1673052	1944666
青云谱区	411998	589109	1160937	1540215	1057911	1168447
湾里区	44546	52329	100101	126929	156119	216636
青山湖区	1017474	1420844	2342726	3097033	3282762	3887777
经济技术开发区	1118326	1254194	1867433	2443561	2565012	3009651
高新技术开发区	718879	1010052	1557820	2078606	2295942	2710013
红谷滩新区	592895	653088	1529465	1855278	2026472	2414494

附表11　2007—2012年南昌市各区的投资产出率

年份	2007	2008	2009	2010	2011	2012
东湖区	4.550977	3.804679	7.262665	4.474931	4.362439	3.893438
西湖区	4.400702	3.679639	2.33955	2.002114	2.150784	2.019751
青云谱区	2.68361	2.225272	1.265534	1.08285	1.948872	1.986101
湾里区	4.048332	4.201093	2.298279	2.074341	2.025301	1.606801
青山湖区	1.896854	1.618052	1.067273	0.968871	1.101834	1.040295
经济技术开发区	0.821806	0.83423	0.652298	0.604842	0.732209	0.721856
高新技术开发区	1.725944	1.572122	1.173456	1.021481	1.18357	1.165842
红谷滩新区	0.530212	0.625168	0.330942	0.329068	0.365642	0.368339

附表12　　2007—2012年南昌市各区的工业投资　　　　单位：万元

年份	2007	2008	2009	2010	2011	2012
东湖区	146	6552	54	9934	11920	14680
西湖区	41670	67516	64219	79062	81867	42514
青云谱区	181030	247201	484302	558015	375045	483924
湾里区	6830	14586	15724	31283	62096	87312
青山湖区	753125	1133927	1244231	1636711	2037635	2327575
经济技术开发区	802229	782635	1388410	2023437	2142899	2453516
高新技术开发区	277543	524332	913934	671504	762061	927104
红谷滩新区	5788	2454	18600	28854	56121	72746

附表13　　2007—2012年南昌市各区的房地产开发情况　　　　单位：万元

年份	2007	2008	2009	2010	2011	2012
东湖区	975095	1126154	109193	110200	147272	103561
西湖区	386120	426338	144079	175757	262375	437714
青云谱区	714795	774327	192798	259551	196898	207216
湾里区	107625	142730	23549	27103	32520	38812
青山湖区	789230	1100813	296219	399316	276501	245177
经济技术开发区	348073	481702	55762	40371	763060	73847
高新技术开发区	236035	230946	36399	172676	1614961	623489
红谷滩新区	1605665	2546120	546178	488056	4393286	873962

附表14　　2007—2012年南昌市各区的财政收入　　　　单位：万元

年份	2007	2008	2009	2010	2011	2012
东湖区	30217	33923	38266	46326	74291	86298
西湖区	36108	36300	40830	50169	82752	98190
青云谱区	21281	22077	27160	33183	53674	65027
湾里区	13883	16144	17605	21063	25623	37573
青山湖区	37988	44225	52593	62644	95264	113600
经济技术开发区	28313	32960	38051	49055	66909	85690
高新技术开发区	35228	35898	40493	49136	85999	107647
红谷滩新区	34624	43168	55711	79625	116315	171100

附表15　2007—2012年南昌市各区的在岗职工年平均工资　　单位：万元

年份	2007	2008	2009	2010	2011	2012
东湖区	17851	19986	22413	24702	27545	31417
西湖区	17626	23823	27052	31206	36696	37819
青云谱区	17598	21890	24642	27756	38933	46569
湾里区	18715	18858	21388	22673	25971	29666
青山湖区	18420	20412	22283	24982	30162	36160
经济技术开发区	23000	26810	31864	34273	37787	35109
高新技术开发区	17834	21159	24285	27459	35949	40924
红谷滩新区	22924	28086	32912	36402	39131	35759